CRITICAL

从批判性思维
到批判性写作

WRITING

高质量论文的
思考工具与写作技巧

A Guide to Writing a Paper
Using the Concepts and
Processes of Critical Thinking

Gerald Nosich

[美] 杰拉尔德·诺西奇 著

孙三军 田瑞雪 译

新 华 出 版 社

图书在版编目（CIP）数据

从批判性思维到批判性写作：高质量论文的思考工
具与写作技巧 /（美）杰拉尔德·诺希克著；孙三军，
田瑞雪译 . -- 北京：新华出版社，2024. 11. -- ISBN
978-7-5166-7661-5

I. H152.3

中国国家版本馆 CIP 数据核字第 202479XG89 号

Critical Writing: A Guide to Writing a Paper Using the Concepts and Processes of Critical Thinking by Gerald Nosich

Published by agreement with the Rowman & Littlefield Publishing Group through the Chinese Connection Agency, a division of Beijing XinGuangCanLan ShuKan Distribution Company Ltd., a.k.a Sino-Star.

All rights reserved.

本书中文简体版权归属于新华出版社和东方巴别塔（北京）文化传媒有限公司

从批判性思维到批判性写作：高质量论文的思考工具与写作技巧

作者：〔美〕杰拉尔德·诺西奇　　　　　译者：孙三军　　田瑞雪

出版发行：新华出版社有限责任公司

（北京市石景山区京原路 8 号　邮编：100040）

印刷：天津画中画印刷有限公司

成品尺寸：145mm×210mm　1/32　　　印张：11.5　　字数：230 千字

版次：2025 年 8 月第 1 版　　　　　　印次：2025 年 8 月第 1 次印刷

书号：ISBN 978-7-5166-7661-5　　　　定价：78.00 元

微店　　视频号小店　　抖店　　京东旗舰店　　请加我的企业微信

微信公众号　　喜马拉雅　　小红书　　淘宝旗舰店　　扫码添加专属客服

目 录

CONTENTS

概　述　01

致指导教师　07

批判性写作框架　10

本书的主要特点　11

致学生——开始之前　27

测　试　29

阅读本书的注意事项　35

第一章　思考与写作　001

1.1　批判性写作　002

1.2　论文的构成　006

1.3　实例解析论文构成　012

1.4　批判性写作反思　022

1.5　应用批判性写作　025

1.6　后续步骤　027

1.7 SEE-I 写作法   029

1.8 批判性写作框架   036

1.9 本章练习   039

第二章　推理与论文   045

2.1 推理要素简介   046

2.2 理解推理要素   052

2.3 主题绕环分析   055

2.4 实际应用   058

2.5 推理要素的用途   079

2.6 什么是批判性思维?   083

2.7 本章练习   084

自测（一）   093

第三章　论文构建：计划、研究、撰写   097

3.1 论文构建   098

3.2 论文计划示例   103

3.3 进入写作阶段：SEE-I 四步法   108

3.4 增强版 SEE-I 法阐发论文   114

3.5 研究与写作   117

3.6 研究的双重作用   118

3.7 背景研究   121

3.8 重点研究   123

3.9 研究与批判性思维   127

3.10 写作与预写   131

3.11　高效写作　　　　　　　　　　　　　132

3.12　进程自检　　　　　　　　　　　　　136

3.13　本章练习　　　　　　　　　　　　　137

自测（二）　　　　　　　　　　　　　　　146

第四章　**批判性思维与多元观点**　　　　　149

4.1　"反面"对立观点　　　　　　　　　　150

　　4.1.1　"薄弱点"　　　　　　　　　　153

4.2　批判性思维特质　　　　　　　　　　　154

4.3　处理"反面"的三个问题　　　　　　　164

　　4.3.1　见识"反面"　　　　　　　　　165

　　4.3.2　公允描述"反面"　　　　　　　178

　　4.3.3　将"反面"融入论文　　　　　　179

4.4　写作步骤　　　　　　　　　　　　　　182

4.5　本章练习　　　　　　　　　　　　　　185

自测（三）　　　　　　　　　　　　　　　191

第五章　**论文修订：批判性思维标准与苏格拉底诘问法** 195

5.1　论文修改　　　　　　　　　　　　　　196

5.2　批判性思维标准　　　　　　　　　　　198

5.3　应用批判性思维标准　　　　　　　　　203

5.4　干预：用苏格拉底诘问法丰富论文　　　213

5.5　苏格拉底式写作　　　　　　　　　　　215

5.6　苏格拉底干预法实例　　　　　　　　　220

5.7　增加篇幅　　　　　　　　　　　　　　232

5.8　本章练习　233

第六章　**流动与完整：内容、受众、表达方式及批判性**　243

6.1　基本且有效的概念　244

6.2　语法与流畅　251

6.2.1　语法的作用　251

6.2.2　语法障碍　254

6.2.3　实用指南　256

6.3　尽善尽美　262

6.3.1　引用出处　262

6.3.2　认真对待　266

6.3.3　前瞻性　276

6.4　本章练习　281

各章练习题参考答案（部分）　289

致　谢　321

参考文献　323

概　述

　　"致指导教师" 一节介绍了本书的主要特点以及**批判性思维**对学术写作的帮助。它首先简要阐述了本书的批判性写作框架，这一框架构成了本书的结构基础。接着，它介绍了本书的 11 个主要特点。探究批判性思维如何让写作者找准着眼点并产生洞见，是贯穿本书的主线。与其他批判性思维法不同，本书采用的保罗-埃尔德（Paul-Elder）批判性思维法更成体系，灵活又**全面**，对非虚构写作的方方面面都很有帮助。

　　"本书主要特点"部分阐述了帮助学生进行批判性学术写作的一些步骤。第一，先有想法；第二，分析主题，写出一个条理清楚的论文写作计划，涵盖一个可行的主旨句（thesis statement）和几个主要论点；第三，一段一段地写；第四，想一想别人可能会有什么不同意见；第五，采用苏格拉底诘问法和批判性思维标准，进一步阐发和丰富论文；第六，培养论文写作的思维特质，做到有理有据，令人信服；第七，将基本且有效的概念（包括内容、表达方式、受众、批判性）内化于心，用于任何体裁和类型的写作，包括走出校园多年以后的写作任务。本书还有几个主要特点：（1）包含丰富的扩展示例（extended examples），深入分析学生如何运用批判性写作步骤，制订写作计划，阐明观点，布局谋篇；（2）每一章的后面都配有自我练习和反馈；（3）阐明批判精神如何贯穿论文写作全程，激励写作者采用批判性概念和步骤写好论文。

"致学生——开始之前"一节配有三篇自我评价，帮助学生根据实际情况，评估写作必备的三大技能。要写出一篇至少让人感觉说得过去的论文，必须具备这三大技能。本书后半部分有对这三个自我评价练习的反馈。运用批判性写作概念和步骤，可以显著提升上述三个技能及其他关键技能。

这一部分还提供了为什么学生在写论文时应使用批判性概念和流程的理由与动机。它本身将激励学生深入学习该节乃至该书的内容。

第一章重点讨论论文的结构。我们用两个扩展示例来说明学生应如何制订论文写作计划，并进一步阐明论文的组成部分。一般来说，开始的时候，学生选不准主题，要花一定功夫才能找到主旨句、主论点，形成结构和提纲，想清楚要做什么研究，找好参考资料，注明引用出处，接着写论文，随后再修改。该章列举的这两个写作计划的例子都很能说明问题，展现了应如何认真周密思考，不过并没有说明**批判性思维**的关键特征，没有对反思和步骤进行必要的强调，没有关注标准，也没有说明到底该怎样思考才能写出一篇精到周密的论文。

第一章结尾处系统阐明了批判性写作的框架。接下来几章会对这个框架做进一步的阐发，重点放在运用批判性思维写计划、写论文、做研究和修改论文。需要注意的是，不必严格按顺序使用这个框架。该框架说明的是批判性写作**"怎么做"**（即批判性写作的方式），帮助写作者想明白论文的每个组成部分，找到着眼点，写出一篇推理严密、让人信服的论文。

第一章也包含清晰写作的步骤，而"清晰"是批判性思维的标准之一。该步骤称为**"SEE-I 四步法"**。这是一种结构化的方法，帮助读者直接按照批判性思维计划写好句子和段落。SEE-I 四步法包括点题、展开、举例论证和比较论证，能让写作者从一开始就明白批判性写作的具体步骤。第三章对 SEE-I 四步法做了进一步的说明，第五章则对其进行了更全面的论述。

第二章介绍推理要素。这八个要素是批判性思维概念，包括预设、议题、结论、意义、影响等。理解了这些概念，写作者分析主题时就能更深刻、更全面、更清晰。懂得了这些要素，就能找到**着眼点**。你可以"围绕推理要素圆环"做具体分析，将一个模糊不清的主题转化为一个清晰分明、详细具体、推理严密的写作计划，使之适合于任何一种非虚构体裁或类型的文章。这一章选取了三个例子，以

写作导航

- 主题
- 分析
- 写作计划：主旨句、结构、提纲
- 写作
- 对立观点
- 提升
- 流畅

核心要点

- 研究
- 批判性思维标准
- 修改
- 基本且有效的概念
- 注明引用出处

展示学生分析主题及思考的全过程。

第一章之后的每一章都以"写作导航"开头，标明本章重点阐述的批判性写作框架内的主题。与写作导航相关的还有一个"核心要点"，展现的是贯穿于批判性写作的各方面。这些方面在每一章都有详细阐述。（本书以批判性思维的概念和步骤为视角，重新审视传统的写作要素和词汇表述。）

第三章介绍如何写论文计划、做研究和写论文。这一章开头部分是教学生如何直接"围绕推理要素圆环"分析，经全面批判性思维后，写出论文写作计划。经过一番分析后，学生不仅可以找准着眼点，写出主旨句，还可以写出主论点和支撑论点，形成论文结构和提纲。读完第三章，也会明白如何更有效地做研究。在扩展示例中，有一个学生最开始选定的主题过于宽泛，不太可能写出一篇论文。但他接下来找到了着眼点，写出了包含主旨句和主论点的计划，随后润色、修改，通过研究推理，最后运用 SEE-I 四步法明确了各步骤，直接根据计划写出了论文。

第四章的"其他思想和观点"阐明了与批判性写作紧密相关的两个方面。第一，学会批判性思维，需要具备九个"思维特质"，包括思想谦逊、思想共情、公允、思想诚实等。第二，虽然这九个特质贯通批判性写作的各个阶段，但着重解决的是"反面"观点，即换一种视角，想一想怎么从不同的、对立的一面思考主题。本章的详细例证回顾了前几章的一些例子（例如关于刻板印象的那个），目的是让读者明白从反面看问题可以让论文思想更丰富，立场更公允，思考更切实际。

第五章致力于修改完善论文。开头部分列出了批判性思维的 10 个**标准**，包括**清晰、准确、贴切**等。写论文时，人们一般会假定或希望自己所想的或所写的是清晰的、贴切的、准确的、重要的等。但如果你能有意识地明确了解批判性思维的标准，就能让自己的思考和写作切中要害，有效表达意图。结合苏格拉底诘问法，这些标准变得更加具体，更能凸显重点所在。而苏格拉底诘问法的作用是查缺补漏，让观点更鲜明，收缩或扩展写作范围，调紧行文节奏，使之连贯有条理。实际上，这个方法（参见第五章）对各种水平的写作者都很有帮助，可以让文章更翔实，论证更有力。本章列举了学生运用苏格拉底诘问法充实丰富论文的几个例子。

第六章的重点是流畅，阐述了批判性写作的四个"基本且有效的概念"，分别是**内容、受众、表达方式及批判性**。通过学习这四个概念，读者能想明白，如果在写论文时遇到意想不到的困难该怎么做，也有助于解决他们在离开校园多年之后遇到的写作问题。第六章涉及的写作问题具体包括：修辞、语法、实用写作诀窍、注明引用出处等。本书作者在结尾部分呼吁读者认真对待写作，全身心投入。

致指导教师

　　本书的主要目标是让学生掌握一系列相互贯通的概念和步骤，以帮助他们梳理清楚主题内容，然后动笔写论文。在写作之前和整个写作过程中，都能全面运用批判性思维。

　　本书阐述的批判性思维工具和概念基于保罗-埃尔德批判性思维法①。与类似方法相比，保罗-埃尔德法的一大优势是论述**全面**。了解了本书讲解的"推理要素"后，你能掌握**所有**关键的"思考部分"。其他的批判性思维法只包括思维的某些方面，一定会漏掉其他方面。换句话说，如果你用其他方法，你可以看出别人做了什么预设，用的是什么视角，但可能不知道该怎么**阐释**这个观点，不知道自己或别人会针对这个观点问什么**问题**，也不知道**意义**和**影响**。这些重大的遗漏意味着，你论文中可能

---

① 本书采用批判性思维基金会（www.criticalthinking.org）阐发的批判性思维的主要方面。批判性思维法由理查德·保罗（Richard Paul）、琳达·埃尔德（Linda Elder）和我共同提出。如需了解简明版批判性思维法，参见理查德·保罗、琳达·埃尔德所著*The Miniature Guide to Critical Thinking: Concepts and Tools,* 8th ed. 该书言简意赅，阐明了批判性思维的核心内容。——原注（本书脚注若无特殊说明均为作者原注，下文不再标示）

需要处理的关键点，正是源自未能从这些方法中获得提示而忽略的那些方面。

有一点需要说明，虽然保罗-埃尔德法论述全面，但并不意味着你就要严格遵照顺序执行。推理要素不是冷冰冰说理的东西。而是掌握了这些要素，你就可以充分运用想象力写作。当然，掌握了这些要素也不意味着必定就能写好论文。根据这些要素你能够知道该去解决什么问题，但不一定就能**清晰**、**准确**地解决问题，明白哪方面的看法最**重要**，并知道怎么表达才**贴切**。

上段最后一句中加粗的四个词语源自"批判性思维标准"（参见第五章）。这些标准不如推理要素全面，但比较接近。本书谈到了 10 个标准——清晰、准确、贴切、重要、有逻辑、到位、深刻、全面、充分、公允，它们的应用非常广。

之所以说保罗-埃尔德法全面，还因为这种方法适合各种非虚构写作。相比之下，其他批判性思维法基于非正式逻辑传统，仅适合于说理、说服型写作，或者是写读后感、观后感，局限性很大。然而，非虚构写作形式多样，很多情况下不是为了说理，也不是表达感受。为此，本书举了一些例子。学生不仅要在写作课上练习写各种类型的文章，还要完成其他课程论文。而毕业之后，很多他们要写的东西既不是为了说理，也不是为了表达感受。本书提供的框架有一大好处，就是能让你想通各种类型文章的逻辑，改造自己的写作风格以适用于新类型写作。

思考方法对了，写什么都没问题①。

本书的主要目标不仅是让你知道论文写作"是什么"，还要让你知道"怎么写"。"是什么"部分包括一篇论证严密的论文的关键要素——主旨句、主论点、精到的结构、阐发、研究、清晰行文、语法正确等。

"怎么写"占本书篇幅更大。具体分为以下几点。

- 怎么写主旨句、主论点，形成论文结构；
- 怎么写段落，形成论文主体；
- 怎么定好计划，自己把握节奏，做好研究，得出成果；
- 怎么清晰阐述观点，不仅要做到语法清晰、风格清晰，还要做到思想清晰、表述清晰，把思想传递给受众；
- 怎么想出办法，解决论文写作过程中意想不到的问题，比如语法准确、过渡句、修辞手法等。

本书详细地阐明步骤，解决上述"怎么写"的问题，展示如何运用批判性思维，明智判断，严密推理。

除此之外，本书还会阐释上面提及的批判性思维标准。要想写出一篇论证严密的论文，仅仅认识到清晰、准确、贴切是

---

① 有一点需要说明，所有非虚构写作类型都包含或体现了预设、意义、概念、尚未有定论的问题和其他推理要素等，也都必须达到准确、清晰、贴切等批判性思维标准，都因思想坚持、思想共情等思维特质而受益，都因苏格拉底诘问法而变得丰富（其实，上述这些方面也适合写很多虚构性写作类型，只不过方式不同罢了）。

不够的。从批判性思维标准来看，"怎么写"才是最重要的。本书提供具体可行的办法，让学生写得准确、贴切，并把这种准确、贴切传递给受众。还有一点也非常重要，本书提示读者，怎么去思考才能达到上述标准。

虽然本书着眼于论文写作，但贯穿其中的批判性写作概念和步骤可以直接运用到各种非虚构类型的写作。

批判性写作框架

贯穿本书的中心概念是一个框架。有了这个框架，读者就可以发挥创造力，制订写作计划，布局谋篇，做研究，写论文。该框架核心内容包括推理要素，清晰行文、展开论述的工具——SEE-I四步法，采用思想共情步骤解决反面问题，采用批判性思维标准，采用苏格拉底诘问法充实丰富论文和批判性思维等。这个框架是各部分环环相扣的统一整体，但各部分又可以独立起作用，因此教师可以将其全部或部分融入写作教学过程中。此外，学生也可以非常灵活地使用它。本书在扩展示例部分指导学生发挥想象力，思考如何在写作过程中充分推理，梳理清楚关键问题。

弄明白本书的概念和步骤，将对学生产生深远的影响。有些影响立竿见影，有的则让学生体会到批判性思维概念的效能所在，打牢基础，重新思考其写作目标及写好论文的益处。

本书的主要特点

本书的主要特点与批判性写作的技巧和目标息息相关。

第一，找准着眼点。有助于在分析主题、问题、难题、议题、情境和读过的文献时，找准着眼点、切中要害，形成全面见解，这是运用批判性思维框架写论文的一大优势。本书作者在建立框架时，先采用八个"推理要素"对主题进行批判性分析。这些要素分别是**意图**、**预设**、**意义和影响**、**信息**、**议题**、**结论和阐释**、**概念**、**视角**（每个要素都有几个近义词）。将八个要素放在一起，可以形成一个圆环，聚焦思考过程。"围绕推理要素圆环"分析主题，既可以指导形成对于该主题的批判性思考，又有助于根据主题写作的需求，指导形成针对性研究。

掌握了这些要素，学生就获得了一套系统性的分析工具，运用批判性思维来分析论文主题，但不必严格遵循这些步骤的顺序①。在主题太过宽泛而不好界定时，这些要素格外有用。学生不是在找到论文着眼点后，才可以"围绕要素圆环进行分析"，而是通过这种分析，找到着眼点。

举个例子吧，假如我们要写的论文主题是"大学生活"。这个主题太过宽泛，没法写论文。但如果围绕要素圆环分析一下，差不多就能找到着眼点。找到"大学生活"的主要**意图**后，就

---

① 再次说明一下，这个方法不能严格按顺序使用。学生当然可以这样用它先写好结构，但推理要素可以按任何顺序排列，因为推理过程本身没有顺序可言。一般情况下，具体从哪个要素开始推理，要根据问题和主题本身来看。

可以找到大学生活存在的主要**问题、困难**，可以做出预设，首先把"大学生活"概念界定清楚，再绕环分析，找到思考着眼点，写出论文计划。

使用推理要素还能找到**研究**着眼点。一般来说，如果对研究概念认识不到位，就会认为学生没必要写论文。而一旦掌握了推理要素，就会发现研究和推理相辅相成。学生"绕环分析"后会发现研究不是一个杂乱无章的过程，而是存在确切着眼点的，由此认识到该做什么研究。做研究不是为了写报告。研究是思考的主要组成部分。通过做研究可以得到可靠资料，找到思路，回答研究问题，解决争论点，写出一篇有见地、有分量的文章。

找到着眼点的过程是学习和理解的重要一步，是写出论文计划的关键因素，为写出主旨句、找准主要论据、布局谋篇奠定基础。

第二，完整写出论文计划，包括主旨句、主论点、结构和提纲。用推理要素分析主题可以让学生找到自己想要说明的主要内容，写出主旨句。一般来说，经过分析之后，学生可以直接得到主旨句。学生在分析主题并进行相关研究后，会弄明白主要的预设问题，找到并阐明一或多个的主要意义，再围绕八个推理要素圆环做分析。做完分析后，他们能够"看见"，自己对一个或多个要素的看法就是论文想要表达的主要内容，就是主旨句（就我自己的学生而言，做完分析，写出自己的看法后，有60％的人就能够"看见"主旨句了。而一旦开始采用绕环分析过程，上述比例会明显提高）。虽然分析后得到的主旨句还要再修改润色，但总归是有了主旨句。

就算学生没有直接在自己的看法中找到主旨句，他也能找到着眼点。认真思考自己对这些要素的看法，找出最重要的看法。然后把重要看法综合在一起，重新表述，就能做到条理清楚地构建复合型主旨句。

同理，学生也可以在经过一番分析后找到主论点，用于解释或支撑主旨句。虽然不见得能找到所有主论点，但至少可以找到一大部分。总之，学生在思考主题，使用推理八要素进行分析后，很有可能写出可行的主旨句，搭好论文结构，写出提纲。在这一过程中，创新性发挥着重要作用。毕竟，创新论文内容的是学生自己。只要学生抱着真诚的态度全身心投入分析过程，就能全面掌握批判性思维和创新性思考方法，写出推理严密的写作计划。

顺便说一下写作语言。本书用的大部分都是传统写作语言，比如主题、主旨句、主论点、提纲等。但本书读者完全可以用多样的语言描述写作过程。指导教师既可以清楚界定这些语言，规定使用范围，也可以像本书一样，视语境灵活变通。比如，本书所用"主题"一词意义非常广泛，既可以是学生已经找到着眼点的具体问题，也可以是读文献后认真总结给出的看法。对"主题"的界定可以非常灵活，它可以是情境、难题、疑问、争论、决定，或者仅仅是令自己感到好奇的一些例子。"主题"与语境、受众、写作者的目的以及毕业后写作在其生活中所起的作用息息相关（前面已经说过，我之所以在最开始泛泛地谈"主题"这一词汇，不做严格界定，是因为只有在分析推理要素之后，才能找到主题着眼点）。

同理，本书也没有严格界定"主旨句"。大体来说，"主旨句"指的是写作者想要在论文里说的主要内容。当然，想要构思一个清晰有趣、合理可行、充满想象力的主旨句非常不简单。参见本书第三个主要特点。再说"论文"这个词本身也不是狭义上的"论文"。实际上，根据指导教师自己的想法，学生完全可以根据第一章阐述的"点题—展开—举例论证—比较论证"SEE-I 四步法写一篇短文。

第三，做好推理，"有想法"。在此有必要强调一下此前提到的**着眼点**。让批判性写作教师感到头疼的一件事是，学生不想做别的，就想"有"想法。他们总觉得，想法就应该自己找上门来，与想法相关的主要论据也应该自己冒出来。还有学生认为，读些文献，做点研究，就会有想法。

当然，问题就在于他们经常没什么想法。试图通过联想思维（如头脑风暴或聚类）来提出一个问题通常是不可靠的。就算是想出了一个主题，读完文献后写出了一个总结，也得不出什么想法，更找不到着眼点。坐等想法冒出来绝非明智之举。而且，绕过了批判性分析主题的步骤，就算学生神奇地"有了想法"，下一篇论文也还是没思路。对学生来说，获得想法这一过程很折磨人，令人沮丧。

但从批判性写作的角度看，学生需要的不光是一个有着眼点的想法，一个明确清晰的主旨句，或一些奇思妙想，而是一个**清晰、准确、贴切**、在特定背景下**深度**和**广度**都适宜的论点。这些是批判性思维的标准。也许，学生的想法最终不符合这些标准，但经过深思熟虑，他们能感觉到以自己的判断水准可以达到这些标准。

有了批判性写作的框架，学生撰写论文所用的想法不再是那些突然蹦出的奇思妙想，而是受批判性思维核心概念的指引，经过了严谨推理和研究的产物。

第四，考虑他人的想法和观点。从一定程度上来说，要学会批判性写作，就要看见、承认及描述别人如何以不同视角对你的论文中涉及的问题存在的不同看法。论文涉及的问题可以是一种情况、一种争论、一个描述、一种阐释、一篇报告等，也可以是写论文的人想要弄明白并写出感受的任何东西。

也就是说，写作者必须意识到自己的论文可能存在的问题，才能写出一篇经得起推敲的批判性论文。从一定程度上来说，要学会批判性写作，就要主动了解持有不同观点的人对这一问题或情境的看法，要想到他们可能会反对什么，可能会认为论文漏掉了哪些重要内容。

写作者可能要在论文里呈现其论点的对立面，站在反对者的角度认真审视自己的论点。诚恳面对，直截了当地面对其他思想和视角是本书框架的关键组成部分。

第五，采用 SEE-I 四步法动笔写。要下笔成文，写出实际的文字、句子和段落，对学生来说是一大难事。比如，在我的课上，学生对某个问题有了一定的看法，他能够用一两句话点题，但接下来就不知道该再说些什么了。这是个常见的问题，但除此之外还有很多其他问题，每个人的问题都不一样。比如，有人对着电脑一个字也敲不出来；有人只会复制粘贴；有人不知道如何写出后续的段落；有人纯粹拼凑页数，内容不贴切；有人不知该怎样引用才能把研究融入写作过程；有人不懂得如何体现自己的真实想法，使文章紧凑连贯、有创新性。所有这些问题都让学生感到没有动力和能力去解决。

本书所立框架有助于这些问题的解决。也许最直接的办法就是SEE-I四步法。这四个字母分别代表**点题**（state）、**展开**（elaborate）、**举例论证**（exemplify）、**比较论证**（illustrate）。这个方法体现了批判性思维清晰阐明问题的过程。这个方法能够帮助你逐段地阐发形成整篇论文。

如果我是学生，我会反复用这个方法。对于论文的每一个重要观点，我会先用一两句话简明扼要地**点题**。接着用一两段**话展开说明**。再接着给出一个**例子**，既要恰如其分，也要尽量具体。再接下来，用暗喻、明喻、类比、对比、配有解析文字的图片等做比较**论证**，让读者有清晰直观的认识。随着SEE-I四步法的使用，论文内容能够得到扩展，而且切合论点和结构。

此外，我会继续用"SEE-I上层楼法"阐发论文，让主论点及其论据清晰、充实、生动。比如，我论文中有这样一个主论点：要解决野猫问题，只有一个比较仁慈的办法，那就是先绝育，再放生。根据批判性写作框架，针对这个主论点，我先用 SEE-I 四步法深化。也就是说,我先看论点内容,把着眼点放在"仁慈"这一概念上,用 SEE-I 四步法阐述它。我可以就**仁慈**一词点题,再展开来谈何谓仁慈与不仁慈,再用一到多个例子,说明仁慈的各种表现,最后比较论证我眼中的"仁慈"。

我可以用 SEE-I 四步法继续深化,解释野猫**问题**所在,说明哪种猫算是**野生猫**,**放生**是怎么回事,**绝育**之后会产生什么影响。总之,SEE-I 四步法是清晰地阐发、扩展和丰富论文的主要步骤,让学生的创新性得到充分发挥,让他们带着创新思维精心选择能够鲜明有力地论证观点的方式方法。他们可以用暗喻和类比做比较论证,让读者切实明白自己想要表达什么。我在第三章中,进一步扩展了 SEE-I 四步法。在第五章中,又加入了第三个步骤,即苏格拉底诘问法,用以提升论文写作质量(参见后文的第七个主要特点)。

从指导教师的角度来看,SEE-I 四步法还有一个好处:让学生从课程一开始就明白论文写作应该从何下手(在我的课堂上,从第一节课开始,我就让学生接触 SEE-I 四步法。我让他们找出自己人生的关键时刻,然后按照点题—展开—举例论证—比较论证的顺序写论文。同时让他们明白本课程的重要概念,比如"实事求是""论文写作"等,明白课程大纲的关键部分,知道课程目标)。

应该指出的是,要想写出一篇推理缜密的论文,必须掌握批判性思维的两个技巧,即围绕推理要素圆环**分析**、使用 **SEE-I 四步法**。分析能让学生想通主题或论文涉及的问题,找到着眼点，写出计划。参照 SEE-I 四步法，学生可以根据计划写出并阐发计划中的主论点和分论点。只用这两个技巧不可能写出整篇论文，但这两个技巧构成了批判性写作步骤的核心。

此外，这两个技巧对解决学生论文写作的老大难问题有很大的意义。通过推理要素分析，学生基本上能完成论文的引言和结论部分。再运用 SEE-I 四步法，学生可以很自然地分出段落，明确段落主题句和中心思想。

本书强烈建议学生把分析部分**写下来**，不能只在脑中想想就完事。在我的课堂中，把分析写下来是一项作业。虽然我的学生很不愿意做这种准备性作业，但把作业做好之后，很多人感觉思路清晰，这番功夫值得下①。关于这一步骤，本书专门有一节"正式开写之前就动笔"。我建议学生尽量以 SEE-I 四步法的形式记笔记。这里面有这样一个考虑：如果学生能在计划写论文阶段就开始记笔记，他们就能在真正动笔写论文第一段时完成初稿的大半部分。

第六，通过问题推理进行模型示例。在我的课上，有学生不知道该怎么推理，口头上跟他们说两句对他们帮助不大。本书有很多扩展示例（示例部分将用阴影标出，与正文区分），也

---

① 当然，学生产生抵触情绪的原因有很多。写论文时，他们经常会问这样的问题："为什么要这样做？为什么要针对一个主题进行批判性思维并写出论文计划？"本书开篇"致学生"解决的就是学生有抵触情绪的问题（在我的课上，我从一开始就让学生读这一部分）。这一部分有三个自我评价练习，锻炼学生三种核心技能，让他们能写出一篇像样的文章，意识到为什么需要批判性写作框架。本书设有反馈章节，帮助学生认真地做好自我评价。

通过部分评论让学生直观地体会如何推理，了解论文写作的关键部分。虽然例子中的学生身份是虚构的，但例子本身反映的是批判性写作的真实问题，以及解决这些问题的真实办法。第一章的例子说明了学生应如何思考主题，制订写作计划，但没有运用批判性写作框架。学生初步想出的计划很不错，但因为没有使用批判性思维的概念和步骤，不能凸显着眼点，不能指导后续写作过程，因此这种方式并不可靠。虽然从中可以看出写作者是怎么**碰巧**想到一个不错的写作计划的，但看不出他**如何**写出的这个计划，论文其他部分该怎么写。

相比之下，接下来几章的扩展示例将说明写作者如何能够根据批判性思维概念和步骤，想出一个有逻辑、有条理的计划，并靠着这个计划完成写作。我们通过这些例子可以看明白，在真实情况下，如何给出预设、思考论文影响、考虑推理要素，如何从一个模糊宽泛的主题中找到并写出一个凸显着眼点的主旨句。从这些例子中也可以学到：如何保证准确性，如何做比较论证，如何真正做研究，如何用苏格拉底诘问法充实论文。这些例子不仅能让你了解批判性写作最本质的**内容**，还能让你知道学生的思考**步骤**。可以看出，在写论文的过程中，需要直面蕴含在批判性写作中的令人疑惑、互相矛盾的想法。本书的目标是让学生不仅局限于对书中的例子的掌握，还能发挥想象力思考现实中遇到了这些情况应该怎么办。

书中选用这些扩展示例并不是因为它们是最完美的案例，而是因为它们以最真实、合理的方式说明了写重要东西时遇到困难该怎么办。通过一些例子可以看出，学生有了新的见地，让人振奋。还有一些例子体现出学生写的东西很扎实，但论文本身并不具有太大价值。指导教师和学生可能会完全不认同示例论文的论点和论据，感觉有些地方严重失实，没有深入挖掘研究问题。

本书作者也不认同甚至是强烈反对一些例子中的观点或立场。但举这些例子的目的是让读者弄明白如何踏实认真地推理论证主题，让论点站得住脚，至少是找到一些合理的支撑论点。

第七，采用苏格拉底诘问法和批判性思维标准充实论文。本书框架包含具体的工具，专门用来充实扩展论文。本书所用的"苏格拉底诘问法"是一种元认知方法，主要依据的是批判**性思维标准**。后者包括**清晰**、**准确**、**贴切**、**到位**等共计十条标准。可将这些标准与苏格拉底式问题结合在一起，让学生任意"改动"论文，使之丰富厚实，内容全面，水准提升。

根据批判性思维标准提出的苏格拉底式问题的形式如下。

- 这一点如何与论文的主要论点相关？
- 重要性体现在哪里？
- 细节是什么？
- 可能会出现什么复杂情况？

比如，想象自己是学生，正面临着"凑够字数"这个常见问题。这时你论文的内容似乎已经完成了。你写了 XYZ，其中 X 是主论点。你用了 SEE-I 四步法，展开谈了 X，又举了例子，可能也做了比较论证。

但指导教师规定的是 8 页，你却只写了 6 页。

这时候你该怎么办？怎么扩展论文，使之既丰富又贴切？或者照我的学生的说法，怎么才能再多写两页？

掌握了苏格拉底诘问法，你就能明确知道接下来该做什么。你可以这样问自己："X 如何与我的论文论点相关？"接下来你可以想一想 X 的相关性，并将其写入论文。你还可以再问自己："X 是一个重要论点吗？""关于 X 有哪些细节？""考虑了 X 之后，会出现什么复杂情况？"对每个问题，你都详细回答，形成段落，加到论文中去。

在此过程中，请注意苏格拉底式问题是如何起作用的。多数问题都与你已经想到的方面紧密相关。这些方面就在你脑子里，等着你去找到。通过回答这些问题，你可以明确以前没有明确的东西。你**已经**认识到 X 与论点相关，X 非常重要，因此才会把 X 放到论文中去。苏格拉底式问题提醒你要在论文中明确这观点是如何贴切和重要。你刚开始可能没有注意到 X 中的**细节**，或者与之相关的**复杂情况**，但再多问两个问题后，你会停下来思考这些问题，产生很多新想法，写下新的段落。最后，你不仅"凑够了字数"，还让论文丰富厚实，水准提升。因此，苏格拉底诘问法最大的好处是适用于任何一种形式的写作，能够打开写作思路①。

第八，明确思维特质。读者可以参照本书中具体的写作指南，将批判性人格特质内化于心，写出有创新性、真实可信、让人信服的文章。思想勇气、思想谦逊、思想共情、思想诚实、公允等思维特质以不同的方式贯穿于批判性写作全过程。思想勇气是指，虽然时间紧迫，写作者心有疑虑，感觉有些泄气，但仍要把问题彻底弄明白。思想谦逊是指，能够踏实认真做研究。思想共情是指，能看到问题或主题的反面，设身处地去思考令自己感到陌生的视角，想通别人为什么会这样看，并公允描述该观点。思想坚持是指，坚持不懈写论文，充实观点。思想诚实是指注明引用出处，且秉持公允态度，而不仅仅是为了满足指导教师的要求。

第九，阐明基本且有效的概念，即内容、表达方式、受众及批判性。本书最大特点是厘清了一整套概念和步骤，供各种水平的写作者解决写作问题，而其他的写作书或课程很少涉及这些问题。关于写作的基本且有效的概念贯穿本书。这些概念有内容、表达方式、受众和批判性。之所以加上批判性，是为了突出写作和批判性写作的区别。

在写作课上，学生都能接触到内容、表达方式、受众这几

① 我自己在教学过程中发现，向学生提问太多并不是一件好事，这会让学生感觉有负担。他们可以只回答一两个问题，太多会不堪其重。我上课时，一般只让学生根据几个标准问一到两个苏格拉底式问题。他们渐渐会觉得苏格拉底式问题很有帮助，没有什么负担后就会再选几个标准提问。

个标准概念，但在他们眼中，这些概念就是琐碎的细节，跟写出流畅句子、写对语气、写得生动形象等重要的写作概念没有多大区别。

但本书的内容、表达方式、受众、批判性这几个概念和其他重要写作概念有着显著区别。我并不是说这些概念就比别的概念重要，而是强调它们具有结构性。写论文的人可以将其视作概念工具，运用这些工具思考写作过程中遇到的问题和挑战。正是从这一角度来说，我才将这些概念称作是基本且有效的概念。在第六章中，我将运用这些概念解释过渡语、语法正确性[①]、修辞、引用和参考文献问题。

本书的一个主要目标是让学生采用基本且有效的概念，养成思考习惯，最终将这四个概念变成工具，用起来得心应手。学生走出校门参加工作后，不论是起草重要的备忘录，给某人写推荐信，还是写授课计划，都能在批判性思维一番后，使用最佳的表述方式把自己想好的内容传递给受众。

第十，提供评价练习和反馈。 每章结尾都有一套练习，供学生实践，将批判性写作的概念和步骤用于自己的写作。标有星号（＊）的练习带有本书作者的反馈和评论，目的是让学生进行自我评价，而自我评价是学会批判性写作的必经之路。

此外，本书凸显批判精神。本书旨在培养这种精神，以及与批判性和批判性写作相匹配的技能和性格倾向。批判精神具

---

① 为便于表述，本书采用了非正式文体。但学生应该明白，非正式文体不适用于学术论文。

体包括:

—— 学生愿意[1]认真思考一个话题，尽其所能去理解，秉持开明开放的态度做研究，再以清晰、准确、公允的风格诉诸成文。学生应该知道自己的主要目标不是根据所读文献的内容写报告，也不仅仅是为了证明某一观点，更不是贸然得出某一结论，不惜一切代价证明自己所言不虚。写论文的目标应该是推理缜密，让人信服，心有愉悦。

—— 学生愿意去重新思考自己的写作过程。对问题或主题的重新思考贯穿本书首尾。我提倡批判地分析主题，认识到相关视角的存在，并对其论述，明确使用批判性思维标准，重点强调公允、学术谦逊等思维特质。本书举了几个学生的例子，方便读者体会重新思考论文主题，质疑其合理性，改变原有思路的过程。

—— 学生意识到，提高批判性写作和批判性思维能力不一定意味着要完全掌握批判性思维的概念和步骤。我建议学生反复使用，将其内化于心。其实，要掌握任何一门技能，都需要这样做。

---

[1] 此处的"愿意"指的不仅是学生，而是所有人都应该有这样的态度。

—— 学生愿意认真对待写作过程，全身心投入，把
写作当作自己的事，表达自己想了什么、自己
是什么样的人[①]。

我希望学生读完本书后，能够增强信心，认识到自己有推理和写作的能力。通过批判性写作，我们会认识到其实自己远比想象中更有能力想通某件事情。正是推理要素、批判性思维标准和批判的思维特质让我们能够发掘出这种能力。仅仅能想通一个主题与能找准着眼点、批判地分析问题之间具有显著、深刻的差别。这些问题包括：问题有什么意义？我应该预设什么？这一点与哪种方式和主题贴切？这是该主题最重要的一方面吗？我能不能有更大的思想勇气继续探讨下去？

---

① 本书第六章有一节是"认真对待"，我一般会在开课之初就让学生读这一节。

致学生——开始之前

本书采用批判性思维法阐明论文写作之道。你可以借鉴本书框架，写出一篇内容丰富、清晰有条理、着眼点突出的论文，避免东拉西扯、拼拼凑凑、没有实在根据、靠一时印象写论文，这种写作方式下查找到的资料也经不起查证。

阅读本书之后，你会发现自己以前所习惯的方法要变一变，最关键的是要改变写作的思维定式。一旦改变了这个思维定式，写出一篇批判性论文就有了眉目。改变思维定式并不一定很难，但就算不容易，也比你想象中简单。而且虽然不容易，写出一篇推理缜密的好论文也能让你收获很大。

我们可以拿求职面试做类比。人们一般认为，接到面试通知，**去就是了**。面试官会问你一些问题。你听到这些问题后，想到什么就会说什么。但如果你提前**准备**过，就会大大增加胜出的机会。

怎么准备呢？虽然这是教大家写作的书，但你也可以用书中的很多知识准备求职面试。你可以问自己这些问题：

面试时，他们会问我什么问题呢？

关于我的信息，有哪些是他们认为最重要的？

他们要给这个岗位招人的目的是什么呢？我应该做什么才能契合这些目的呢？

根据本书第二章的"推理要素"，你可以找到这些问题。你会发现，这些问题直击要害，对你很有帮助，而且也不难回答。当然，这些问题也有难点，但不是难在怎么回答，而是如何想得到。提前准备一下面试，哪怕只是做一点功课，都会大有不同。

为什么要用批判性思维概念和步骤为写论文做准备呢？为什么不一坐下来就开始写呢？

你可以自己试着回答一下这个问题。假设有人给你布置了一篇论文，主题是 X，要写够 5 页。你会怎么做呢？你该做什么呢？

以下是写论文的人用得最多的三种方法。

1. 开始着手写关于 X 的论文，看看写着写着会发生什么，能写多少页（此时要往好处想，希望自己能写好）。

2. 找几篇关于 X 的论文，开始复制、粘贴。

3. 为避免剽窃嫌疑，不直接复制、粘贴，而是换种措辞复述文中的观点。

这三种方法各有各的弱点，甚至可能给你造成麻烦。不过，一开始的时候你可能意识不到。我们来设想一个场景，假设你毕业后参加工作，写作是工作内容的一部分。你可能要给客户写一份计划书，给别人解决一个问题，可能要写一份工作进展报告，也可能要给领导写一份重要信函。诸如此类，不一而足。假设布置这份写作任务的人要求你写够一定页数，这时候你就必须要看出以上三种方法的弱点所在。

如果你只能想到什么就写什么，或者根据几篇关于 X 的文章勉强拼凑出一篇文章，写出的东西肯定非常浅薄，没有深度，支离破碎。别人看了你写的东西，肯定觉得你没把自己的工作当回事。

用这些方法写课程论文，很可能会得低分。工作之后，再用这些方法写东西，则可能会给你带来大麻烦。

测　试

你可以自行测试一下，写写论文的关键点，看看在没有完全掌握本书的批判性写作步骤之前，你自己会写成什么样子。在此再强调一下，了解写作的这些方面不仅对写课程论文有帮助，对工作岗位上的专业写作也很有用处。写作要注意三个方面，大致包括：（a）清楚自己要写的主要内容；（b）捋顺主论点和文章逻辑，使之通顺有意义；（c）让人信得过你说的东西。你应该知道自己在说什么，对此有足够的认识、有透彻的理解，让读者放心。

测试 1：清楚自己要写的主要内容。论文指导教师常用"主旨句"这个词。有的人可能会使用别的表述，但大致意思都是一样的，即与主题相关的主要内容，也就是上一段提到的（a）。想把主旨句写好，就要写出具体内容，找准着眼点，围绕这个点写出一篇有意义的论文。

你可以自测一下，为一篇五页长度的论文写一个主旨句。先找几个自己感兴趣的主题。可以是全球气候变暖，可以是你喜欢的一个作家，可以是个人问题，可以是读后感、观后感，也可以与课程材料相关。先试一个主题，再试其他几个，找找感觉。每个主题自测要求如下：

写一个主旨句。

（要写得具体一些，凸显着眼点，表明你对主题的主要看法。）

［如果你已经写了几个主题，可以看看第二章后的自测。但是不要偷懒，必须老老实实写出来，不能在脑子里想想就完事。］

测试 2：组织主论点。只写主旨句并不够，因为你不可能只在论文里写一件事情。写别的任何东西也不能这么写。如果你只能写出这么多，你的论文也就只有一句话。你得按逻辑组织一系列主论点。主论点可以多种方式呈现。可以是你想在主旨句中解释、强调的主要方面，可以是支撑主旨句的方式，可以是文中主要信息，也可以是想要得出的主要结论。

你可以这样来写：

我论文的主旨句是 _____，下面是主要论点：

A. _____。

B. _____。

C. _____。

D. _____。

自测 2 和第一个相关，目的都是找出主论点：

想出你论文的主旨句，再确定你的主论点。

多想几个主旨句，每一个配上三四个主论点，感觉一下论文写作是什么样子。（如果你不喜欢已经想出来的主旨句，不妨多想几个。）

［和之前的测试一样，主论点部分也有自测，位于第三章末尾。可以用这一部分看看自己做得怎么样，但一定要在写出主论点后再看这一部分。］

测试 3：让人信得过。 很多时候，要写出一篇好论文都得做些研究。你得明白自己领域的东西。如果你在论文里写了 X、Y、Z，就得让读者信得过这些东西。读你文章的人可能是你的老师、老板、同事、客户，或者是你生命中重要的人。你得让这些人信你说的话。

这就意味着要么你已经了解了要研究的领域，要么得通过做研究把它弄个明白。把某个东西弄明白就是**做研究**。你做研究的目的很可能包括以下两方面。第一，弄清主旨句写什么。第二，弄明白主论点。

但研究不会为你做工作，不能"给你"主旨句、主论点。研究可以帮你选择主旨句和主论点，但不会生成论点。你必须自己下功夫，从很多可能性中进行选择，挑出最值得强调的几点，组织起来，展开论述，解释清楚。

第三个自测跟前两个不一样。你可以当作是与研究相关的测试，但实际上这个测试更侧重于让你了解论文写作的概念。让人信得过意味着你要认识到，不论你在论文中写了什么都要为自己**打包票**。

有些人认为写论文就是走流程，走着走着顺势把重要的东西露出来。用批判性思维标准写论文不一样。你要对论文和文中观点负责。

自测 3 是关于如何写出让别人信得过的论文的。具体来说，想象一下你正在上一门课，老师要求写论文，主题是"林肯发表《解放黑人奴隶宣言》（*The Emancipation Proclamation*）的历程"。请记住，如果你真要写这篇论文，就必须做研究，找到信息。但这不是自测 3 的目的，不仅如此，你也不必为了做这个测试去了解林肯或《解放黑人奴隶宣言》[1]。这个测试反映的是你要遵循的步骤，是要让你明白为了写这篇论文，你需要做些什么。

---

[1] 如果你完全不理解林肯这个例子，可以换成其他历史大事件，但必须去做研究。科学发现需要一步步来，国际大事和法治相关的主题也是如此。

总结来说，自测 3 的要求是：

描述你会如何写这篇论文。

［本书第四章后面有一部分是"让人信得过"。但我还要强调一点，你必须先描述再测试。］

这三个自测都与论文写作的关键方面紧密相关。写的时候，你必须至少表达一个中心内容。你的表达里面必须要有主论点，主论点之间环环相扣。你得对自己想要表达的东西熟稔于心。

你应该琢磨以下几个问题。

- 我得写个主旨句。但怎么才能想出来呢？（尤其是主旨句还要足够具体、突出着眼点）

- 怎么找出主论点呢？

- 就算想出了主旨句，也想明白了论文其他部分，怎么动笔写呢？怎么才能写满 X 页呢？

- 这本书没有讲到的写作问题是什么？怎么解决这些问题呢？

- 我知道写东西要清晰，但怎样做到这一点呢？（我看我写的东西已经挺清晰的了）

- 用于写论文的时间是不是太多了？（除了要完成这篇论文，还有不少事情要做呢！）

- 参考文献怎么写？怎么避免学术剽窃之嫌？怎么把其他

视角包含在内，做到考虑周全？怎么保证语法正确？怎么把论文其他部分写好？

本书直击批判性思维中实用可行的概念和步骤，帮助你解决以上七个问题。

为什么要这么做呢？想一想这个问题。

要回答好这个问题，就要想一想，人们一般做了什么，才导致论文没写好？一篇不好的论文漫无边际、没有中心内容，或者中心内容不明确、没有逻辑、没有条理。又或者有了主论点，却不知道后面应该说什么。写出这种论文的人不是按自己理解的内容去写，通过东拼西凑写出来的东西让人感觉不靠谱。如果用字数来衡量的话，这些论文会出现字数不够的情况，还没写完，早已无话可说。写的人不对参考内容做修改，或者即便想去修改，也不知道该怎么改，该改哪里。甚至写作时参考的资料也不可靠。

但运用批判性思维概念和步骤写论文，你可以得到如下保障。

- 你会发现，自己有足够的能力写出一篇深蕴批判精神的论文。

- 你会发现，虽然批判性写作某些部分不太容易，但很多部分都不难。有些可以说是相当简单。

- 你会发现，批判性思维技巧可以用于各种写作体裁、多种课程论文，离开校园多年依然能用得上。

- 你会发现，攻克批判性思维技巧难点非常值，既有利于拿高分，还能提高自身综合素质。

阅读本书的注意事项

首先，写好论文没有既定公式。本书阐明批判性写作框架，让你直面并深刻认识问题所在。虽然有了框架，你还要**想明白自己写的东西**，除此之外还要来回反复地想还有什么不同观点，再决定要不要改改主意。写论文不能严格按顺序写。

为什么会是这样？

原因有很多，但主要原因是，想要解决复杂问题，就不可能按部就班。任何一种稍显复杂的实际状况都存在很多变数和微妙因素，机械应对不可行。面对复杂的真实情况，需要运用批判性思维。

此外，读本书时，你要充分利用扩展示例，激发自己的思考。从这些例子可以看出，学生运用批判性思维写论文时，经历了哪些步骤。设计这些例子是为了让你跟着案例中的学生经历同样的步骤。虽然这些学生是虚构的，但从他们的看法中可以学习到论文写作的要点。这些例子重点不在于呈现他们的思考结果，而在于展现得到这些结果他们真实经历了什么过程。学生的看法只是解决问题的一种思考方式。你的思考方式可能跟他们的不一样，也可能比他们的要好。之所以把他们的看法呈现出来，不是因为这些看法有多完美，而是因为这些方法真实可信，合情合理，可以说明学生和专业人士写重要东西时遇到困难该怎么办。

要让这些例子发挥最大作用，就不能简单地一读了事。这些例子的价值不在于学生给出的具体答案，而在于呈现他们想出答案的方式。因此，充分利用这些例子的方法是站在学生的角度想问题，看看他们怎样完成批判性写作的某个步骤，跟随他们的推理步骤，同时想一想换成你自己会怎么办。你可以从学生的思考步骤以及附在例子后的评论中得到反馈。

最后，关于如何看待批判性写作，本书开头部分已经做了说明，即改变你对论文写作的观念，深化认识。为此，你要"全身心投入写作"。

大致意思是，你要认真对待论文写作，而不是走走过场，应付差事。你的目的应该是在写作的过程中产生一些宝贵的收获。

你可能不会用"全身心投入"这个词来描述写作，但在日常生活中一定会有类似的体验。例如，不管在哪个领域，你都能看到有些人敷衍了事。你可能有过这样的朋友，他们把你当朋友，但不交心。他们没有全身心投入这段友谊，你真遇到了什么困难，很可能指望不上他们。你还可以在政治、宗教、科学、育儿等人类重要体验中找到类似例子。只有全身心投入体验，人生才有意义。

本书倡导全身心投入，倡导把写作当作丰富人生体验的一种方式，一件值得认真对待的事情。

第一章

思考与写作

1.1　批判性写作

思考和写作是很难完全独立开来的两个过程。批判性思维和批判性写作也是如此。

写作是你用书面形式表达思想。思考和表达思考的写作有合理与不合理、连贯与不连贯、严密与不严密之分。"批判性思维"是写作与批判性写作的差别所在。

批判性写作突出的不是事物消极的一面。懂得批判性思维也不意味着这个人就只是冷冰冰地讲"理"而不懂"情"。批判性写作不是想到什么就写什么。善于思考不代表善于批判性写作。懂得批判性思维意味着要留心观察，明确方向，知道对手头的问题做出周密判断要考虑哪些重要因素，比如思想、事实、数据、情感、激情等任何一个相关方面，还要考察积极、消极两方面，不轻易否定可能会对事情产生影响的任何一方面。

开始之前

　　批判性思维会对你的写作产生立竿见影的深远影响，让你获得新技能，水到渠成地学会写作。但正是因为这个过程太自然而然，你很难注意到自己取得的进步。所以你要掌握一些方法来看到自己在思考和写作两方面取得的进步。

　　我建议你在开始了解本书介绍的技巧之前，先写一篇论文作为参照。找一个自己感兴趣或者和你所学课程目标相符的主题，或者让指导老师布置一个主题。

　　按这个主题写好后，先把论文放一边，学完课程后再回头看。

　　一篇反映批判性思维步骤的论文应该是推理缜密的。让读者既能感到文章是有思想的，又能感觉到作者是在同读者交流思想，指明文中问题所在。这种论文有见地，让人感觉耳目一新，有信服力。之所以会有这样的效果，是因为作者留心体会推理的方式。

　　"单纯的写作"和"批判性写作"的区别在于你能不能缜密推理、周密论证、凸显着眼点，明白无误地呈现思考结果。这两者的区别还在于，你能不能注意到哪些因素让思考和写作合情合理，你自己如何想明白问题，如何明确且有意识地处理上述因素。

　　批判性写作都有哪些关键因素呢？进行批判性写作时，你留心体会的到底是什么呢？

本书将阐明批判性写作的关键因素[1]，并将其分类如下。第一，进行批判性写作时，你最应该注意的是思考过程。你应该意识到你这篇论文的**目的**是什么，要解决什么**问题**，说 X 而不说 Y 有什么**意义**，会产生什么**影响**。这些都是你需要思考和推理的部分，即**推理要素**[2]。

第二个要留心体会的关键因素是思考质量。细细斟酌一番后，你应该问自己说的是否**准确**、**清晰**、**贴切**。这些都属于思考质量的范畴，是**批判性思维的标准**[3]。

除了这两个关键因素外，你还要留心体会**你本人**。你可以问自己："我是不是要再多花点时间想想这一点？""我感觉 X 是对的，是不是应该说出来？我老师认为 Y 是对的，是不是应该按照他的想法来？""写这一点有点冒险，说出来合不合适？""我是不是把这个问题想得有点偏了？"这些问题体现的

---

[1] 本书采用的批判性思维法由理查德·保罗、琳达·埃尔德和我经多年阐发而成。我们三人都在批判性思维基金会（www.criticalthinking.org）工作。我们的批判性思维法体系完整，经由多个出版物推广，编成《思想者指南系列丛书》（*Thinker's Guide Library*）。简明版批判性思维法参见理查德·保罗、琳达·埃尔德所著 *The Miniature Guide to Critical Thinking: Concepts and Tools*, 8th ed。如需了解某领域或某学科的批判性思维法，可参考本人所著 *Learning to Think Things Through: A Guide to Critical Thinking Across the Curriculum*, 4th ed。

[2] 如需全面了解推理要素，参见理查德·保罗、琳达·埃尔德所著 *The Thinker's Guide to Analytic Reasoning: How to Take Thinking Apart and What to Look for When You Do*, 2nd ed。

[3] 如需全面了解各种语言描述的思想标准，参见理查德·保罗、琳达·埃尔德所著 *The Thinker's Guide to Intellectual Standards*。

是**思想坚持**、**思想诚实**和**公允**，体现了批判性思维的**思维特质**和**人格特质**[①]。

你还应该再问问自己，在推理、写作时遇到了什么障碍。可以是很具体的困难，比如时间有限、生活琐事缠身等。也可以是与论文写作直接相关的问题，比如，我们都有这样一种倾向，总爱找理由论证自己和所属团体的想法、行为正当合理。这种以自我为中心、以某群体为中心的想法会让你看不清楚问题所在[②]。

第三个因素是你全身心投入批判性写作时，要留心体会基本且有效的概念，即**内容**、**受众**、**表达方式**。这些概念是所有写作的核心所在。

第四个因素是**批判性**，也是第四个基本且有效的概念。正因为具有批判性，批判性思维和批判性写作才名副其实。掌握了这四个概念，你可以解决任何类型写作中几乎所有的争论点和议题。你应该把这些概念记在心上，贯通在写作中，想清楚在某一背景或情况下，你要表达的**内容**、传递的信息；想清楚谁是你论文的**受众**；想清楚你要表达什么；想清楚你遵循的批判性思维概念。

---

① 如需初步了解批判性思维的思维特质和品德，参见上述*The Miniature Guide to Critical Thinking: Concepts and Tools*, 8th ed。

② 如需简要了解以自我（社会）为中心视角思考人生会产生什么问题，参见理查德·保罗、琳达·埃尔德所著*The Thinker's Guide to the Human Mind: Thinking, Feeling, Wanting, and the Problem of Irrationality*, 4th ed。如需加深认识，参见琳达·埃尔德所著*Liberating the Mind: Overcoming Sociocentric Thought and Egocentric Tendencies*。

"写论文"。 本书主旨就是写论文，它服务于你要写的课程论文，比如写作课的论文，或者科学、人文学科、艺术等专业领域要写的论文。需要说明的一点是，批判性写作的概念和技巧适用于几乎所有写作领域——报告、论述题型考试、个案研究、评论文章、演讲、求职申请、攻读研究生学位申请、商务信函等等[①]。批判性写作的技巧、概念和思维习惯对各种写作都至关重要。此外，你还可以将这些概念和习惯灵活运用于其他领域。也就是说，批判性思维及批判性写作的一大好处是，一旦学会了一个领域的技巧和思维习惯，就可以用到生活的方方面面。把批判性写作当作生活的重要部分的人会发现自己不仅懂得了批判性写作，个人能力也得到了增强，可做的选择增多，生活变得多姿多彩。

1.2　论文的构成

看一篇论文，先看它是怎么组成的。

首先要写论文**计划**。先想**主题**，再写主旨句，写的时候要凸显着眼点。主题是你要写的大概方向。主旨句是你就该主题想要提出的具体主张。它的意义不止于此：主旨句不只是你主

[①] 也有例外情况。批判性写作的某些工具不能直接用于一些写作类型，比如小说、诗歌、戏剧、自由创作、书面版头脑风暴。虽然有这些例外情况，但还是可以部分地、间接地使用批判性写作概念和步骤。而且，不论写哪种类型的文章，都能从批判性思维概念中洞见很多东西。

张的**观点**，还是整篇论文的核心。

除此之外，还要有**主论点**。主论点是对主旨句的解释、支撑和展开（主论点下可以有支撑论点）。主旨句和主论点构成论文**结构**（关于论文结构，参见第 1.3 节的例 1）。写出论文结构要点后，就形成了论文**提纲**（关于论文提纲，参见第 1.3 节的例 2）。包含主旨句和主论点的提纲就是你整个论文的**计划**。当然，计划到了后面可以修改。

> **写计划**
> 主题
> 主旨句
> 主论点
> 结构
> 提纲
>
> **做研究**
>
> **写论文**
> 引言部分
> 主体
> 结论部分
> 注明引用出处
>
> **修改完善论文**

要写论文，必须**做研究**。你得让人信你说的话。要有信誉，就要找准主题，讲清论点。从前文示意图可以看出，研究和论文的其他部分密不可分。在写计划、选主题、想出主旨句和主论点的阶段，你都要去做研究。真正写论文时，还要做研究。比如写着写着，你意识到自己还要有论据。而到改论文的阶段，也可能要做研究。

接下来就到了写论文，至少要写出初稿。开头是**引言部分**，结尾处是**结论部分**。中间部分是**主体**，呈现的是论文主旨和主论点。

此外，一篇论文还有两个组成部分。一部分是注明引用出处，说明你所借鉴的思想源自何处。这一部分不仅是写作的基本内容，还关乎思想诚实。你可以采用脚注、尾注的方式，也可以在论文正文后另起一页，命名为"参考文献"或"参考书目"。完成初稿后，要修改论文，对其进行添加或缩减，使论点更鲜明。修改的目的是完善论文。但你不能写完再修改，而要边写边修改[1]。

批判性写作之益。上述各组成部分都是论文必备部分，但不代表有了这些部分，你写的就是批判性论文。可以做这么一个类比：你的身体由维持生命必需的各部分组成，但不意味着有了这些部分你的身体就健康，肌体功能就正常。

掌握批判性思维概念和步骤后，你可以把平淡无奇的写作变成批判性写作。本章的主要内容是论文组成部分。这里我们所说的论文既包括运用批判性思维写出的论文，也包括普通论文。从第二章开始，重点会放在批判性写作上。有了批判性思维工具，你不仅可以写出主旨句，还可以凸显着眼点，让人信服。也就是说，不仅可以做到逻辑有条理，还可以写得清晰、准确，有贴切的主论点，配有推理缜密、设计合理的研究。理解了批判性思维概念，可以转变并重新塑造论文组成部分。

假以练习之后，你可以把批判性思维的多个概念和步骤内化于心，用于写作和思考之中，让人听到你的"声音"，认识到你长于写作，善于思考。比如，要想让观点清晰，很多时候需要举例子。你不能抽象地去写，要给出一两个例子，让观点更具体、更好理解、更让人信服。明白了如何举例，以后不用人

---

[1] 写作指导教师在使用"主题""主旨句""提纲""结构"等词时，其所指可能并不完全相同。这些词并没有固定不变的标准用法。尽管如此，其目的均是讨论论文写作中的重要方面。跟其他领域一样，你可以根据具体情境调整使用的词汇。本书从第二章开始讲述的批判性思维过程，将赋予这些词汇极大的灵活性和新的活力。

提醒，你都会自然而然地举例子。这就是批判性写作长久的益处。不仅是写论文，你写其他类型的文章也会举例子，说话思考的时候也会举例子。最终你将举例子的习惯内化于心，与人交流时都会用举例子的方法清楚表明自身观点。

你已经在运用论文的各个组成部分了。 表面上看来，本节前文的图框中的术语（或说法）有点复杂。但不要被它们束缚住手脚。它们其实一点都不复杂。把这些术语都用上可能不太容易，但论文的组成部分本身并不复杂。你之所以觉得复杂，很大程度上是因为在平时的写作和日常交流中，你已经不自觉地使用了这些概念，只是现在它们被具体命名和分类了而已（举个例子，如果你把弹吉他或打台球这种简单活动的分解动作写出来，它们看起来也可能同样令人难以理解）。

咱们可以对比着理解。假设你现在正在聊某个话题。这个话题对你本人很重要。你不知道一个叫威尔的人值不值得深交，所以想跟他人聊聊这件事。你可能是这么说的：

> 最近我一直在想，威尔这个人值不值得深交。我想跟你聊一聊。我越来越感觉，这个人信不过，跟我以前想得不太一样。最近他老在背后说我坏话，做事都是自己怎么合适怎么来，没有考虑过我。
>
> 上周，他在苏珊面前说我的坏话。他说跟我借钱时，我没借给他。还说我这个人挺怪。但一个人不应该这么说朋友。
>
> 每次我们一起出去，都得顺着他来。一起去看电

影，也得是他挑。这方面的例子多得很。

　　朋友就不应该是这样。朋友不应该在背后说坏话，

处处先考虑自己。所以我觉得威尔这个人信不过。

　　想一想，这是不是你平常说话的样子。你在跟人解释你对威尔的看法，为什么你会这么想。说话就应该这么说。但细细想来，你会发现论文的组成部分差不多也都在里面了。只不过更加简练罢了。但所有的组成部分都包括了进去。

主题：朋友威尔

主旨句：威尔不够朋友。

　　你要写三个**主论点**支撑论点。其中有两个与威尔有关，另外一个是朋友应该做什么、不该做什么。

　　主论点 1：威尔在背后说你坏话。

　　主论点 2：他总是打自己算盘，不考虑我。

　　主论点 3：朋友就不应该是这样。

　　你可能未曾意识到，但你说的话就有这样一种明确的**结构**，你开口之前脑子里就有这么一个**提纲**。

　　你还额外表明了一些观点，用来支持主论点。你用了苏珊的话作为信息支持主论点 1，用个人感受添加信息支持主论点 2。而关于主论点 3，虽然没有给出支撑材料，但你可以阐释清楚你心中对朋友的**概念**是什么。

　　你说的时候，有**引言部分**，在展开谈主旨句和主论点时，形成了**主体**，最后给出了**结论部分**。因为你是在随意聊天，所

以这些部分都非常简短，但都有提及。如果听你说话的人问了问题，你会进行补充，进一步阐发你的观点。你还会注明引用出处，只不过是以一种非正式的方式罢了。

你没有进行**修改**的步骤，但这是因为随意聊聊不用改。不过，你也可以以一种自然而然的方式进行修改。比如，聊着聊着，你可以停下来给你的说辞增加一点可信度。你可以加上以下这些话。

> 是苏珊跟我说了威尔的情况。虽然我一向信不过苏珊，但在这件事上我信她说的话。

你也可以修改结论部分。加上以下这些话。

> 说到底，我信不过他。当然，我知道他是你朋友。我的意思是，他对我来说不够朋友。

对你来说，写论文可能不容易。但掌握论文的组成部分本身并没有难度。多数情况下，刚开始写论文时，你会不太清楚应该说什么。这跟聊天的情况一样。我们会说错话，会和自己在意的人闹僵。而且有的时候，明知说错了话，想要挽回却已经太晚。但庆幸的是，写论文的时候，你可以回头再看、再改，让你的文章更清晰、更准确、更客观后再上交。

你可能会遇到很多困难：不知如何写论文计划，有了计划不知该怎么贯彻执行；时间不足，动力不够，技巧不精；思路不清晰，或者有了思路但表达不清晰。遇到这些困难非常正常。很多困难都可以通过本书获得解决。但你应该注意到，本书从第二章开始阐述的批判性写作方法和工具不仅能帮助你更顺利地写作，也能方便你进行推理。

1.3　实例解析论文构成

你可以通过本书的几个例子，更好地认识论文的组成部分。有了这些例子，你会对论文的组成部分有初步认识，尤其是计划写作阶段的部分。本书作者列举这些例子不是让你通过观摩某人如何进行**批判性写作**明白批判性思维的概念和步骤，而是让你看明白如何找到有意思的**主题**，写好**主旨句**，找准**主论点**，再去**做研究**。明白了这些步骤，你就有了论文**结构提纲**。

读这些例子的时候，先别去想例子本身推理是否缜密，其中的观点你是否认同，而是要重点看论文组成部分是如何成型的。这两个例子有几页长，展现的不只是最终结果，还有作者如何通过思考得到最终结果。你要注意以下几点，不要被例子误导。第一，掌握论文的组成部分只是最低要求。只掌握各组成部分写不出一篇推理缜密的好论文。第二，虽然这些例子能够说明学生如何思考主题、写好计划，但不保证你能写好自己的论文。

例 1

背景信息：詹姆斯朋友的父亲患有肝硬化，最近又被诊断为肺癌住了院。很显然，朋友父亲是因为长期抽烟喝酒才得了病。虽然詹姆斯为朋友父亲感到伤心，但听到治病花去很多钱也，他特别震惊。他发现不少费用可以用医保报销，但分析下来又发现，正是他们这些缴纳医保的人承担了这些费用。于是在詹姆斯看来，这就有点不公平了。此前，詹姆斯听说过"罪恶税"，知道这是一种对酒精、烟草等有害物质征收的税。他推理认为，征收罪恶税后，抽烟喝酒的人就能够多承担因病治疗的费用。但又因为针对的纳税人是朋友的父亲，他感到很纠结，不知道该如何看待这一税种，于是决定把罪恶税当作论文**主题**。

主要原因在于他认为像自己这样不酗酒抽烟的人不应该为酗酒抽烟的人支付医疗费用。为此，要引入"罪恶税"。他把这个基本观点写了下来，认为这是他想要在论文里表达的主要内容。

主旨句。"我们应该对酒精和烟草征收'罪恶税'，再用这笔钱支付滥用这些物质的人产生的医疗费用。"

写到这里，詹姆斯意识到自己可能得让主旨句更鲜明，但不管怎样算是开了一个好头。征收罪恶税这件事是他坚持主张的观点。

接下来，他要看看用什么主论点支撑主旨句。他发现其实前文中已经有了一些主论点。其中一个就是他最开始写的主旨句。

主论点 1：不酗酒抽烟的人不应该为酗酒抽烟的人支付医疗费用。

接下来，詹姆斯意识到自己要说明为什么罪恶税有助于解决这个问题。他写了好几版，最终确定了措辞。

主论点 2：罪恶税可用来支付滥用烟酒者的医疗费用。他们生病是自找的。

最后这个词"自找的"吸引了他的注意。他认识到这是自己的主要立场。他推理得出，滥用烟酒是那些人自己的选择，是一种自愿自发行为。所以，他们也应该为物质滥用而买单，即支付"罪恶税"，而不是让别人为他们买单。

这样下来，他又觉得"自愿自发行为"也应该成为一个主论点。

主论点 3：抽烟喝酒是一种自愿自发行为。

写到这里，詹姆斯认识到，自己应该找些真实数据来说明纳税人为抽烟喝酒的人支付了多少医疗费用。为此他需要做些研究。于是他在谷歌上搜索，但发现有些网站意见偏颇，并不可靠。他得找到让人信得过的资料，于是去了疾控中心的网站。这个网站后缀带有".gov"（政府），看起来比喊政治口号、教人养生的网站要可靠。从疾控中心的网站上，詹姆斯发现每年因抽烟导致的"直接医疗成本"为 960 亿美元。他点击文中链接，又找到了另外一篇文章，发现每年因酗酒导致的医疗保健成本为 250 亿美元。

主论点 4：在美国，每年因酗酒抽烟导致的医疗保健成本总计 1210 亿美元。

他突然又想到，自己应该大致算一下每个美国人需要承担的总成本的比例，作为主论点 4 的支撑论点。

到目前为止，他论文的**结构**包括了主旨句、四个主论点和可能的论据。

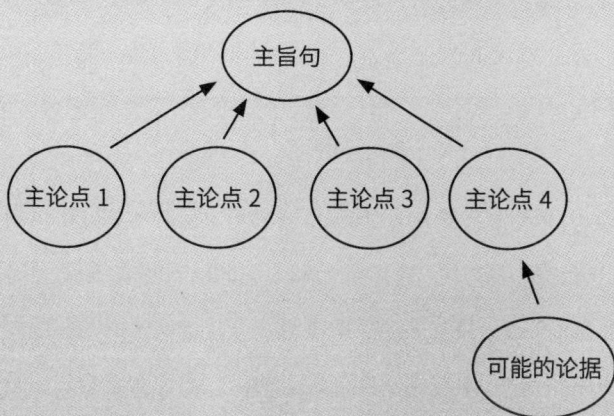

因为论文结构和提纲大体一致，詹姆斯的**提纲**包括主旨句、四个主论点和可能的论据。

有了主旨句、结构和提纲，詹姆斯感觉差不多可以开始写论文了。论文的**计划**已经很明确：在**引言部分**，他准备点明主旨句，总结主论点。在**主体**部分，他会进一步解释论点，依次展开主论点。每个主论点至少写上一段，尽可能多写几段。**结论部分**，他会再次点明主旨句，重申主体部分的主论点。

关于主论点 4 所做的研究，他复制、粘贴了两个网站的参考信息，**注明了引用出处**。这样能为接下来写论文节省点功夫。按照要求，詹姆斯要使用 MLA 参考文献格式（参见本书第 6.3 节，了解如何注明文献出处）。根据 MLA 格式要求，他应该在论文中引用参考资料，再在结尾部分"参考文献"页面注明完整的引用信息。他可以在 Endnote 软件中编辑文内引用和"参考文献"信息 [①]。

例 2

背景信息：希拉（Sheila）在骑车上下学途中收听美国全国公共广播电台（National Public Radio, NPR）。最近，她听说欧洲部分公立大学学费上涨。但让她吃惊的是，即便涨了价，这些学校的学费与她上的美国州立大学相比还是

[①] 詹姆斯在研究中用到了两个资料。他按照MLA格式，将所引资料写成如下形式：("Economic Trends in Tobacco" 2017)

(Bouchery 2011)

在论文结尾部分，另起一页命名为"Works Cited"。按照拼音顺序，使用悬挂缩进：

Bouchery, E. E., et al. "Economic Costs of Excessive Alcohol Consumption in the U.S., 2006." *PubMed.com. American Journal of Preventive Medicine.* vol. 41, no. 5, November, 2011, 516−24. doi：10.1016/j.amepre.2011.06.045.

"Economic Trends in Tobacco." *Centers for Disease Control and Prevention,* January 29, 2019. www.cdc.gov/tobacco/data_statistics/fact_sheets/economics/econ_factsZindex.htm.

很低。她还听到德国一些大学根本不收学费，这其中有的还是全球顶级大学。于是她开始考虑要不要去欧洲上大学，上英语授课课程拿到学位。她最想去的国家是法国和德国，这两个国家学费都很低。随后她查了几个网站，找到了部分欧洲国家的大学教育收费一览表。看完这些网站，她又随着链接看了世界大学排名，发现欧洲很多大学排名很靠前，比她现在上的州立大学的排名高得多。

她想了想，决定写一篇课程论文，主题就定为美欧公立大学学费差异。

虽然定好了**主题**，她还是想了几个不同的版本。

她认为第一版比较好，准备解释一下美、欧公立大学学费主要差在哪里。

但又稍微改了一下主题，改成欧美大学优劣势对比。换成这个主题后，她不仅需要解释差异，还要分析优劣势。

但她又想到，与欧洲学生相比，美国学生要多花不少钱。这让她感觉很难受，于是又形成了第三版，决定写一篇论文，论证美国公立大学应该像欧洲大学一样便宜（这就是她的**主旨句**）。她继续往下推理：如果欧洲国家能给国民提供低成本的大学教育，美国也能做到。

她想到了几个观点，以此支撑论点。她意识到，刚才推理出的东西可以作为主论点 1。主论点 2 可以包含自己已经做过研究的信息，比如学费差异。但这还不够，还要再做研究（她又想，是不是有可能再研究一下奖学金容不容易拿到的差异）。

除此之外，还有别的观点。第一点是，大学教育让整个社会受益，因此社会应该承担一大部分大学费用。第二点是，美国学生毕业后负债累累，要花好多年才能还清学费欠债。还有一点也可以做主论点：既然公立小学、初中、高中学费全免，为什么上完高中就没有免费教育了呢？

把这些思考与研究整合到一起后，她就形成了具体的论文写作**计划**。**结构**应该包括主旨句、五个支撑论点的主论点。**提纲**包括结构中的六个方面。根据提纲，她会逐点写出论文**主体**。在**引言部分**和**结论部分**，她会用一两段总结这六点。但她又意识到，主旨句是论文的中心所在，必须多加强调。

希拉的提纲

1. 美国大学应该和欧洲大学一样便宜（主旨句）。

2. 如果欧洲国家能给国民提供低成本大学教育，美国也应该有能力这样做。

3. 在写这一点时，她会附上研究信息，包括美欧大学教育成本差异、美欧大学排名情况和后续研究的相关信息。

4. 大学教育惠及全社会。因此全社会应该承担大学教育的一大部分成本。

5. 美国学生毕业时负债累累，好多年才能还清学费。

6. 既然公立小学、初中、高中都不收费，高中之后的教育也没有理由收费。

　　关于**注明引用出处**，希拉的做法要比詹姆斯的复杂得多。她浏览了十几个网站，最后才定了几个。浏览过程中，她忘了记录参考信息，只能回头再捋一遍。又花了一点时间，这让她感觉有点烦。

　　按照要求，她应该用 Chicago 参考文献格式。从她的尾注中，我们可以看出她是如何编写参考文献的[①]。

　　她认识到，写论文过程中就要不断**修改**。她还需要努力使自己的论点表述得更加清晰，目前她正在考虑放弃关于学生负债的主论点 5（虽然这个观点不错，但论点支撑信息已经够用，不必再加别的信息）。

以上两例能够说明一篇论文的主要特点。

　　主题。本书故意将"主题"一词泛化。主题就是你选的内容。当然，不是所有主题都值得写。詹姆斯和希拉选的主题都很明确具体。他们俩都碰巧找到了自己想要进一步挖掘和了解的东西。但很多情况下，你着手准备的时候所了解的信息远不

---

① 后来她从同一个网站上引用两个资料，以尾注的形式标在正文里。又在"参考文献"中注明完整信息，使用悬挂缩进，并按字母顺序排列：

　　Pop, Alexandru. "Times Higher Education Ranking." *Times Higher Education*, Masters Portal (March 15, 2017). http://www.mastersportal.eu. "Tuition Fees at Universities in Europe in 2017—Overview and Comparison."

　　Masters Portal (January 9, 2017) http://www.mastersportal.eu.

如他们的明确。你最开始找的主题可能太宽泛，可能太具体，也可能介于两者之间。这时候你要做的是大量阅读，认真分析总结，找到主题。从所读文献中，你可以仔细揣摩作者的观点，找出主题，还可以用这篇文献当作主题。除此之外还有很多东西可以作为主题。比如社会问题、人际关系、TED演讲、生活问题、人类行为、学校课程等。

很多写作书强调从一开始就要缩小主题范围。这种方法好处很多，但不太容易做到。比如说你决定写节食方面的内容。这个主题非常宽泛，不够具体。刚开始写的时候，你很难知道该如何缩小范围。

有时候，你必须把该做的研究都做了，才能动笔写主旨句。在做市场营销等研究时，你不能一开始就有论点、做假设，这种无意识会造成你在收集信息时扭曲信息，即"证实性偏差"。

你也不应该在写论文计划前，就在脑中确定论点，而应该通过一步步的推理确定论点。掌握了批判性写作要领，你不会偏向自己已经相信的东西，而是批判地分析主题，逐渐得出合情合理的结论。比如，不论你赞不赞同体罚，都应该先问自己这样一个问题："应不应该废除体罚？"

采用本书提出的批判性思维框架的一大好处是，让你把模糊宽泛的主题变得明确具体，清晰分明，凸显着眼点，由此缩小选题范围。第二章介绍了具体方法，让你采用批判性思维概念，找准主题着眼点。我们不能说这个办法百试百灵、万无一失，但它可以帮助你找到着眼点。这个方法不仅可以让你缩小主题范围，还可以扩充主旨句、主论点和提纲（详见第三章）。

如果你最开始找到的主题比较宽泛，可以在筛选时考虑以下两个因素。

第一，要找出对你和受众都重要的主题。詹姆斯和希拉都是这样做的。第二，他们都对所选主题有一些见地，知道继续深挖下去，能有新的观点出来。

做选题时不一定要考虑第二个因素，但它非常有用。你可以跟随第二章列出的步骤获得见地。这个观点可能是你以前从来没有想过的，且将大大有助于你的论文写作。你应该尽可能地选择你有所见地的主题，并把这份见地传递给受众。

主旨句。主旨句和主题很不一样。主旨句体现了一些主张，而且体现的不只是某个研究对象、领域或主题，而是对主题明确具体的陈述。你想在论文里表达的主张都应该反映在这里。这是你为整个论文所做的陈述。

从詹姆斯一例可以看出，论点可以是你脑中的一个想法，也可以是你经过研究、深入思考之后得到的结论，希拉就是这样做的。在你思考、撰写论文的过程中，论点很可能会不断发生变化，需要你润色修辞。詹姆斯和希拉两人都修改过主旨句，写论文时可能还要再进行修改。

主论点。主论点没有固定的数量。一般来说，有几个主论点，要看你做的研究，比如詹姆斯的第四个主论点。有时要看自己思考的结果，比如希拉的第一个主论点。

包括结构和提纲的论文计划。你可以把论文结构当作是人体结构。骨头严丝合缝组成骨架，让人体各部分形成一个整体。主旨句和主论点组成结构，形成论文骨架。论文提纲跟结构差不多，只不过是用句子写成的，就像是建筑蓝图，具体明确、实实在在，能指引你写论文。

本书强烈推荐你按照第二、三章中的批判性思维步骤写出清晰、准确、重要的主旨句、主论点、结构和提纲。实际上，这两章的步骤展现的就是批判性思维过程本身，比你偶然想到的主旨句更可靠。

1.4　批判性写作反思

从詹姆斯和希拉计划写论文的步骤中可以看出本书后几章的主线。

"有想法"。注意，詹姆斯和希拉仅仅是对论文"有想法"。他们从一个主题开始，在做研究之前、之中或之后想到了主旨句。

但我们可以问几个深刻的问题：

- 你是怎样想到主旨句的？（注意这里指的是主旨句，而不单指主题。前者有明确的范围，能保证你在截止期限之前写够字数）

- 如果没有什么想法，写不出主旨句该怎么办？

- 假设你"有想法"，也想到了主旨句。但不可行该怎么办？有时候你灵感乍现，但循着这个灵感却写不出准确、有逻辑的东西。

- 仅有一个具体的想法是不够的。怎样才能知道这个想法有没有意义呢?

写作类型。文章有多种文体。有时只涉及一种文体，但多数情况下一篇文章会涉及多种文体。詹姆斯和希拉两个人的论文属于**议论文**。他们都站在一定的立场劝说别人接受自己的结论（詹姆斯认为应该增加罪恶税。希拉认为美国大学应和欧洲大学一样便宜）。

相比之下，**说明文**的主要目标不是议论某事，而是解释某物。最开始希拉就想解释美欧两地的学费差异（如果她这篇文章写成了说明文，主旨句可能是这个样子：欧美公立大学学费差异主要体现在 X、Y、Z 三点）。说明文呈现的是作者对某一主题的理解。

分析型文章和说明文差不多，但强调的重点不一样。在说明文中，你解释某件事情。在分析型文章中，你把某物分解成几个部分，再逐一分析。比如，本书大部分篇章是说明性质的，但在阐释论文组成部分时，又是分析型的。与之类似，希拉对论文又有了第二个想法。她想到了去欧美两地上大学各有什么优势劣势。这种文章的分析性更强。要写这篇文章，她不仅要解释差异，还要分析和评价优势与劣势。一般来说，**研究型论文**要么说明，要么分析，要么两者兼顾（参见本书第2.4 节的例 2）。

除了这几种类型，文章还可以有其他类型。比如，

描写型。你可以描写一个场景、一种经历，让人如见其物、如听其声、如感其形、如嗅尝其味。要想把这些感官上的体验传递给读者，描写得太抽象是不行的。

叙述型文章是讲一个故事。小说就是这种类型。课程论文等非虚构体裁其实也可以用叙述的方式为文章内容设定场景，让读者感同身受，举出鲜明的例子，做比较论证。描写、叙述部分可以让你的文章生动鲜明。

需要指出的是，文体的分类标准并不重要，重要的是你要意识到有这些类型。虽然这些写作类型存在重要区别，但接下来几章阐述的批判性思维对各种类型的写作均有益处。

批判性思维能够增强你解决以上四个问题的能力。

做研究。詹姆斯和希拉都做了研究。

詹姆斯做研究后，得到了可靠数据，对一个主论点形成了支撑。注意这里所说的是"可靠数据"。他没有用在搜索引擎中检索到的第一个网站，而是参考了另一个可信赖的网站。不论你是在学校写论文，还是进入职场写文章，都要为自己说的东西负责，要提供可靠的信息。一般都要为此做研究。

詹姆斯和希拉都为记下找到的参考信息费了功夫。他们所注明的引用出处不仅包括数据，还包括资料。如果从资料中得到了想法，他们也会注明出处。

"批判性写作"。从很多方面来看，詹姆斯和希拉的写作计划都非常完善。但两个人都没有叙述出自己是**怎么**想到这个完善的计划的。前面已经说过，正因为这一点，两人都不是在进行**批判**性写作，都没有运用批判性思维的概念和步骤写论文。比如，两人谁都没有检验预设是否正确，没有挖掘文中的思想有何意义，没有思考自己的想法与推理过程有什么缺陷，也没有去琢磨别人会用什么不同的视角来看待这些问题。

这不意味着两篇论文写得就不好。本书之所以选这两个例子，是为了说明即便只是一份初步的计划，也能促成一篇论点有力、论证严谨的文章的诞生。但这两个例子都让人感觉有点误打误撞的意思，感觉这两人是**碰巧**想出了有力度的主论点。从他们的思考步骤中我们很难看出如果要再写一篇论文，他们会有什么有效的方法。虽然展示了他们论文的组成部分，但你并不能从这两个例子得到启发，也写出一个完善的论文计划来。

批判性思维最大的优点是告诉你怎么做，怎么写出有力的主旨句和主论点、有逻辑的提纲，怎么构思预设和意义，怎么直面论文缺陷、琢磨不同的视角，怎么扩展充实论文、提高论文质量等。批判性思维教的就是**"怎么"**写出好论文。

1.5　应用批判性写作

批判性写作的过程既不是按部就班，也不是一成不变的。从逻辑上来讲，本章第 1.2 节提到的论文组成部分应该出现在你的论文中，但实际上你并不需要依照一定的顺序去写东西。比如，有些学术成果卓著的学者会在写完论文其他部分，对全文结构有清楚的认识后再写引言部分。虽然一篇论文应该有引言部分，而且要放在开头，但写的时候不一定要先**写**这一节。

批判性写作本来就是一个循环往复的过程，在此过程中，你自身的优势和目的发挥着关键作用。你一开始有什么想法，对你以后写什么段落影响很大。但虽然有这么大的影响，你写着写着还是可能发现最初的想法要调整一下。计划、写作、有想法、做调整这几个组成部分一环扣一环。动笔前，你可能做过研究，也可能本来就有一些想法。综合想法和研究结果后，你制订出具体的计划，列出主旨句和主论点，然后动笔。但写着写着，你有了新的见地，对论文主题的认识不断深入、越来越成熟，于是就开始调整计划，修改主旨句，列出新的主论点，又做了某方面的研究，改动了论文，这时又有了新的见地，以此类推。

这种循环往复的过程正是批判性写作最让人受益的地方。这是因为，写出一篇好论文，很大程度上需要发挥你个人的创新能力。写作并非把一堆想法放在纸面上，不是复制粘贴，更不是重复别人说过的话。写作是围绕某个主题构建你自己的思考。从本质上来说，写作是你理解事物，使之变成你自身一部分的方式。和写其他类型的文章一样，研究型论文同样需要有创新，绝非仅把从某篇文章或某个网站上找到的东西表述出来就可了事。你得把找到的资料放在一起，先汇总信息，再从中挑选，看看主题的各个方面怎么放在一起更合适，最后构成一个有机整体。

最终写成的论文里有很多的"你"在里面。有你的想法、你的研究、你的思路、你的创新和你构建整体的方式。本书介绍的方法没有标准答案，需要你自己举例论证观点，自己寻找预设，自己得出结论。本书提出的概念和步骤可组合为一种框架，融批判性和创新于一体。

不过，你也要注意，虽然批判性写作方法没有标准答案，但并不是率性随意、完全没有答案。一些写作方法比其他方法更有效，但没有一种方法天然就比别的好。就拿体育运动来说。要想打好网球，方法有很多。网球高手的风格各有不同，跑向球网的次数也不一样，有人喜欢打上旋球，有人偏爱防守型打法。这些都是好方法，但不意味着哪种方法最好。不过，的确有很多不好的方法不利于打好网球。写作和打网球一样，虽然你习惯用某种方法，但并不意味着这种方法就好。

你需要对本书提到的方法技巧进行改造，使之适合你的论文所涉及的领域、你的个性、写作技能、文章类型等。本书介绍的方法都很好，可以提高你的推理能力、批判性思维和组织能力，让你写出的论文论证更有力、更让人信服。这些方法与写论文所需的关键步骤紧密相关。我建议你好好试试这些方法和概念，看看如何运用才能提高自己的写作和思考水平。

1.6 后续步骤

我们可以再想一想，一篇论文有哪些组成部分？如何用这些部分写出一篇**好**论文？当然，找到有分量的主题不容易，这关系到你写出的东西重不重要。但是除此之外，你还要做以下几件事情：

- 主题
- 主旨句、主论点
- 做研究
- 写论文
- 修改

1. 对主题进行批判性分析，理解了再去写，才有底气，才能得心应手。

2. 想一想主旨句该怎么写。最好缩小范围，凸显着眼点，使其清晰、切实可行、有支撑观点。

3. 找到贴切、可行的主论点来支撑主旨句，形成一个有逻辑的写作计划。使整个结构条理清楚、证据充分、充满意义。

4. 采用批判性思维做以下几方面的研究。第一，找出文章主题，形成论点；第二，找出信息、数据、证据、原因，使你的观点丰富深刻。

5. 找出可能会让读者有误解、不同意、推理不太充分的地方。

6. 写论文包含以下几个部分：引言部分、主体、结论部分。边写边阐发主论点，确保论述条理清楚、清晰翔实、丰富深刻（换句话来说，这个过程就是"如何凑够字数"。当然，这个说法有点误导人）。

7. 修改完善论文，使之更周密、更清晰、更准确、条理更清楚，找出需要进一步支撑、展开和铺陈的部分（第五章的苏格拉底诘问法对这一步起到直接作用）。

上述七个问题是**批判性写作**的核心所在。你在对自己的思维模式进行思考，在反思如何能更好地思考，最后把思考内容变成论证有力的写作。

要做好这七件事情，你要明确批判性思维的概念和步骤。这些概念和步骤对你的写作来说不仅是有点联系，而是至关重要，不仅关乎开头部分或某一部分，而是贯穿全程。只要懂得一点运用批判性思维的知识，你就会受益匪浅。随着你越来越熟练地运用这一技能，批判性思维会从根本上改变你的写作水平。有人有过顿悟的体验，体会到批判性思维远比我们平常的思考方式更能凸显着眼点。有了这种思考后，我们会经常发出一声"原来如此"的感叹，豁然开朗。虽然没有人会说批判性思维很容易掌握，但**有时候**的确比较容易。接着往下读，你会发现不少批判性思维工具，能让你少做不少功课。有了这些工具后，你不能漫不经心地去使用，不能简简单单走个过场，期待它们会自动生效。你应该细细品味其中的概念和步骤，用到写论文的过程中去。这时你会发现，写起来省了不少力气。

1.7　SEE-I 写作法

批判性写作的第一步是锻炼清晰写作的能力。让你的写作和思考清晰的最佳工具是 SEE-I 四步法。有了这一工具，你不仅能写得清晰，还能写好论文主体部分，从而优化、简化写作过程。SEE-I 是以下几个单词的缩写：

第一个 S 代表 "State", 即 "点题"。

第二个 E 代表 "Elaborate", 即 "展开"。

第三个 E 代表 "Exemplify", 即 "举例论证"。

第四个 I 代表 "Illustrate", 即 "比较论证"。

- **点题**时, 你要细心、简练, 一般用一句话表明核心观点。

- **展开**时, 要给出进一步的解释。要写上一两段, 不能只写一两句。要展开解释、扩展自己想说的东西, 让读者明白你的用意。

- **举例论证**时, 要仔细选好例子, 做到恰如其分。有了例子, 你要表达的意思就能更具体。

- **比较论证**时, 你可以采用类比、暗喻、明喻、对比等手法, 可以使用图片或配有解析文字的图片来阐述你的意思。比较论证做得好能让读者与你产生共鸣。

SEE-I 四步法示例。本书主要内容是**批判性思维**和**批判性写作**。"批判性思维"这个词经常让人摸不着头脑。怎么理解呢? 阐释如下:

点题:

批判性思维意味着你要推理出来, 彻底想明白。在此过程中, 你其实已经在留心观察自己是怎么思考的, 思考得好不好。

展开：

批判性思维包含两个方面。一方面是推理出来。推理的对象既可以是你正在写的东西，也可以是争论点、需要解答的疑问、需要做的决定、需要学习的课程、职业生涯中面临的困难等。要做到这一点，就不能亦步亦趋遵循某个指南，不能幻想着想法会自己出来，也不能轻车熟路地使用以前的老办法。你得自己弄明白问题所在。

另一方面是要对批判性思维有明确认识。要明确关注你自己是**如何**思考的，想得**对不对**。这样你就会注意到以前忽视的东西。例如，你会去检查**预设**部分，看看自己的观点有什么**意义**，考虑别的**视角**，再看一下你自己遇到这种情况怎么**阐释**。如果你开始注意自己想得**对不对**，你会问这些问题："这一块我描述得**准不准确**？""我有没有解决问题**最重要的**方面？""能不能再**到位**一些？"

如果你开始批判地看待一些东西，就会注意事情的积极与消极、强与弱两方面，以及整体和部分的关系。批判性思维意味着打破了思维定式。你在有意识地反思，去提高思考水平。

举例论证：

在这里，我举一个政治辩论的例子。假如你对一场辩论进行慎思明辨，你会发现候选人以及你自己的预设。你会在脑子里想这些问题："他们有没有直面问题的复杂性？""他们有没有明确意识到自己要采取的行动有什么意义及影响？"

你还会去思考这些候选人说没说实话。你会问自己这些问题："他们有没有为博得好感夸大其词？""他们有没有做有利于己方的陈述？"

在这一过程中，你也会留心自己的判断。是不是我只看了这个候选人好的一面，没有去想坏的一面？是不是我太关注细枝末节，注意到口误，却没有去思考这个候选人真正想表达什么？

解决了这些疑问，你会从全局出发缜密推理，得出公允的结论，看到候选人自身的条件，思考他们的执政方式而不是对某一问题的处理办法，琢磨他们的价值观和能力能否增进所有人的福祉。

比较论证：

这种办法就像是核磁共振扫描仪，让你看清楚体内的结构和器官，分辨清楚健康组织，看到肿瘤、动脉瘤和关节炎等问题。做一次核磁共振，你会对身体健康状况有全面的认识。批判性思维就像是随身携带一台核磁共振扫描仪，让你洞见人们的思考。

SEE-I 四步法帮你清晰行文，达到规定字数。这是一个特别有用的批判性工具，适用于写任何一种类型的文章，求学期间、走上职场后都用得到。就写论文来说，SEE-I 四步法能

比较论证这一块非常有意思。有人似乎天生善于比较，会用对比、类比的方法透彻阐明问题。有的人就得后天培养自己这种能力。本书作者就属于后一种人。

注意，虽然"example"和"illustration"这两个单词在英语中是近义词，但SEE—I四步法中的举例论证和比较论证相当不同。举例论证中的例子本身就是事物的一个具体实例。比如关于"复习考试"的一个例子是你得熬通宵进行填鸭式复习。比较论证完全不一样。这种方法是用我们已经熟悉的领域去理解别的领域，所用手段有对比、类比、暗喻等。如对"复习考试"进行比较论证，可以这么说："'复习考试'就像是跳伞之前确保装备完好且符合标准一样。"

实实在在帮你写好论文。

大多数人写论文时，一般不会想到论文的组成部分，即主题、主旨句、主论点、修改等，他们只会想到论文主体部分，目标是写够字数，比如写够五页。写了主旨句，再写主论点，却发现还得写很多页才能写够字数。

问题当然不在于写多少页，而是要贴切举例说明，增强论证力度，让观点有趣，采用一定的沟通方式，把内容传递给受众，这么做自然而然能写够字数。但要做到这一点难度更大，你该怎么办？

写论文主体的过程是"阐发"。SEE-I 四步法是阐发论文主体的主要方法，可能也是真正动笔撰写论文主体的唯一方法。你可以用 SEE-I 四步法写主旨句，构思每一个主论点，再去想支撑论点。对于每一个支撑论点，也要准确简明点题。接下来展开来谈，要让每一个主论点有深度，至少要写一段，有时可能要写好几段，需要举例论证，切中要害。

一般情况下，你要把例子解释清楚，让读者明白例子和论点之间的关系。有时要多举几个例子，阐明论点的各个方面。有时可以用讲故事的方式举例子。你可以讲一个关于 X 的故事，主人公是你或其他人。与其他形式的例子相比，故事效果立竿见影。再接下来，你可以用类比、暗喻、对比等方法做比较论证，生动形象地阐明观点。

通过点题、展开、举例论证、比较论证，你可以写好主体部分，并且达到字数要求，既显得很贴切，又能让干巴巴的论点丰富厚实起来。

SEE-I 上层楼法。SEE-I 四步法还有很多好处。一般来说，主旨句、主论点本身就包含重要概念或思想。如果你认为这些概念或思想很有价值，就可以用 SEE-I 四步法，我称之为"SEE-I 上层楼法"。在阐发每一个观点时，你都可以用这种方法。在阐发每个观点的重要组成部分时，也可以用这种方法。比如，下面这一句话。

做研究很重要。刚开始看感觉结果显而易见，但认真调查之后你会发现很多自以为知道的东西都不对。

这句话是我从一本心理学书上找的[①]，你可以用做主论点。

刚才已经说过，你可以用 SEE-I 四步法阐发观点，展开谈谈为什么要做研究，用例子来论证我们自以为知道的东西结果却不对。你也可以比较论证，拿人与人之间的信任作对比，说明你感觉某个人可信，后来却发现不可信。

采用上层楼法，你可以深入挖掘主旨句，大大提高思考和写作能力。你可以在观点中的重要思想上画一个圈。比如，选择"研究"做上层楼法的着眼点，画上一个圈，再用 SEE-I 四步法。你可以先点题说明什么是研究，再展开谈谈研究有哪些不同类型，接着举例论证研究和非研究的区别，最后再比较论证。

---

① 参见艾略特·阿伦森所著的《社会性动物》(*The Social Animal*，第八版)。

这是对一个词使用 SEE-I 上层楼法，对一个短语也可以这样做。比如，用"认真调查"这个词做着眼点。先在上面画一个圈，接着解释"认真与潦草""严谨与模糊""详尽与随意"的调查有何区别。你还可以在"重要"这个词上画个圈，把着眼点放在怎么才能做到"重要"。仅仅找到新事实，发现实际应用价值算不算重要？

想一想如何点题、展开、举例论证、比较论证，浓缩成一句话，体现独创性。实际生活中，人们根据一个主旨句的含义写出了一整篇论文甚至一整本专著。

SEE-I 四步法给你多种选择和机遇。你可以用 SEE-I 四步法阐发观点，但也不是必须使用。使用 SEE-I 四步法的目的是多一些选择，没有人强迫你必须用。这正是其强大之处①。

> 点题、展开、举例论证，时而比较论证。比较论证能让文章生动鲜明。问题是，比较论证用得太多会让读者分神（所以本书只是偶尔用到比较论证）。此外，比较论证用得太多会导致重点不突出。建议你只用一个类比或对比，突出主论点，让全文清晰有力。

像对待批判性写作的其他步骤一样，你也不能僵化教条地对待 SEE-I 四步法。虽然我说过"可以用一到两段展开"，你完全可以多写一点。我说"举一个例子"，你也完全可以多举几个。还可以把例子放到展开部分，或者展开去谈例子。其实这一点就是对

① 第三章继续提炼和扩展SEE-I四步法，第五章再次深化。加上第五章的苏格拉底诘问法后，你手中多了不少工具，可以用这些工具写够论文字数，从多方面描述解释，补充让人信服的细节，使论述更加到位，思想更加深刻，凸显重要价值。

SEE-I 四步法的批判性分析。要不要比较论证也是你自己的选择，不是必须性的。

不论你用它来写作还是对话与人沟通，不论是在学校还是在校外使用，你都可以自由选择能让你清晰表达的工具。SEE-I 四步法只是一种工具而已。

这种工具非常重要，再怎么说也不为过。你可以问自己这样两个问题："真正动笔写时，你是怎么做的？写好计划后，你是怎么一段一段写的？"问题的一个主要答案就是 SEE-I 四步法："你可以用 SEE-I 四步法阐述你论文中任何一个重要思想。可以用来写主旨句，构思每一个主论点，再去想论据。再用上层楼法深入阐述每一个主论点的每一个重要部分，解释概念和争论点，说明可能会给读者造成理解障碍的地方。"

1.8　批判性写作框架

本书呈现了一个批判性写作框架。只要掌握批判性思维的两个技巧，你差不多就能写好论文了。第一个技巧是**写计划**和提纲，找准主旨句和主论点。第二个技巧是把提纲变成字。你得动手**写论文**。

批判性写作的第一步是写计划。我称之为"围绕圆环分析"。这种方法非常好，能让你对主题进行批判性分析，分解主题，看到其中逻辑。分析之后，你可以直接写出一篇论证严密的计划，包含主旨句、支撑或解释主旨句的主论点。

第二步是用 SEE-I 四步法。这时候，你已经有了计划，动笔写作主要靠 SEE-I 四步法。通过点题、展开、举例论证、比较论证，你要依次阐述主论点及其重要方面，就这样一句一句、一段一段写论文。

不论是写计划，还是用 SEE-I 四步法，你都要用心思考领悟。有的时候，想要完成好这两个步骤很不容易，需要同批判性写作的其他方面结合起来。如果用好了，你能写出一篇推理缜密、有思想见地的论文。当然，有了批判性思维的概念和步骤的指导并不能保证你一定能写好论文。没有什么东西能保证你做到这一点。但有了这些概念和步骤，加上你认真思考，可以帮助你写出一篇有力度的论文。第五章的苏格拉底诘问法也是批判性思维的一个技巧，有助于你显著地扩展、深化，提升论文质量。

你可以把这个框架当成是导航。虽然很少按顺序写，但可以看清自己处在哪一步，找准批判性写作的方向。在学习本书框架时，你会发现批判性思维的概念能够重塑和充实第 1.2 节的图框中的论文组成部分。在计划和写作过程中，你会发现框架的各组成部分环环相扣，将写作置于自己的掌控之中，与自己已有的能力和专长相结合。

批判性写作框架写作导航

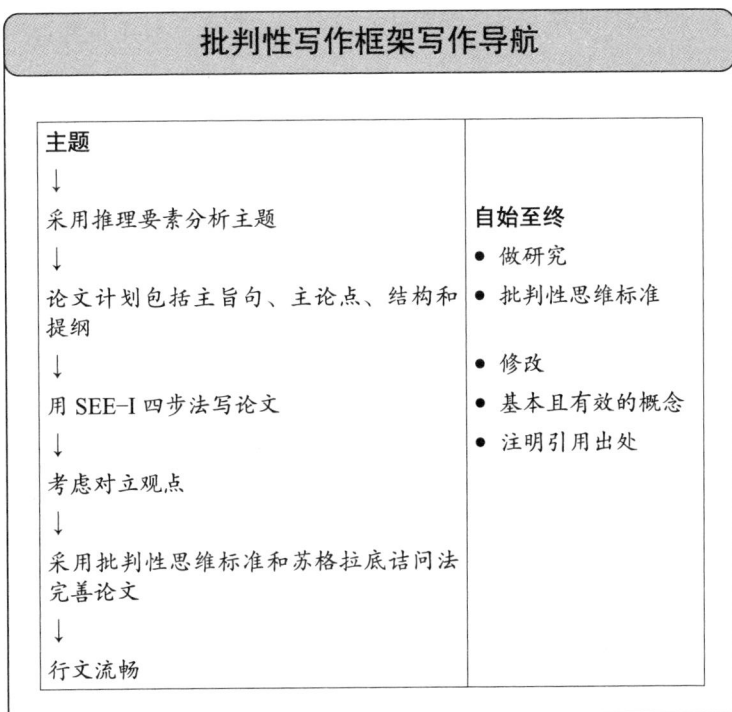

主题
↓
采用推理要素分析主题
↓
论文计划包括主旨句、主论点、结构和提纲
↓
用 SEE-I 四步法写论文
↓
考虑对立观点
↓
采用批判性思维标准和苏格拉底诘问法完善论文
↓
行文流畅

自始至终
- 做研究
- 批判性思维标准

- 修改
- 基本且有效的概念
- 注明引用出处

了解框架。先从主题开始。如果你已经找到了着眼点，再来了解框架，就会感觉很有用。但你最开始找到的主题可能比较宽泛，只是觉得这个主题有进一步了解、思考和写作的价值，值得全身心投入而已。

第二章会介绍推理要素，便于你分析主题。经过分析，你会对要写的争论点、情况、领域有更加深刻、清晰、具体的认识，并在此过程中，找到着眼点，为接下来要做的工作打下基础。

第三章将论述组成框架的另外三个部分。进行批判性分析后，你差不多可以写出整个论文写作计划，由此构建主旨句和主论点。你还可以用分析结果指导研究，使之更贴切，更凸显着眼点，得出更多结论。再用 SEE-I 四步法一句句、一段段地写出论文的重要观点，以及每一个观点的重要方面。

第四章展示的是如何在计划和写作过程中，考虑"反面"观点，即如何看待别人的不同视角，如何找到主题中可能有疏漏的其他重要方面。

第五章教你如何用批判性思维标准掌控计划和写作过程，核对观点，确保其清晰、准确、贴切，这样你就能边写边修改。掌握了苏格拉底诘问法，你可以大大提高论文水平，使之丰富厚实。

第六章教你行文流畅。这一章阐述了批判性写作的四个基本且有效的概念，分别是内容、受众、表达方式及批判性。这四个概念贯穿于任何一种写作类型。懂得了这四个概念，你就能找到有效方法，化解困难，消除争论点，它们既适用于现在写的论文，也适用于以后写的任何一种类型文章。

1.9　本章练习

练习说明：各章练习是为了方便你应用批判性写作的概念和步骤，评估自己做得怎么样，最终内化于心。为此，你要动笔多写。这是因为，跟掌握别的技能一样，要学会写，就要多写。

每章练习都有一条主线贯穿其中，需要你做到以下几点。

- 弄清楚本章主要概念和步骤，并写下来。

- 知道本章的主要目的，并解释清楚。

- 运用批判性思维，发挥创新性，重新思考本书中的扩展示例，有条件的话修改一下这些例子。比如，修改完善詹姆斯罪恶税论文写作计划。

- 讲述你自己的故事，反思已有经验，创造属于你自己的叙事风格。

- 下笔去写你对写作的认识。

请注意，练习的目的不是复习本章所涉概念和步骤，而是将其内化于心，在用的时候有把握。第一章已经说过，批判性写作并非一个按部就班、一步接一步的线性过程，它更像是一个有机体的成长。就像做某项运动一样，你可以同时学到很多技能，而不是学完一个，再学一个。因此，每章后的练习与本章概念不一定完全同步，需要你思考并写出本书后面才探讨的概念和步骤（你之前可能大概知道这些概念和步骤，但没有明确认识。比如，第三章才会详细探讨"研究"这一概念，但对这一概念你已经有了大致认识。从广义上来讲，研究就是弄明白一些东西。你需要通过第一章练习略微反思一下"研究"这一概念）。

带星号标记的问题。 为了方便你评估写作和思考过程，带星号标记的练习题配有参考答案，详见**各章练习题参考答案**部分。批判性写作及其他形式的批判性思维没有唯一标准答案，

但有合理与不合理的答案之分。参考答案部分是本书作者自己
的看法，不一定是完美的答案，但至少做到了推理缜密。这些
看法可能是对某一问题的评论，可能是一种可行的解决办法，
也可能再引出一个问题。

大多数人总想先看参考答案，再回答问题，这是不对的。
要想从本书受益，你得先回答问题，再看参考答案。

*1. **动笔写出关于写作的东西**。本书题目为《从批判性思
维到批判性写作》。第一章有哪些重要的批判性思维概念和步
骤呢？（别往前翻，先回答一下这个问题）想清楚以后，再用
SEE-I 四步法就每一个概念和步骤写一遍。

2. **讲述你自己的故事**。关于写作你有什么切身体会？用
SEE-I 四步法写一页，描述这种体会（你可以试着点题、展开、
举例论证、比较论证，自然流畅写作，不必明确标记 S、E、E、
I 这四个字母）。

3. 用你自己的话解释论文的组成部分。

*4. 假设某人写了一篇论文，包含所有论文的组成部分。这
篇论文好吗？有没有体现出批判性思维？

实践 SEE-I 四步法

*5. 詹姆斯计划写一篇关于罪恶税的论文，想出了主旨句和
四个主论点。下面是其中一个主论点。

主论点 2：罪恶税可用来支付滥用烟酒者的医疗费用。他
们生病是自找的。

采用詹姆斯的视角，结合 SEE-I 四步法阐述该主论点。

第一步：点题

接下来两个问题配有提示。提示本身也是写作主题，既适用于课程论文，也是美国高中毕业生学术能力水平考试（SAT）的考察内容。用自己的话清楚明确地点题，可以写一句，也可以写两句。

*6. 下面这句话引用自英国著名作家阿道斯·赫胥黎（Aldous Huxley），由批判性思维基金会转述，作为提示[①]。

洗脑宣传是想让一类人忘记跟自己不是一类的那些人也是人。

7. 这是 SAT 第二部分的提示，《纽约时报》（New York Times）曾经报道过。

总有一个"但是"[②]。

第二步：展开

*8. 你会怎么展开呢？你会怎么用一两段解释明白呢？没话可说了该怎么办？这时你可以用问题 2 做练习。要展开到哪种程度？你可以用哪些方法展开，让文章更全面更清晰？问题不在于你先对问题 2 有看法，在此基础上再写得全面一些，而在于回顾以前的展开方法，使之更完善。

---

① 参见理查德·保罗、琳达·埃尔德所著的 *How to Write a Paragraph: The Art of Substantive Writing*。

② 选自 2002 年 8 月 4 日《纽约时报》（New York Times）的 "Pop Quiz: The SATs; Goodbye Analogies, Hello Anecdotes"。

第三步：举例论证

*9. 再来看看詹姆斯关于罪恶税的主论点。

主论点 2：罪恶税可用来支付滥用烟酒者的医疗费用。他们生病是自找的。

詹姆斯可以用 SEE-I 四步法举两个例子。

例 1：不论做什么事，你都要接受后果，承担责任。这是你自己的选择。

例 2：你开车撞柱子上，就要自己掏钱赔偿。

对于这两个例子，你是怎么想的？

第四步：比较论证

*10. 比较论证"民主"这一概念。

11. 用自己的话说一说举例论证与比较论证有何区别。

实践 SEE-I 四步法：上层楼

*12. 詹姆斯决定让主论点 2 更上层楼（已在问题 3 中给出）。他读得很慢、很认真，寻找可以作为着眼点的部分或方面，然后用 SEE-I 四步法扩展开来，让文章更清晰、更丰富厚实。你会先聚焦哪个点，让其上层楼？用 SEE-I 四步法写一下。

*13. 假设你是希拉，要扩展论文。下面是其中一个主论点。

主论点 5：美国学生毕业时负债累累，好多年才能还清学费。

用上层楼法阐述主论点 5，可以聚焦哪一点？

14. 詹姆斯的论点是我们应该提高烟酒"罪恶税"，用这笔钱支付滥用烟酒者的医疗费。但最开始詹姆斯不知道自己的立场对不对。从第 1.4 节以"批判性写作"开头的这一段中我们可以看出，詹姆斯原先没有考虑到别人可能跟他的观点不一样，后来决定把这些视角吸收进来（他也可以想一想要不要再多容纳一些不同视角）。请你替詹姆斯想一想，你还能想到哪些视角？

*15. **动笔写关于写作的东西**。读到这里，你可能满脑子都是 SEE-I 四步法了。为什么我要这么强调？

16. 以"美国控枪"为主题。如果你要写一篇议论文，主题定为控枪，你会怎么写呢？如果你要写一篇说明、分析型文章，还是这个主题，你又会怎么写呢？描写、叙述型的文章又该怎么写呢？

17. 先别往前翻，你觉得你从第一章学到了什么呢？你可能有了新的想法，或是换个角度看待以前想过的东西。

18. **找到主题**。找你自己感兴趣的东西去读，可以把完整内容作为主题，也可以选取其重要思想。选定后，用 SEE-I 四步法写一下。

19. 找你感兴趣的东西做主题，就是那种你感觉写这方面的文章得心应手、妙趣横生，能写满 5 页的主题。至少找五到六个这样的主题。到了这个阶段，你找到的主题可能已经有了着眼点，也可能仍然非常宽泛。

你可能会意识到，要做一些研究，才能把握某些主题，写好论文。你准备怎么做研究呢？

在接下来几章中，你可能需要对某些主题进行批判性分析，也可能会用别的主题，再用批判性写作的概念和步骤写论文。

第二章

推理与论文

写作导航

- **主题**
- **绕环分析**
- 写作计划：主旨句、结构、
  提纲
- 写作
- 对立观点
- 提升
- 流畅

左框中的写作导航代表你的批判性写作走到了哪一步。这一章是如何"分析"主题，具体来说是如何绕环分析主题。对主题进行推理分析后，你可以掌控几乎所有东西。绕环分析是最强大的批判性思维工具。

2.1　推理要素简介

选好主题后，就要开始阐发主题，写出具体明确、条理清晰的论文计划。核心是主旨句和主论点。写好后，再用这两个东西写结构和提纲。有了写作计划，你的论文就有了逻辑和说服力。推理要素既能帮助你阐发主题，又能有助于高屋建瓴写好计划。

本书有八个推理要素，参见下面的环形图。这八个要素阐明了推理步骤的组成部分。用"部分"这个词意味着，你在推理、思考、弄明白某事时，已经在思考这八个部分。

- 你有意图和目的；
- 你正在解决议题、难题；
- 你在做出一些预设；
- 你在使用信息；
- 你用到了概念和关键术语；
- 你试着得出结论，阐释正在发生什么；
- 你用某个视角思考问题；
- 你思考的这些东西有意义，会产生影响。

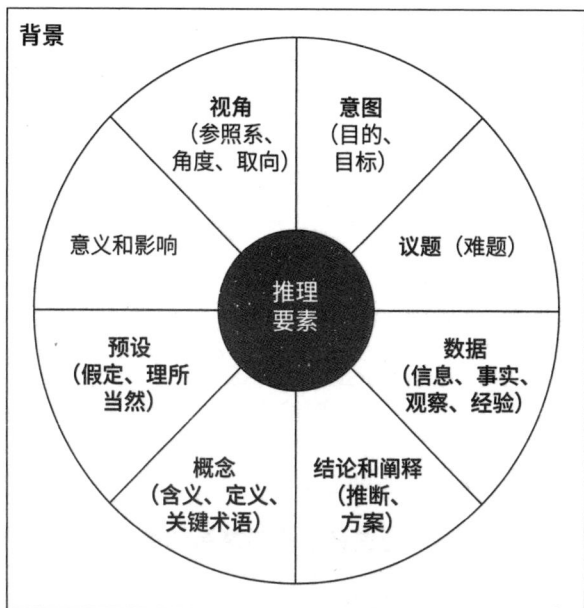

看完这些，再想两点。第一点是，这些要素应用范围广不广，用处大不大。首先要说明的是，这些**都是**推理要素、思考要素。也就是说，**所有**与思考有关的东西都包含这八个部分，包括决策、论证、文章、诗歌、歌曲和音乐、人际关系、社会政治宗教组织、科学理论和实验、数学运算、医疗程序、艺术作品、情感等。可以一直列举下去。

第二点是，要素圆环能给你带来很多益处，给你提供重要工具，弄懂几乎所有东西。你可以用这些工具进行**批判性分析**。"分析"这个词的大致意思是把某个东西分解成部分。要想理解某物，必须先**分析它**。同样，如果你要理解某一决策、论证、文章，也要先分析其推理要素。

假设你非常关心杀虫剂的使用，想写一篇论文。这篇论文该怎么写呢？标准做法是一开始就漫无目的地做杀虫剂方面的"研究"。你可能在网上查了一些资料，或者用图书馆的搜索工具查找到了一些观点，想要把它们组合到一起。最极端的组合方式是复制、粘贴。但用这种方法只会让你的论文论证力度减弱，读起来索然无味。

但如果用了推理要素，你能大大拓展主题。你不能一开始就贸然直奔主题，而应该问以下几个问题。

　　使用杀虫剂的意图是什么呢？

　　在杀虫剂使用方面的主要议题是什么呢？

　　对于杀虫剂的使用，人们主要做出了什么预设？

　　关于杀虫剂的使用，有哪些重要视角呢？

　　……

　　随便找一个问题回答一下，你会发现，原来你认为不假思索就能回答的问题显现出了着眼点。你不必再模模糊糊地去理解某个过于宽泛的主题，而是通过问问题，找到杀虫剂使用的一个或多个重要争论点，凸显着眼点。在这些问题的指引下，你也开始做关于主题的研究。你不会再随随便便找杀虫剂方面的论文，而是根据你提的具体问题和争论点找论文。顺着推理要素思考的同时，你已经朝着有逻辑、有条理的方向迈出了一大步，这不仅让你的思考有逻辑、有条理，还让最终的论文有逻辑、有条理。

　　需要注意的是，有时候，只问这其中一个问题就能让你写出论文整体的结构。你可以参考第一章末提到的**视角**。围绕"关于杀虫剂的使用，有什么主要视角呢？"的问题，写出论文结构。在论文中，你可以先写通过做研究了解到的权威专家关于杀虫剂使用的视角。对这些视角，你可以逐一简明清晰点题，接着做展开，不仅解释它们的主要思想，还解释它们的支撑论点和推理思路，接下来再举例子，印证你分析的每一个视角，最后进行比较论证（SEE-I 四步法就是这么用的）。你不仅可以用**视角**对论文进行布局谋篇，还可以使用**其他某个**要素对论文进行布局谋篇。

　　如果没有推理要素作指引，你只能误打误撞接近主题。当有人告诉你："想想杀虫剂使用这个问题吧。"你会说："行啊！"但还是不知道具体该**做**什么。你最开始可能会想"不该用杀虫剂""要适量使用""杀虫剂对环境有害""杀虫剂对农业很重要"等。但这些论断都显得漫无目的，这说明你没有想通主题，不足以得出合情合理的结论。就算你得出来了，也是误打误撞。你没有用系统性的方法去思考主题、做研究。

做研究能让你开阔思路，比单纯写下自己的印象有效得多。有了研究，别人就可能信任你说的东西。但研究也可能会漫无目的。没错，你的确收集了关于杀虫剂的信息，但这些信息之间没有内在联系、杂乱无章、不成体系。你没有使用要素聚焦，很可能看到什么就记下什么，最后拼凑出一堆信息，把论文写成 X 说了什么，Y 说了什么，Z 又说了什么。总之，无论你是思考还是做研究都没有向导。

> 本书聚焦于批判性写作，所以书中讨论的主题大多与学术论文写作相关。不过，要素圆环的理念同样有助于你理解其他领域的问题。比如，理解你和父母之间的关系。你对父母有什么样的预设？他们对你有什么样的预设？父母之间、你和父母之间的关系有什么主要问题？你对"为人父母"这个概念有什么看法？多问几个这样的问题能帮你获得新的见解。

推理要素就是你的向导，引导你把研究融入论文之中，用研究解决你自己提出的问题。最终形成的论文就是你根据充分的信息思考得出的产物，而不是报告谁说了什么。掌握了推理要素，你会主动寻找不同的视角，把它们组合在一起，再解释清楚。当然，你还可以用其他要素扩展论文，使之更丰富。比如，点明每一个视角的**意义**和**影响**，每个**预设**是怎么做出的。

所有这些东西都是你凭借自己的思维能力，辅之以推理要素和科学研究的结果。

推理要素的价值。你不应把推理要素当作学习的负担。不是说每写一篇论文都要用到这些要素（做个类比吧，这跟你要学会开车就得**先**学会用方向盘不一样）。如果你把推理要素当成是负担，你就看不到其威力所在。这些要素是**帮助你推理的工具**，主要的目的是让你的写作和思考**更上一层楼**，并**简化**写作过程。

还要注意，写论文不是为了完成任务，也不仅是为了拿到高分。你去学批判性写作是为了探究某个值得一学的主题，深度挖掘主题，同时完善思考过程。学习批判性写作是让你重视自己的最佳思考水平，不断打磨思维技巧，养成长久的思考习惯，让生活更加充实。

有意识地运用推理要素以及批判性思维标准可以让你的论文推理更缜密，组织更紧凑，行文更清晰，语言更准确到位。而且一旦你熟悉这些要素，你会觉得几乎任何一种写作形式都得到了大大的简化。推理要素就是你的写作指导工具，能为你省下不少功夫。

第一章末列出了批判性写作的七大任务。推理要素对完成这七大任务都有用，能帮你分析主题、深入理解，有更多底气写论文。推理要素最直接的好处是能帮助你写出论文**计划**，生成**主旨句**和**主论点**，再一步步写出提纲，并基本完成**引言**和**结论**。这都是巧妙运用推理要素的直接收获。而从间接方面来说，掌握了推理要素，你就能找到研究着眼点，看出论文薄弱点所在，从而对其进行完善修改。

2.2 理解推理要素

我在第一章说过，主题是你想写的东西，是你细细斟酌后，感觉对你和受众都很重要的东西。我们可以随便找一些例子，比如，全球气候变暖、小说《傲慢与偏见》（*Pride and Prejudice*）、社交生活对大学生的重要性等。任何一种东西都可以当主题。

但因为你要写论文，时间有限，字数也有限制。刚才列的三个主题都太宽泛，不好找着眼点，不能让你写出一篇还说得过去的论文。如果要用这三个主题，可以用完全不同的角度在很多个方向写出很多篇论文或很多部书。你最开始想出来的主题可能通常都是这么宽泛，凸显不出着眼点。

但要变成主题，就要更具体一些。比如，把第一个主题变成"1990—2010 年间全球气候变暖对阿拉斯加北海岸的影响"。但这样的主题还是有点太宽泛，不好写出论文计划。不论你的主题是宽泛还是具体，做选题时你都要问自己以下几个问题。

● 我应该把着眼点放在哪里？

● 怎样找到着眼点？

● 我应该如何接近主题，写出有意思的主旨句？

- 我应该如何找到主论点，形成论文主体部分？
- 就目前来说，我应该怎样理解主题，写出一篇推理缜密、有意思的论文？

要回答这些问题，就要了解推理要素。先看一下上面三个随便找的例子。虽然这几个主题很不一样，但都包含推理要素。可以从要素出发，深入了解。对于全球气候变暖，人们有一定目的，知道议题和困难在哪儿，做出了一定预设。你还可以绕环分析下去。科学家、政治家、湿地工程技术人员、街头路人都对这个问题有一定认识。现在换换主题和推理要素来分析《傲慢与偏见》的主要人物伊丽莎白·班纳特（Elizabeth Bennet）。她对自己的处境有一定的阐释，知道应该得出什么结论，对认识的人有一定预设，以鲜明独到的视角看待自己的所有经历。再换换主题和推理要素来分析社交生活对大学生的重要性。你可以分析一下社交生活的各种模式有什么重要意义，产生了什么重要影响，跟学生的整体目的相联系的紧密度。

有了推理要素后，你再也不会对如何挖掘主题、问题、争论点、理论、情境等一头雾水。根据推理要素，你会提出一系列问题，打开思路。

总之，推理要素让你聚焦，找到思考和主题的着眼点。有了这个中心，你想写多少文章就能写多少文章。我们可以随便找一个要素，比如**意图**。你可以围绕意图、目的或目标问很多问题。回到杀虫剂这个例子上来。你可以问这样一个问题："使用杀虫剂的意图是什么？"除此之外，还可以问很多关于**意图**的问题。公司生产杀虫剂的目的是什么呢？农民、企业使用杀虫剂的目的是什么呢？环保主义者减少杀虫剂使用的目的是什么呢？关于杀虫剂，环保署定下的主要目标是什么呢？对于上述组织来说，我们如何知道他们有什么目的？他们在多大程度上达到了自己的目的？过去二十年间，他们的目的发生了什么变化？不同目的之间存在什么样的关系？联系得紧密吗？上述任何一个问题都可以成为杀虫剂论文的中心。只问了**意图**这一个要素就问出了这么多问题。

研究方面的问题也可以这样问。但这里要注意，你要挨个看看哪个问题更能凸显着眼点，而不是忙着做关于杀虫剂的研究。不要因为问题太多就手忙脚乱。你当然不需要回答所有问题，更不用方方面面都考虑到。任何**一个**问题都能让你明确杀虫剂的问题所在，从而开始做研究。在找资料回答问题的过程中，你会根据问题本身对资料做出阐释，再用 SEE-I 四步法阐发答案。最终，研究和你的思考将融为一体。

这就是推理要素的价值。掌握了这些要素，你就能找准着眼点，做到既贴切又有见地。"意图"这一个要素就能引出这么多包含着眼点的问题来。选择其他要素也是一样。

刚接触这些要素时，你要先感受一下，不用纠结理解得透不透彻。用这些要素去思考三到四个主题，就每一个主题问问题，写出简短答案。这个时候，不用把答案写全。写出几个后，先停下来看看这些答案，把重点放在你解答问题的步骤上来。花点时间写一写，推理要素如何帮助你拆解了主题，你对此有什么见地。设想一下，你对推理要素的看法是什么，然后从中得出主旨句，至少能把主要部分写出来。接下来，你要读一些东西来了解主题。想一想你将如何用推理要素找到研究内容。

2.3　主题绕环分析

这时候，你处在批判性写作的起始阶段。此时，推理要素具有根本性意义，能让你找到主题着眼点，构建整篇论文的逻辑基础。接下来，推理要素还能帮你很多忙，帮你完善、扩展并写完论文，找到其中的薄弱点，甚至还能帮你写好段落。

但这些好处你可以留待以后享用，而且也不一定需要将所有推理要素全部用上。当下，你只有一个骨架般的主题。这时候用推理要素帮助最大。

你可以通过绕环分析理出主题逻辑，捋顺条理，形成整体。绕环之前，你找到的主题可能很宽泛，写不出一篇像样的论文。绕环后，你能找到着眼点，写出主旨句，找到主论点。具体来说，要素圆环对你有以下作用。

● 从一开始写论文，就帮你分析主题，找到着眼点，打开

思路, 明确方向;

- 写出可行性很强的主旨句, 为写论文奠定基础;

- 找好主论点和论据;

- 写出论文结构、提纲, 以此为蓝图一步一步写论文;

- 对要做什么研究有清晰具体的认识;

- 一步一步写出引言部分和结论部分。

总之, 借助推理要素, 你能想出整个论文的写作计划, 以及大部分内容。这里要说明一下, "一步一步"绝非死板教条。和运用批判性思维及进行批判性写作一样, 你要带着思考走好"一步一步"。但不管怎么样, 有了推理要素提供的着眼点和方向, 你写起论文来就能省不少力气。

如何绕环做批判性分析。"绕环分析"指的是理解和把握主题, 想通其中逻辑。对于很多人来说, 日常工作中用不到"分析"这个词。但它却是批判性思维的关键词, 需要完全掌握, 内化于心。**分析**某物或给出某物的**分析结果**, 意味着将其分解, 以便理解。"绕环分析"指的是把每一个推理要素应用到相应的主题。

比如: 分析主题 X。

- X 的意图是什么? 主要目的和目标是什么?

- 要解决 X, 存在的主要问题是什么? 面临的主要困难是什么?

- 关于 X，主要做出了什么预设？哪些东西被视为理所当然？

- X 有什么意义和影响？由 X 进行逻辑推理，能推出什么？

- 关于 X，我能收集到什么重要信息或数据？

- X 包含什么主要概念？要理解这些概念，要定义 X，需要用到什么关键术语？这些术语意思是什么？

- 关于 X，或者顺着 X 的逻辑推理，能得出什么结论？可以做出什么样的阐释？可以做出什么样的推断？

- 要理解 X，主要有哪些视角？需要考虑哪些参照系或角度？

- X 的背景是什么？

记住，你要写的主题 X 范围非常广，可以是你急于弄明白的争论点，可以从重要的文章、图书、课程中得到的结论，可以是绘画、建筑设计等作品，可以是自助餐馆设计图，也可以是文学作品，还可以是个人私事。比如，马上要做的决定、重要的人际关系、校园停车等比较令人困扰的问题（因为很多东西都能做主题，你可以根据实际情况改变上述问题的措辞。例如，如果主题涉及小说人物，你就要改变"绕环转"的措辞，与科学理论、音乐、关系主题区分开来。根据主题改变问题问法本身就是一种批判性思维）。

进行环绕分析时，你会惊奇地发现，推理要素对思考和写作的帮助非常大。

2.4　实际应用

　　通过下面三个例子，你可以了解如何通过绕环分析主题，写出论文。第一章已经说过，这些扩展示例有几页长。从中不仅可以看到分析结果，还能了解**推理过程**，看看结果是如何得到的。

　　第一例中，查尔斯最开始因为兴趣使然，想到了一个主题，但非常宽泛，不好找着眼点。也就是说，他面临的挑战是在一个宽泛主题中找到着眼点。他必须缩小范围才能写出论文。于是他用了推理要素。第二个例子很不一样。露西娅要写一篇研究型论文。之前，她已经做过一点研究，所以把研究结论放在开头分析结果部分。她面临的挑战是想出一个论证严密的计划，既要为后续研究打基础，又要用已经做过的研究写论文。她最好能得出透彻的分析结果，以免有的研究用不上，还得找别的研究。第三个例子比较短。讲的是卡拉对推理要素的看法，省去了她的思考过程。虽然这个例子很短，你也可以看到她是怎么开始思考的，她的思考在使用推理要素的过程中发生了什么变化。

　　你可能搞不明白，这本书为什么要有扩展示例？你可能想跳过这些例子，直接看抽象说明，了解推理方法。这本书为什么要展示推理**步骤**？答案是，通过这些例子，你能看到他人如何批判地分析主题。这就好比是学习一项体育运动。抽象说明只有一定帮助，你必须先观察别人怎么做，再自己练习。所以，看这些例子时，你应该站在例子的主角即学生的角度思考和分析问题，不能读读看看就完事。最好再问自己几个问题："X是怎么应用的？""如果要学习X的做法，我能得出什么分析结果？"在写论文计划和动笔写论文的过程中，你会遇到意想不到的困难。这时候你就可以回头看看这些例子，从中得到启发。例子中的学生要克服的困难可能跟你碰到的差不多。

　　注意，下文的分析不是专家之言，也不是无懈可击。它展现的只是具有不同教育经历、写作能力及批判技能的人思考的过程。看这些例子的时候，尽量不要评判写作者的看法。他们很可能会在给出对推理要素的看法后，再度修改完善，经过反思、研究、学习之后，得到新的分析结果，最终改变看法。

例1

　　查尔斯正在寻找主题。他知道，要想写一篇好论文，必须找到作者和读者双方都认为重要的主题。他认为"节食"（dieting）这一主题符合标准。这个主题对他本人很重要。之前他一直在节食，但效果不好。不仅没有减重，反而比以前更胖了。他相当肯定有很多人都有过跟他一样的经历。

　　但他也意识到，节食这个主题范围太广，可以从很多角度去看，拿来写论文困难不小。他需要找到着眼点。跟随着查尔斯的推理，你会发现通过绕环分析可以打开新思路。在做绕环分析时，他找到了几个能凸显着眼点的思路，给论文写作打下了基础（在查尔斯一例中，楷体部分内容是他最终写下的东西，其余部分是他的思考步骤。跟随着查尔斯的分析，你要把推理要素环放在手边。在看别人如何用要素分析主题时，不断地回看这个图，渐渐地你自己也会对它熟悉起来。对这个图越熟悉，就越有利于自己分析主题）。

查尔斯从"意图"这一要素开始。

意图。节食的总体意图是：

- 减重

- 强体

- 状态好

议题、难题：这个要素既可以指问题，也可以指困难，或是两者兼有。查尔斯要找到与节食相关的问题或困难。他决定想到什么，就先写下什么，从其中的一两个找到着眼点。

问题

- 如何减重？

- 为了减重，我要进行哪种节食？

- 用什么办法减重既快速，又没有痛苦？

难题

- 主要困难是减重后，如何才能不反弹。

他认为这是他本人面临的最大困难。

视角。查尔斯继续用"视角"这一推理要素，但到现在为止还没找到着眼点。所以，他还要从多个方向看看自己对推理要素有什么看法。他意识到必须灵活。

- 其中一个视角是阿特金斯饮食法（Atkins diet，我本人就用过这个方法）。
- 别的视角还有慧俪轻体（Weight Watchers）、珍妮·克雷格（Jenny Craig）减肥法等。

他意识到自己可以描述各种饮食法的异同，比较其效果。这可以成为论文着眼点。他还准备以另一种方式应用"视角"，这个视角与他刚提出的减重问题有关。

- 这个视角不仅和节食计划有关，还和想要减重不反弹的人相关。这种人是怎么看待节食的？

信息。他开始查找关于节食的信息，但发现这方面的信息太多。他用关键词"diet"在谷歌上搜索，接着又搜了"losing weight"一词，后来又换成"keeping weight off"。但麻烦在于，检索结果的方向很多，有十几个。他找到了一个网站，有一篇《减肥50法，超级简单！》（*50 Easy Ways* to Lose Weight）的文章①，但感觉其中49种方法都是多余的。接下来他用谷歌逐一搜索阿特金斯饮食法等减重方法，他发现要想找到有用的信息，就得给自己的思考找一个方向。因此，他决定先缩小范围，再收集信息（如果你已经有了着眼点，就会发现"信息"这个推理要素特别好用）。

他接着用"概念"这个要素，问自己："与节食相关的主要概念有哪些？我应该怎样弄得更明白？"

明确关注概念，能给你的论文打开思路。这是你自己还有读你论文的人可能压根不知道的。这是因为我们很少关注概念所起的作用。做分析时，你要找到**关键术语**，这样就能看到自己可能忽视了哪些概念。

"概念"这一推理要素包括关键术语或短语的**含义**、常见用法、引申用法等。概念中术语的含义不仅包括（字典中的）寥寥几句定义，还有值得你琢磨和挖掘的深层含义。

注意查尔斯是如何琢磨和挖掘**节食**这一概念的。如果不是因为推理要素环中有概念这一环，他可能从来不会想到要去解释节食这一概念。对这一概念的思考大大充实丰富了他的论文。

概念

● 节食

● 超重

● 减重不反弹

他停下来一分钟，问自己这个问题："我所谓的'节食'到底是什么意思？"对他来说，节食意味着密切关注自己吃了什么东西，少吃麦当劳、汉堡王。他把这个概念分成三个部分：

---

① 选自 Reader's Digest（《读者文摘》），链接：http://www.rd.com，2014年9月查阅。

- 能吃什么？

- 能吃多少？

- 多长时间吃一次？

他意识到要做研究解决这些问题。他还发现，做研究能让他更加准确地理解"太重"是多重。

意义和影响

- 强体

- 状态好

- 有正面的自我形象

- 自在

这些都是减重的积极影响，但查尔斯知道意义和影响都是积极和消极兼有。能认识到这一步非常重要。现在查尔斯找到了好几个角度，对他写论文计划都有帮助。他可以写减重的积极影响，也可以从消极影响这个角度写一写。他写下了以下几点。

- 特别想吃东西

- 总感觉没吃饱

- 失去了食物带来的舒心感

写到这儿，他又想到了减重成功的意义和影响。

- 人们减重以后，可能渐渐不再注意健康饮食。

关于这一点，他又想了一会儿。他意识到，这可能是论文的一个着眼点。即人们经常做出这样的预设：一旦减重成功，一般不会反弹。

到目前为止，查尔斯有以下几个思路。他可以在论文里写以下几点。

- 几种流行的节食计划的异同
- 减重的积极和消极影响
- 人们对减重后不会轻易反弹的几种预设

预设。有了最后一条思路后，他又写下大多数人都有的两种预设。

- 一旦减重后，形象变好，人们就觉得保持不反弹不是什么难事。
- 以前的生活方式不用大改，就能不反弹，维持好形象。

根据他目前所做的工作，他认为这两种预设都对人有误导。

结论和阐释。此时，他得出了一条结论。

● 只靠节食来减重不可行。

你的确是减重了，但如果你的目的是不反弹、身体更健康、状态更好，就应该明白减重只成功了一半。所以他又得出了一个结论。

● 从一开始你就要树立长远目标。如果下决心要减重，就要真正改变生活方式，不仅为现在考虑，还要为未来着想。

他还得出一条结论。

● 关于节食，有很多信息误导人。市面上有很多减重计划，但都不能改变生活方式，因而不能解决反弹问题。

> **术语**。推理要素中的术语"结论"和论文的"结论部分"相当不一样（不知为什么，专门写作的人却总是用"结论"一词代之）。推理要素中的"结论"指的是你思考主题后得出的结论，这个结论可以用在你论文写作的任何阶段，不局限在结尾部分。
>
> 相比之下，结论部分就是论文的结尾部分文字，你要在这里对所有主论点进行总结。

得出了这些结论，查尔斯的论文计划也写出了一大部分。他点明了节食的重要意义和影响。

这样一来，他就写出了论文的一大部分（他可以用 SEE-I 四步法进一步阐释意义和影响）。他也点明了关键概念和人们常做的预设。这让他的计划更加全面（他可以点题、展开、举例论证、比较论证）。

到了这个时候，查尔斯又回到了之前的"信息"推理要素上来。但这时他已经知道了自己的论文该有什么思路，不用再误打误撞找信息了。他能分辨出哪些信息贴切，哪些不贴切。比如，他可以在研究时找几个可靠的网站，找到与上述意义和影响部分相关的信息。

再找信息

- 关于身体如何适应减重的问题
- 关于减重后快速反弹的体质原因

他认为，从科学角度阐述反弹问题会让论文出彩。此外，他感觉还应该收集：

- 误导人的减重计划

他这样写道："开头我可以引用《减肥 50 法，超级简单！》这篇文章。"

背景。查尔斯思考了一下推理要素圆环中的"背景"。发现这个词跟他的论文高度相关。

- 一个背景是肥胖在美国成了流行病。

- 另一个背景是媒体渲染了苗条好看的观点。

- 在我生活的社会背景下，所有我认识的人都在努力减重，至少是要更瘦。

> **背景。**"背景"不能算是推理要素，而是你推理的背景和环境。有时候，你可以多写写背景，让论文接地气，更充实。但有时候又完全不需要分析背景。在本书学生分析部分例子中，学生有时直接分析背景，有时候没有分析。分析与否要看你自己需不需要。

他决定，如果可以多写的话，他会写一写铺天盖地的节食广告，这些广告只突出了减重问题，却没有提及生活方式的改变。

从查尔斯的分析过程中可以看出，有了背景分析，他对论文主题及潜在影响的认识变得更深入。他想到的某些东西其实一直在他脑子中，只不过他没有意识到罢了，有一些东西是他以前没有想过的，还有一些东西给了他研究思路。从减重这个模模糊糊的概念开始，他的想法越来越深刻、越来越到位、越来越有条理。

最开始我们不知道查尔斯在绕环分析时，能不能得到什么东西。在他做意义这个要素分析前，他的看法涉及多个方向。其实很多时候，你也是这么思考的，这非常自然。查尔斯找到了至少三个思路。

但此后他的思考起了变化。他点明减重之后发生了什么，有什么意义和影响。

> 影响：人们减重以后，可能渐渐不再注意健康饮食。

此时，他的看法中贯穿着一条主线：**预设**、**结论**和**阐释**。这三方面合在一起构成了意义和影响。他找到的**信息**是在阐发这一意义，**背景**也与意义有关。现在，他回过头来再看分析开头部分，从中找到与目前思考方向相合的看法。他的思考和论文根基逐渐合二为一。

下章预告。绕环分析本身就是一种收获。从查尔斯这个例子来看，接下来的问题是如何把绕环分析变成详细具体的论文写作计划（这就是第三章的内容所在）。或者按照批判性写作框架来说，查尔斯需要写出主旨句和主论点。虽然不是所有人都可以像查尔斯那样，但推理要素对查尔斯的一大帮助是，他可以在做批判性分析时写下看法，并从中找到主旨句和主论点。他要做的就是看见主旨句和主论点。他可能需要重新描述主旨句和主论点，使之更清晰，但他心里已经有了把握，因为他已经找到了主旨句和主论点。

有了主旨句和主论点，就有了整体结构和提纲。他可能会在计划中加上几点，删去几点，重新清晰论述，把研究放进去。但不管怎么样，他已经有了论文计划。

这样就能用 SEE-I 四步法写论文，即点题、展开、举例论证、比较论证以及上层楼。最终形成的论文就是他思考的结果。

例 2

　　本例跟例1很不一样。露西娅决定学心理学，随后可能还会继续攻读研究生学位。现在学的是中级心理学课程。课程要求写论文，需要有大的研究项目做支撑，而且论文占课程分值很大。课程计划里就写着"以写促学"。课程中有一项心理学实验，名为"在商场迷路"。她很感兴趣，准备以此为主题。在这个实验中，做实验的人让被试者产生了虚假记忆。实验是这样的：做实验的人让你的家人瞎编了一个故事，说你小时候在商场里迷了路。其实这件事根本没有发生过，你一点印象都没有。但听了家人的话，你不仅"记住"了自己迷过路，还"记住"了其中的细节，知道是谁找到了你。而做实验的人压根没跟你说过这些细节。你在无意识之中编造了故事情节，使之成为自己记忆的一部分。虽然这是虚假记忆，是别人植入的记忆，有人却感觉特别真切。露西娅决定以"虚假记忆"为主题写一篇论文。她做了透彻分析，知道在研究和写作环节，不必事无巨细地描述自己是怎么分析的。但经过透彻的分析，你就能知道哪些是着眼点，哪些不是。而且一旦感觉有些研究没有价值，你还可以去做别的研究。从这个例子还可以看出她实际写下的看法（楷体字部分）和思考过程（宋体字部分）。再说一下，在你顺着她的分析往下看时，一定要把第 2.4 节的推理要素放在手边。

露西娅以"信息"这个要素开头，因为她首先要写下关于"在商场迷路"这个实验的信息。她知道自己必须要做研究，要做多个实验并记录结果。所以分析的目的是帮她做接下来的研究（她以字母 R 标记接下来要做的研究）。

信息（R）

● 实验是怎么做的

● 实验结论是什么

接着她关注"议题"这个推理要素。她写下了与"虚假记忆"实验有关的问题，并试着去回答。还写下了实验对人生活影响的相关问题。

议题

● 是什么导致了虚假记忆？

● 实验应该怎么做？虚假记忆是怎么表现出来的？

● 可靠记忆是如何形成的？

● 我应该对自己的记忆有多少信心？

在看第一个问题的时候，露西娅意识到"在商场迷路"实验展现的仅仅是导致虚假记忆的一个因素。即有人给成年人编了一个故事，告诉他们小时候发生了什么事情。所以她在议题处又加了一个问题。

● 导致虚假记忆的其他因素是什么？（R）

"其他因素"就是她做研究的方向。只做论文开头部分的实验并不够，应该看看别的实验，找到导致虚假记忆的其他因素。想到这一点让她觉得成效满满，或者说成效过多了。因为，她用图书馆的搜索引擎搜索，仅仅"虚假记忆"一项就有 50 万个搜索结果！进一步缩小搜索范围，只查同行评议期刊文章，也还是有 20 万篇！就连分主题都有太多文章，她的主题过于宽泛，找不到着眼点。而如果没有具体的方向，要做的研究就会既耗时，又没有成效。于是她只能漫无目的地翻看期刊文章，不知道哪个用得上，哪个用不上。

但不管怎样，根据已有方向的指引，她找到了一些论文，发现了导致虚假记忆的因素。通过读这些论文的摘要，她得出以下这个结论。

● 至少有四种方式可导致虚假记忆。其中一种是设计好提问方式，向目击证人发问。

现在她选定了四个关键实验①。其中一个是她最开始找到的"在商场迷路"实验。她选出的这几个实验能够完全开辟新的研究领域，揭示虚假记忆如何产生。她不是仅读了摘要部分，她读了全文，边读边做笔记。随后，回到"信息"要素部分。这时，她已经有了更加具体的认识。以下是她列出的信息。

- 详细描述四个实验，包括以下内容：
  ——实验是怎么设计，怎么做的
  ——实验结论是什么

她边读边做笔记，点明结论，解释实验，给出例子。

她的主题渐渐有了着眼点。她知道了接下来该做什么。文章的主体部分包括对这些关键实验的描述。

但她依然不确定，只描述这些够不够，能不能写出一篇够分量的研究型论文。于是她又回到推理要素圆环上，继续分析。

看到"意图"要素时，她问自己这样一个问题："这些实验的意图是什么？"

---

① 以下是露西娅的两个参考文献，采用了APA格式：

Loftus, E. F. (1997). Creating False Memories. *Scientific American*, 277(3), 70–75. doi：10.1038/scientificamerican0997-70.

Loftus, E. F., & Pickrell, J. E. (1995). The Formation of False Memories. *Psychiatric Annals*, 25(12), 720–25. doi：10.3928/0048-5713-19951201-07.

- 科学设计有对照组的双盲实验，找出导致虚假记忆的因素。

背景。第一次读到"在商场迷路"实验时，她看了一个视频，全面了解了实验内容。现在她又看了一遍，更加清楚了虚假记忆如何形成，跟心理学其他争论点有什么关联，认识到这就是推理要素圆环上的"**背景**"。此时，她没有在"背景"下写东西，仅仅是做了一个注释，总结实验内容，准备加到论文里（她收藏了这个视频，准备以后再看）。

她又接着看推理要素，发现有一个要素自己还没考虑过。

概念

- 论文最重要的概念是"虚假记忆"（R：我要找心理学的可靠资料，找到学界对"虚假记忆"的定义。还要用 SEE-I 四步法，根据阅读内容，说明我自己对虚假记忆的理解）。

此外，还要用 SEE-I 四步法描述心理学实验中用到的学术概念。包括以下几个概念。

- 对照组

- 双盲实验

- 操作性定义

通过描述概念，她又给论文加了不少资料。

预设

- 这些发现适用于现实世界，能运用到实际生活。

- 迄今为止，我只能根据我的记忆做出预设。

视角

- 实验者秉持科学视角，精心设计实验，检验记忆的
  准确度。

她最后关注的要素是"意义和影响"。她发现虚假记忆
研究对真实世界有深远意义，她写了几条出来。但想要扩
展论文的话，她还要多挖掘几点写下来。

意义和影响

- 法律方面的意义是，证人证言不可靠（根据这些实
  验，法官要告诉陪审团不能倚重证人证言。R：如
  果我要把这一点放在论文里，就要找到准确信息）。

- 有人因为证人的虚假记忆被控犯有严重罪行（R：

从可靠资料中找到恰如其分的例子）。

- 虚假记忆对个人的意义是，你不能不假思索地只根据自己"记住的东西"就感觉经历过什么事情，这是在自己迷惑自己。

接下来，她又写了两点，完成了分析。这两点既可以算是结论，也可以算是意义。但实际上，这两点是从原先的主题延伸出来的东西，最后写论文的时候可能用不上。但她觉得以后再写论文可能用得上，既可以当作课程论文，也可以放在研究生阶段去写。这两点是：

- 我们对记忆概念的认识完全错误。我们总以为记忆就是已经发生过的画面，但其实完全不是这样。
- 记忆信不过，证人证言也信不过。

注意，露西娅使用要素圆环时，她对主题的认识越来越清晰。接下来她会对几个实验进行描述，这样能将很多信息包含进去。但仅有描述是不够的，她还要分析实验，使之产生内在联系，加上自己的阐释，解释概念，得出结论。实验"信息"部分是她论文的重要组成部分，但分析其他推理要素，也能让她加深理解，打开很多相关领域的思路。

例 3

使用要素圆环时，你会发现，如果不做分析的话，根本想不到会出来这么多想法，看到这么多可能性。推理要素的一大好处是，它不仅帮你写论文，还能帮你弄明白一些事情。

卡拉正在学习《罗密欧与朱丽叶》（*Romeo and Juliet*）剧本，想写一篇关于朱丽叶的文章。她知道主题太大，完全没有着眼点，需要缩小范围。读下面这个例子时，你要看一看卡拉是怎么想的。她使用推理要素找到主题着眼点，想到了新思路（这个例子展示的多半是她对推理要素的看法，较少触及思考过程）。但你还是能看到她的思考步骤。"→"表示她在分析过程中有了新想法。

主题：《罗密欧与朱丽叶》戏剧中的朱丽叶

议题：朱丽叶初识罗密欧时，心里就想着怎么才能和他在一起？

另一个版本：虽然两家是死对头，他们两人怎么才能走到一起相亲相爱？

概念：朱丽叶的主要概念是爱。爱这个概念塑造了她的一切。罗密欧的主要概念也是爱。

结论、推断：朱丽叶推断，虽然困难重重，但和罗密欧相爱是可能的。

背景：蒙太古和凯普莱特两家素有仇隙，罗密欧和朱丽叶不能公开相爱。

意图：她没有别的意图，一心想爱罗密欧，不顾一切想要和他在一起。和他秘密成婚后，她的目的是公开婚约。

视角：朱丽叶没有从父母视角考虑问题，更没有从罗密欧的蒙太古家族视角看问题。→另外一个议题：如果她能考虑到这两个视角，她的处境会不会因此改善？这样做有可能吗？

信息：朱丽叶喝了睡眠药水，想让罗密欧以为她已经死了。有人给罗密欧捎信说朱丽叶还活着。其实他应该告诉罗密欧，朱丽叶看起来像是死了，但其实是喝了睡眠药水，等她醒过来，两人就能一块逃走。但送信人来晚了。罗密欧到时，以为朱丽叶已经死了。无比悲愤之中，也自杀身亡。朱丽叶醒来发现罗密欧已死，于是自刺身亡。

（卡拉想："我应该引用剧中语言，让论点更生动。有一句特别好，罗密欧说道：'一吻之后我毒发身亡。'朱丽叶说：'这匕首真棒！我是刀鞘，插进来吧，让我死亡。'①"）

---

① 译文采用外研社《莎士比亚全集·英汉双语版》，2016年。——译者注

预设

- 朱丽叶以为爱能战胜一切困难。但她在故事结尾又做出了一个生死攸关的预设：送信人能及时把信送给罗密欧。

- →还有一点：

- 她以为自己的计划天衣无缝。但很多地方都可能会出岔子。→比如：

- 睡眠药水可能不管用，或者

- 起效时间特别短。我们不明白的是，为什么她会认为蒸馏药水的药效就能准确达到 42 小时？

- 这种药水能给她死亡的假象，但也可能让她毙命。

- 她的家人可能会守着她的"尸首"不离开，看见罗密欧过来找她。

- 他们可能不让罗密欧见她最后一面。

因为朱丽叶做出的预设是一切都如计划所愿，所以完全没有意识到上面可能发生的事情。

结论。我的结论就是朱丽叶不切实际，一厢情愿。→因此又产生了一个议题：如果朱丽叶切合实际，看到各种可能，会做什么事情呢？为了和罗密欧喜结连理，她会做什么呢？有没有别的不那么极端、最终还能让两人在一起的办法？

意义。也许他们根本算不上命运多舛。也许根本不是命运作怪，让他们不能长相厮守。也许导致他们死亡的原因是他们制订的计划风险太大、太走极端、想得不周密（最后罗密欧得出的结论害了他）。他们本可以做别的打算。相爱不意味着就不再去思考，而是意味着，你要深入思考怎么做才能和爱的人在一起！

2.5　推理要素的用途

推理要素能让你思维更敏锐，思想更深邃。有时候会让你改变思路，有时让你想得更深入，产生见地。停下来想一想这些例子，看看这些要素如何改变和深化三位写作者思考主题的方式。你可以在脑子中设想一下，

> 你可能想不明白，为什么例子中的学生会用某个推理要素开始思考呢？这个问题没有标准答案。他们通常会审视圆环中的要素，停下来想一会儿，选择能够打开主题思路的要素。

如果不做分析，他们会怎么写论文，再对比一下他们现在写的东西。可以看出，现在写的内容更丰富、更完善，组织得更有条理，更有思想性。

查尔斯对于节食的分析就是一个很好的例子。你可以看出他在挖掘主题时，也在不断变化思考。在分析的过程中，他对节食的理解越来越深刻，思考着眼点也越来越明确，远比开始时更严谨、更有见地。这是因为他用了推理要素。

露西娅对虚假记忆的研究和分析不太一样。刚开始的时候，她还在摸索研究方向。她知道自己要说明"在商场迷路"这一

实验，但也只想到这一点，不知道议题到底是什么。她当然知道只描述一个实验远远不足以写出一篇研究型论文。

其实任何一个人做研究都差不多会遇到这个问题。一方面，资料不可靠。另一方面，信息太过繁杂，各个主题的文献、研究多如牛毛，根本不知道应该朝哪个方向走。但露西娅完成了绕环分析，想出了研究计划，并组织实施。这个计划是她思考的产物，而推理要素帮她找到了着眼点。

第三个例子与朱丽叶有关，展示的是写作者的思考过程发生重大变化的情况。卡拉直奔主题，分析了朱丽叶的性格、目的、结论、视角、议题及为爱而活的概念。但在琢磨朱丽叶的预设时，她大改思路，有了一个又一个的见地。到了最后，她思考的着眼点和整个论文的着眼点都发生了变化。她得出了一个结论，连她自己都感觉有点吃惊。那就是，导致罗密欧和朱丽叶死亡的不是命运，也不是爱情，而是不切实际、一厢情愿的想法。你可能跟卡拉想的不一样，但有一点可以肯定：卡拉能写出一篇深有意趣、让人耳目一新的论文。

最开始，这三个学生想到的都是很宽泛的主题——节食、虚假记忆、朱丽叶。如果主题太宽泛，就写不出清晰分明、切实可行的主旨句。但绕环分析后，他们都找到了着眼点，使主题更加具体，发现了主题的重要方面，为写出主旨句和主论点打下了坚实基础。

练习使用推理要素。绕环分析有很多种办法，体现出的是灵活和创新。目的是让你对主题有更深刻的认识，写的时候有底气。这样读者才能信你说的话。你写出的文章应该是你综合各方面信息，有了全面见解后再仔细推理的产物。有一点需要说明，你在做绕环分析时，主要应该注意找到见地。在这一过程中，你会发掘出主题的多个方面。这些方面你从来没有想过，且值得读者和你深入思考。"见地"可能是你从来没想过的预设、没有注意过的意义、击中主题要害的问题，或是阐释争论点的新方法。你不可能从每一个主题、每一个推理要素中找到见地，但应该以此为目标。

批判性阅读和批判性写作联系紧密。读不好当然就写不好。读的时候，**要认真**，边做批判性分析边读，才能想出好点子（阅读材料还包括视频、讲座、讲话）。

读的时候，可以通过不同的方式理解、表达作者想要表达的东西。主要有三种方式：

（a）总结

简明扼要写出作者想要表达的东西，可以把主论点写出来。

（b）明晰

用SEE-I四步法阅读，通过点题和展开这两步做（a）中的总结。

（c）分析

绕环分析推理要素，分析阅读材料。

有了这样的目标，你就会绕环做各种分析，写出理解到位、有见地的论文。当然，这个过程不能按部就班。对很多人来说，有必要从议题、意图和概念入手思考问题，但也不必非这样做。你可以从推理要素环的任何一环开始。同理，要素本身没有顺序可言。你可以细细斟酌后使用任何一种顺序。如果你感觉其中一两个要素与主题不匹配，可以先跳过去，回头再看。

怎么分析主题才够深入呢？你得熟悉主题，了解它的各个方面，才能胸有丘壑、推理缜密。分析一做完，主旨句、主论点、论文计划和结构跟着都出来了（下一章就是这个主题）。如果你写的是简单的课程论文, 答的是考试中的论述题, 就不用把所有要素都分析完。只分析三到四个, 就会有见地。虽然论文字数不多, 你也可以完整绕环分析一遍。这个过程用不了你多长时间, 但能让你的论文大大完善起来。如果你要全面深入挖掘主题, 解决某个问题, 就要绕环转一遍, 深入分析。如果不全面分析推理要素, 就很难把主题和问题弄清楚。

你要知道这些推理要素很有**用处**, 它们构成了一整套工具, 能帮你构思并写出清晰有力、凸显着眼点的文章。刚开始你可能用不习惯, 但假以练习, 就会感觉它们越来越自然好用。批判性写作有点费事, 刚开始练习使用的时候可能更是这样。

掌握任何一套技能之初都会遇到这样的问题。想想你开始学某项运动或乐器的时候是不是这样。要把本领**学到家**更是如此。你需要花费时间练习, 还得有人指导, 要同时注意多个问题。学习用脑思考也是一样, **好好**用脑思考更是这样。

但这个过程会越来越简单。你一边学, 一边把步骤内化于心。你掌握的运动、音乐和思考技能似乎很快就能到达流畅的境界。你可能还要不时自我监督一下, 但已经开始体会到这个过程越发自然而然。你发现自己找到了意义和影响, 反思了文中的概念, 能从多个视角看问题。

> 到了这时候, 你需要开始练习批判性分析。找到一个感兴趣的主题, 开始绕环分析。最开始的时候, 不要定太高目标, 先大致感受一下意图、预设、结论等推理要素。

多感受几次。再多找几个完全不一样的主题来练习。找一个特别宽泛的主题，看看如何通过推理要素找到着眼点。找一个以前读过的材料，看看如何通过推理要素更加深刻地读懂这份材料。再找一个更加具体的主题，你感觉用它能写出一篇课程论文的那种，反复练习感受。

2.6 什么是批判性思维?

你可能会感觉奇怪，为什么第二章都快结束了，才开始解决什么是批判性思维这个问题。为什么不从一开始就解释这个概念呢? 批判性写作建立在批判性思维的基础上，是不是应该一开始就对后者下定义?

但问题是，如果一开始就厘清批判性思维的概念，细节还没有到位，你就不会有具体认识，不会感觉批判性思维好用。也就是说，在这个阶段描述这个概念只能是模模糊糊，对你不会有什么帮助。实际上，很多人对批判性思维也只有模模糊糊的认识，认为批判性思维**就是** "好好思考"[①]或 "认真思考"。如果只有这种模糊的概念，你就不知道真正的批判性思维**是**什么样子，该**如何**批判性地分析某一个主题。好好思考**哪些方面**?

---

① 我们经常会因为别人得出的结论与我们的想法一致而赞赏其做到了 "好好思考"。有的人不明所以，感觉自己的思考方式就是批判性思维。

认真思考**哪些方面**？当你批判性地分析某一主题时，应该把着眼点**放**在哪里？

了解如何运用推理要素后，你才能更加真切地理解什么是批判性思维。简而言之，批判性思维包括两部分。第一部分是明确反思你的思考过程。具体来说，你要思考预设、目的、意义和影响、应该问的问题等推理要素。你要反思自己的思考过程，反思自己围绕主题是怎么思考的。

第二部分是你要明确思考你的推理**质量**和思考的**成效**。但"成效"不是一个模模糊糊、方向不明的概念。第五章将着力阐述，但你现在已初见其端倪。"成效"意味着你要有意识地检查自己是否达到了批判性思维的标准。从前文例子中，我们至少可以看到四个标准，即思考是否**清晰**、是否**准确**、是否**贴合**主题、着眼点是不是**最主要的**内容。

2.7　本章练习

阅读第一章末尾的"练习说明"。

*1. 本章涉及的批判性写作的主要概念和步骤有哪些？

围绕推理要素圆环分析：批判性阅读。

*2. 1955 年，以马丁·路德·金（Martin Luther King）为首的民权抗议者在亚拉巴马州蒙哥马利（Montgomery, Alabama）发起巴士抵制运动。引起他们抗议的主要是两件事：第一，罗莎·帕克斯（Rosa Parks）被捕；第二，现行法律规定非裔美国人应坐在公共汽车后面。他们知道蒙哥马利的市民和警察会以暴相待，但马丁·路德·金说了这么一番话[①]：

> 我们找到了一个强有力的新武器——非暴力抵制。虽然法律是引发社会变迁的重要因素，但在特定情况下，遵守新法条反而会导致局势紧张，触发暴乱。我们曾经抱有这样一种希望，希望能找到一种方法，一边继续推进我们的事业，一边处理好所触发的暴乱。现在我们已经找到答案，那就是，必要时直面暴力，但拒绝以暴制暴。

你可以围绕推理要素圆环分析他这篇演讲。

*3. 下面这段话摘录自一本关于交通法和降低交通事故率、死亡率的书（Vanderbilt, 2008, 237）。

> 芬兰交通事故率全球最低，根据违规司机税后收入计算罚款额。出台该法的目的是防止超速罚款产生适得其反的效果。因为，与富人相比，穷人收入少，罚款占相应收入的比重更高。受这种计算办法影响，出现了一些格外引人关注的超速罚单。比如，互联网企业大亨亚科·莱梭拉因（Jaako Rytsölä）在限速 25 英里每小时的时速区内行驶速度达 43 英里每小时，收到高达 71,400

[①] 摘自马丁·路德·金的 *Our Struggle: The Story of Montgomery*。

美元的罚单！虽然富人对此法律耿耿于怀，但普通民众普遍表示赞赏。2001 年，立法机关取消了罚款上限。

根据以上描述，你可以分析一下通过该法律的立法机关是如何思考的。

4. 背景知识：赛义德·库特布（Sayyid Qutb）是埃及人，在美国生活过几年。他认为美国文化物质至上，对此很是反感（此外让他反感的还有种族歧视、对体育娱乐活动的狂热，以及自己在美国亲眼看见的暴力事件）。

他在美国的生活经历和观点对乌萨马·本·拉登（Osama bin Laden）等圣战分子产生了不小影响。下面这一段描述了库特布对美国人及其生活方式的看法（Haddad, 90）。

他们喜欢紧张刺激，喜欢兽性作乐。他们给人的感觉是，有一群魔鬼跟在这群人身后，赶着他们往前跑。他们就像是机器，发疯般转着动着，浑身痉挛也不肯停。很多时候我都在想，他们是不是在磨床边劳作的那群人，无日无夜，永不停歇。磨床把他们吸了进去，让他们不停地转啊转。他们不相信自己，也不相信人生。

你可以围绕推理要素圆环分析库特布是如何思考的。

*5. 你可以先感受一下推理要素，运用其中几个**分析**你在生活中面临的**压力**。在这个阶段，你仅作分析就行，不必写一篇论文。

- 你应对压力的主要目的是什么？

- 你认为议题是什么？

- 应对压力有什么意义，产生了什么影响？

- 这方面信息我了解多少？

*6. 回头再看看查尔斯对节食的分析。在论证意义和影响时，他找到了几条思路，可以用在论文写作计划的后半部分。他后来选择的那条思路对他最终写成的论文影响很大。下面是他设想的几条思路。

- 几种流行的节食计划的异同
- 减重的积极、消极影响
- 人们对减重后不会轻易反弹的几种预设

他选择了最后一条。简单写写你为什么认为他会选那条思路。他做出选择时在想什么？在他眼中，第三条思路更有见地，你能看出来吗？

7. 再回头看看"虚假记忆"和"朱丽叶"这两个例子。像问题 6 那样，写写为什么你会认为两个学生在绕环分析时给出了某种看法。沉下心来，练习一下思想共情。分析的时候她在想什么？换作你去分析，你会做什么？

更熟练地使用推理要素，按照圆环上的要素来练习，同时也要灵活。

*8. 安东尼在构思一篇论文，先问了自己这样一个问题："钱能买到幸福吗？"他答道："肯定不能！"虽然一下子就答出来了，但他还是决定绕环分析。他的问题是，不知道究竟该怎么运用推理要素分析问题。他可以从意图问起："我回答这个问题的意图是什么？"但他又意识到这样可能会偏题。他想分析的是钱到底能不能买来幸福，而不是纠结于自己为什么会问这个问题。他应该怎么做呢？

9. 一个学生正在上美国历史课，学好这门课要记住很多事实。比如，1861 年，南卡罗来纳州（South Carolina）军队炮轰萨姆特堡（Fort Sumter），南北战争爆发。老师要求写一篇研究型论文，但这个学生不知道只用这些干巴巴的事实怎么写一篇论文出来。如果只知道事实，我们可能不知道该如何往下思考。只知道事实，似乎是把路走到了头，不可能再进行批判性分析。这种印象其实会误导人。实际上，事实中包含大量可供分析的主题。有了推理要素，你可以更深层地探究事实。如果你知道萨姆特堡这一个事实，你就可以让推理要素产生丰厚价值，用于做研究和写论文。

- 炮轰萨姆特堡之前，战士做出了什么预设？
- 在他们看来，此战影响何在？（他们有没有意识到这一战一打响，以后可能会死十几万人？）

- 他们的目的是什么？是否切合实际？
- 炮轰之前，他们对形势是如何解读的？

......

这些研究问题都带有着眼点。这个学生只要找到其中一个问题的答案，就可以写出一篇论证有力的研究型论文。你现在学的课程包含哪些重要事实？从中选出一个，用推理要素分析。

10. 批判性阅读和批判性写作。如第 2.5 节的第二个图框所示，仔细去读，找到着眼点，是找到主题的绝佳办法。你的主题可以是作者的中心思想，也可以是他在论文中阐述的一个或多个观点。

读的时候，找出一些东西，用以下三种办法进行分析。

a. 简明扼要地概括所读内容。

b. 用 SEE-I 四步法阅读。

c. 围绕推理要素圆环分析材料。

11. 希拉在写一篇论文，论点是美国大学应该和欧洲大学一样便宜（见本书第 1.3 节的例 2）。她做了欧洲大学的研究，发现这些大学和美国大学一样出名，但收费要便宜得多。她还发现，欧洲很多大学都比她现在上的学校有名，但学费加食宿费只是她目前所付费用的零头，而且不少欧洲大学用英语授课。

分析到这里，她开始想要不要转到欧洲上大学。她感觉至少要考虑一下。请你替希拉想一想。主题是转学去欧洲。顺着希拉的思路去分析。

*12. 希拉自己分析了这种可能，意识到如果去欧洲上学，就要和男朋友分开很长一段时间。她在想，这算不算是国外求学的负面**影响**之一。她认为："我得理性考虑这个决定，所以要围绕推理要素圆环分析。和男朋友分开只是影响决定的情感因素，不属于分析因素。"

13. 之前已经说过，你既可以用要素圆环分析宽泛的主题，也可以分析已经找到着眼点的主题。分析后者可以让你写出论文计划。如果一开始分析的是宽泛的主题，你只能泛泛而谈，但如果绕环分析，却能在不经意间得到新见地，打开新思路。

比较以下分析内容。

- 宽泛主题——减少对化石燃料的依赖
- 找到着眼点的主题——从使用煤电到使用太阳能产生的环境影响

或者以下分析内容。

- 巴拉克·奥巴马（Barack Obama）当总统期间
- 巴拉克·奥巴马动用无人机
- 2016 年，巴拉克·奥巴马公开制定法律框架，批准使用无人机，对恐怖嫌犯形成致命打击。

*14. 思考写作

你对标有星号的问题 1 的看法是什么？本书作者在第二章提出了三个主要概念和步骤。

● 所有推理要素

● 每一个推理要素及其背景

● 分析或绕环分析

请你用 SEE-I 四步法写出上述三个主要概念和步骤。

15. 从上个问题涉及的主要概念和步骤中挑出一个绕环分析。

假定你现在用整个推理要素做论文主题。

你可以写出这样的问题。

● 设置要素圆环的意图是什么？

● 推理要素是什么？这是一种什么概念？

● 呈现推理要素的视角是什么？

● 隐含在推理要素中的预设主要是什么？

        ……

16. 写下你自己的经历。把对你个人重要的东西当作论文主题。比如，你建立的人际关系、要做的决定、对未来的想法、成长历程、对自己的看法。确定之后，进行绕环分析。分析主题时，要开放思想，多去思考以前没有想过的观点。你应该先去熟悉推理要素，这样就不用纠结于其名称（这就像是演奏乐器。第一次弹吉他时，你把所有的注意力都放在指法上。熟悉了以后，才会把重心放在如何表现音乐上）。

*17. 思考写作

你可以站在本书作者视角思考问题。到目前为止，本书主要成果是什么？请解释说明。

18. 反思自己的经历

你认为你掌握了本章哪些重要术语或概念？哪一块你理解得不太好？哪些术语或概念是你以前不知道的？你对写作的哪些方面感觉头疼？

*19. 绕环分析有助于系统、深刻地理解事物。原来你是怎么理解事物的？根据具体例子说一说。你是怎么理解某本书的内容的？怎么理解你与某人的友情？怎么理解一个体育明星的成就？怎么理解经典条件反射、哈姆雷特的动机、办公室管理等课程内容？

20. 这是本章练习的主要问题。根据第一章结尾处的练习要求，你得找到自己感兴趣的东西做主题。选择标准是你感觉自己很懂这方面的内容，能写满 5 页，而且写得妙趣横生。要回答这个问题，你要多选一些问题。选至少三个主题，对它们进行绕环分析。

自测（一）

怎么知道自己水平高低呢？

对论文主要内容有清晰认识。

实际上，从一开始就把这点搞明白很不容易。你不知道自己不知道什么，所以写文章时，就不知道自己写得怎么样。你要让很懂写作的人给你反馈。不管怎么样，至少要试一下。

很多人一看到自测，第一反应是不做测试。有的人只是看了看，没有下笔去写主旨句。有的人比较自觉，但只读了评论部分，希望对自己写主旨句有帮助。这种方法可能对你也有用，但帮助不会太大。我们可以把批判性思维和体育运动做个比较。有人跟你说怎么踢足球，还跟你示范，但你只有自己去踢，才能学会怎么踢。同理，你也必须自己写主旨句，而不是只读关于如何写主旨句的文字材料。

对待自测还有一种反应是绕过写主旨句这一步，转而去做别的事情。比如，人们会说这样的话。

- 我先查查网站，读读文献，从里面找一个主旨句出来。
- 我要根据主题做研究，再根据研究结果找到主旨句。

从一定程度上来说，第二个说法更可行，但也绕过了自测这一项。做完了研究，你还是应该想出一个能凸显着眼点的具体陈述，表达你对主题主要内容的看法，而问题就出在这里。

我的建议是，你再做一遍自测（一），但是这一次找一个你比较了解的主题，比如发生在你自己身上的事情。

我把我的评论写在后面，假定你已经写出了主旨句，表达了主题的主要内容。

评估一下你想出来的主旨句。下面是一些标准，可以衡量你做得好不好。你写的主旨句应该是以下例句这样的。

- 一个结构完整的陈述，而不是东拉西扯的句子。
- 详细具体，凸显着眼点。
- 可以由此生发出整篇论文，不包括细枝末节。
- 可以据此写出一篇见解全面、有趣味的论文，字数达到要求，比如说 5 页。

你的主旨句能否达到这样的标准，现在还不好说。你可以对比下面三组主旨句。这三个例子都出自著名大学写作中心。每一组陈述中的第一个都不够具体，没有着眼点，不符合主旨句要求，而第二个就写得更好。

第一个：有人特别抵触当今的恐怖电影。

第二个：借助现代电影拍摄技术，电影制作人能够制作出更加逼真的恐怖场面。久而久之，美国年轻人会对暴力习以为常[①]。

[①] "Writing Tips: Thesis Statements," *The Center for Writing Studies, University of Illinois*, University of Illinois at Champaign–Urbana, 2013. http://www.cws.illinois.edu.

第一个：香蕉花茶补充剂既有益处也有害处。

第二个：用香蕉花茶补充剂有助于快速减肥，但也会导致肌肉减少，去脂体重降低，对人体造成潜在危害[1]。

第一个：吸食毒品有害社会。

第二个：非法吸食毒品滋生团伙暴力，是有害行为[2]。

现在看看你自己想出来的主旨句是跟第一个接近，还是跟第二个接近。如果尽管你细细斟酌，还是没能想出适合写论文的主旨句，那就要回答这样两个问题：

怎么才能想出来呢？为了写出一个丰富厚实的主旨句，你准备制订什么计划、策略呢？

本书主要能够帮助你解决的就是这两个问题。

［到这里，请回头阅读前文"致学生"部分的测试 2。］

---

[1] "How to Write a Thesis Statement," *IUB Writing Tutorial Services*, Indiana University Bloomington, April 7, 2014, http://www.wts.indiana.edu.

[2] Stacy Weida and Karl Stolley, "Developing Strong Thesis Statements," *Purdue Online Writing Lab*, Nov 23, 2013. http://www.owl.english.purdue.edu.

第三章

论文构建：计划、研究、撰写

左框中的写作导航指示你现在处于批判性写作步骤中的哪一步。在第一阶段中，你写出了一个主题，可能比较宽泛，没有找准着眼点。所以你又做了绕环分析。本章将根据写作导航，再往后讲两步。第一步是写出论文**计划**；第二步是**写作**。左下角的图框再次列出了贯穿批判性写作的各个方面。其中有本章的重点，即**研究**。

写作导航

- 主题
- 分析
- **计划：主旨句、结构、提纲**
- **写作**
- 对立观点
- 提升
- 流畅

核心要点

- **研究**
- 批判性思维标准
- 修改
- 基本且有效的概念
- 注明引用出处

3.1　论文构建

通过绕环分析，你可以深化对主题的认识和理解，找准着眼点。下一步是想出一个有逻辑的计划，包括主旨句和主论点，构成论文提纲。

现在的问题是：怎么才能想出主旨句？怎么想出主论点和支撑论点来支撑主旨句？接下来你怎么把这些部分连接在一起形成条理清晰的整体，组成整个论文的结构，再根据这个结构一步步写出论文？

其实在很大程度上，**你心中已经有了答案**。或者说，大致能想出答案。经过仔细思考和研究，分析过主题，你差不多就能从自己的看法中找到主旨句、主论点，甚至连支撑论点都能想好。

你可能已经看出这几个部分是怎么结合在一起的。绕环分析的一大好处是让你进一步把主题变成自己深度思考的产物。分析的时候，你会有自己的看法，从中发现组成主题的重要部分，再把有见地的部分组合在一起。

那么，如何根据分析结果建构论文呢？分析的直接成果是你发现或建构出论文主旨句，得出了整篇论文可以依凭的观点。你还可以通过分析找到主论点，据此写出论文提纲。

有两条思路可以帮你写出论文计划。

思路1：让主旨句自己呈现。你先要认识到，其实主旨句已经在你的分析里面了，就在你眼前。你要做的就是看见它在那儿。如果你去找，就可能猛然在分析中或者在你对推理要素的看法中找到主旨句。找的时候，你要知道主旨句就是你分析中最为核心、关键的部分。主旨句可能就在你写的意义或结论部分里，也可能在你的预设或厘清的概念里，还可能在多个推理要素组合起来的结果里。不论你的分析结果里有什么内容，主旨句都是最显眼的那个，是那个经过你细细斟酌后找到的主题最为中心的部分。

除此之外，还有一点非常宝贵，那就是你得出的分析结果里其实还包括主论点，能够支撑和解释主旨句。你要写清主旨句，写的时候要有条理。可能还要再加一些内容，但从你对推理要素的看法中，差不多已经能够形成一个有逻辑的论文计划。"让主旨句自己呈现"的真髓是看到分析结果中包含的写作计划。

思路 2：建构主旨句。如果论文计划没有自动呈现，你也没有从自己对推理要素的看法中找到中心思想，那就要用第二条思路。这是你的备用方案。你可以在绕环分析主题时，给出看法，直接从中建构写作计划。

你应该这么做：认真审视自己对推理要素的看法，找出分析结果中最重要的观点。你会发现，在你自己的看法中，有些最有见地、分量最重。你可以把这些观点连在一起，直接写成论文计划。

当然，计划整体还要有条理。你可以变换措辞重述一遍。在这个过程中，你会发现要加上、删去和修改某些观点，使计划更有条理。这些观点都是基础。

例如，你读了自己的绕环分析结果，选出了四种看法，称其为 A、B、C、D。细细斟酌后，感觉这四个观点最重要，最能支撑主题。这四个观点就构成了你的写作计划。

A

B

C

D

　　这个步骤为什么会这么直接？那是因为你已经绕环分析，做了很多推理论证工作，也通过研究了解了很多东西。这时候，再通过推理要素把你心目中的主题分成几个部分，写下看法。此时，主题逻辑开始显现。你可以从自己的看法中选出最重要的，再按逻辑调做些许调整，使之成为主论点，即关于主题的主要内容。你在思考这个过程的时候，就是在自然而然地进行批判性分析，找到论文写作计划。

　　现在有必要再回头看下刚才发生了什么。第一条思路是让主旨句自动呈现。第二条是建构主旨句。不管最开始你用的是哪条思路，你找到的都会是详细具体的提纲。也许不太完整，但至少成了一大部分。通过运用批判性思维概念，你能够大大完善论文写作计划。

　　要说明的一点是，有的时候你是通过做研究才得到了某些看法。你可以在需要再做研究的地方标记"R"。这就意味着你不能胡乱做研究，而是定好计划后再做研究。

　　　　经常有人建议你先读一些东西，总结一下，想想自己有什么看法，然后写论文（你可能不同意这些材料的内容，也可能是看问题的角度不同，还有可能将文中观点应用到其他重要领域）。这种方法很不错，可以让你写出主旨句。

但做了绕环分析，你会有更多选择。做绕环分析时，你会从文献内容得出结论，从不同角度阐释，做出你自己的预设。

在说理型写作中，你对某文献的看法可以成为你论文的主旨句，但你并不是非得这样做。通过绕环分析，你能够从不同角度看问题，形成多种看法，再从中选出主旨句。有了推理要素圆环，你的选择就会多起来。

绕环分析的其他好处。最大的好处是，经过批判性分析，你会知道论文该如何组织以形成逻辑。在真正动笔去写的时候，你会发现还需要有支撑论点去放大、支持主旨句和主论点。而支撑论点很有可能就在你做分析时形成的看法里。还有一些好处你可能还没看到，但它们对你影响特别大。其中一个就是让你找到做研究的方法。我会在后文用几页内容阐明这一点。此外，经过周密分析形成论文计划后，你虽然没开始写论文，却已经完成了一大部分写论文的工作。

引言部分和结论部分。写引言部分是为了告诉读者论文的主旨句和主论点，这正是你写论文计划的意义所在。有的地方可能需要你重新措辞，但基本内容已经成型。结论部分也一样，是为了总结你在论文中所写的东西。本质上还是再重复一遍主旨句和主论点，以及你在写作过程中获得的见地。

注明引用出处。写论文必须注明引用出处。一般要在文中给出所引资料来源，在结尾部分专门留出篇幅，命名为"参考文献"。很多人会把这一部分拖到最后写，但这种方法效率最低。你可以在写作过程中随时复制粘贴参考文献的信息，或者将其放到浏览器收藏夹里，这样就会方便很多。

做笔记。在做绕环分析和写论文计划时，你是在脑子中处理你自己的看法，再挑选出来。你在思考某个主论点是什么意思，为什么重要。你会想到一些例子，琢磨用什么方法举例子最好。很少有人会意识到这个处理过程，而且一般也只是在脑子中想一想。你可以将这一过程记录下来。脑子中想什么，就在笔记中写什么。

这正是能让 SEE-I 四步法大显身手的地方。你可以用这个方法记笔记，使之成为论文计划写作的一个步骤，让笔记产生更大价值。记笔记时，你要先清晰点题，再展开来谈。要提醒自己写下例子，做恰当的比较论证。

你不必用 SEE-I 四步法记录所有观点，可以只记一部分。这样在写论文句子和段落时，你的电脑上已经存了一些东西。写论文时，人们一般不愿意做笔记。但如果记了笔记，论文的主体部分就会好写很多（见后文第 3.11 节）。

3.2 论文计划示例

米歇尔在写一篇课程论文。指导教师虽然给出了一些参考主题，但也建议学生自己选题。米歇尔一直饱受刻板印象

（stereotyping）之苦，决定以此为主题。她觉得自己有过这方面的经历，也了解过相关内容，对主题相当熟悉。她的老师没有要求写研究型论文，但她认为如果对部分主论点做些研究，会让文章的可信度更高。

她也知道"刻板印象"这个主题太过宽泛，没有凸显着眼点。而且这只是一个词，不能当作主旨句，甚至连陈述都不算（这时你会发现，你也有过相似的经历。你有了感兴趣的主题，想写一写，但它太过宽泛、方向太杂）。

米歇尔开始绕环做批判性分析。她分析的结果比较简短，但她想了很多，才形成了自己的看法，我们从她写下的文字中可以看出这一点。她没有机械照搬推理要素，而是细细斟酌，把推理要素用到对刻板印象的分析上来。她知道，自己给出的答案不够完善，可能以后要修改，但至少目前看来是深思熟虑的产物（她在需要做研究的看法旁标上了"R"）。

米歇尔的分析结果

论文主题：刻板印象

议题

● 刻板印象是什么，造成了什么危害？

信息

● 根据刻板印象对号入座一般都不准确。

- 根据刻板印象看人不可靠。

预设

- 一刀切的看人不公平。
- 刻板印象现象越来越多。

视角

- 抱有刻板印象之人的视角：有的人看人很刻板，不考虑这么做会对别人造成什么影响。
- 受刻板印象之苦的人的视角：刻板印象不好，让人感觉自己受到了不公平对待，没有机会展现真实的自己。

刻板印象的意义和影响

- 一个人是谁、做了什么不再重要，而是被贴上人种、性别等标签进行分类、评判。
- 受刻板印象之苦，有的人找不到工作、住不上房子，还失去了别的机会。（R：她认为做研究能得到一些真实数据）。

意图

- 评价一个人应该看他做了什么，而不是看社会对他所属的团体的看法。

结论、阐释

- 刻板印象不公平

- 刻板印象对人有害

- 刻板印象让人以文化因素不分青红皂白地揣摩别人的行为（R：找到他人受刻板印象评判的实例）

概念、关键术语

- "刻板印象"这个概念本身很重要。

- "刻板印象"是人们使用过于简化的标准或形象对某一群体进行分类。（R：要找到更确切的定义）

- 我的分析中还有一个关键术语——伤害。刻板印象可能导致：

  ○ 情感伤害，比如：感觉受到不公平对待；

  ○ 经济伤害，比如：找不到工作，无法升迁；

  ○ 身体伤害，比如：因为是同性恋而遭到殴打、杀害。

背景：在当今美国，刻板印象是一大问题。在其他国家，可能也有这种情况。不论是新闻故事、周围人说的话还是社交媒体上都有刻板印象的实例。

下面，米歇尔从自己对推理要素的看法中找出了主旨句和主论点。如果你想体验一下自己会怎么用推理要素进行分析，不妨代入米歇尔的思考过程。

"让主旨句自动呈现"的思路

米歇尔强烈反对刻板印象，而且认为自己的很多看法都很重要。如果只选择其一作为主旨句，她会选择自己对推理要素中的"视角"的看法。

● 受刻板印象之苦的人感觉被框住了，没有机会展现真实的自己。

她想围绕这一点写主旨句，再从自己的看法中找出主论点。但她认为这些看法同等重要。因此，她决定用第二条思路"建构主旨句"找到主论点，再由此写一篇有逻辑的写作计划。

"建构主旨句"的思路

她又把自己的分析结果读了几遍，找到了不少可挖掘的点。她选了五个最重要的内容，其中两个是从结论中找到的，一个是从影响中找到的，剩余两个则选自视角。

提纲

1. 刻板印象不公平

2. 刻板印象对人有害

3. 刻板印象的一大影响是，有的人因此找不到工作、住不上房子，还失去了别的机会。

4. 有的人刻板看人，根本不考虑会对别人造成什么影响。

5. 受刻板印象之苦的人感觉自己受到不公平对待，没有机会展现真实的自己。

停下来想一想米歇尔的步骤。开始的时候，她不知道要选思路1还是思路2。她可以从自己对推理要素的看法中选一个做主旨句，把其他看法当作主论点。她可以只写主旨句，但却没有那样做，而是写了提纲，包含五个观点，形成了写作计划。

现在有必要停下来想一想如何把米歇尔的思考步骤运用到你自己的写作步骤中去。能想出一个具体、有说服力的计划本身就是一大成就。很多人觉得特别难，完全掌握不住要领。只要你能写出一个有逻辑的计划，论文差不多就算写成了。

3.3　进入写作阶段：SEE-I 四步法

米歇尔准备全程使用 SEE-I 四步法。她先对主论点逐一点题。此时，她可能要变换一下措辞，使之更清晰、更到位。接着做展开，用一两段详细解释主论点。再接下来，仔细挑选一些例子。

> 到了现在这个阶段，真实的写作一般被称作"阐发"。这个词能够贴切形容论文写作过程，因为在这个过程中，你是根据提纲阐发主论点。你解释这些论点，将其扩展开来，给出例子，做比较论证，让读者明白这些论点包含什么东西。

根据具体情况，她准备用对比、类比、明喻、暗喻作比较论证，让读者有更清楚的认识。

她还准备用 SEE-I 上层楼（见第一章的"本章练习"）。也就是说，她会再逐一审视主论点，不是读一读就完事，而要认真审视构成主论点的思想、词汇、短语，看看能不能更清晰。找出后，她画了一个圈，再用 SEE-I 四步法论证，由此找到了阐发论文的新方法。

引言部分。我们能感觉到米歇尔的论文已经有了引言部分，至少是已经有了中心内容。引言包含五个主论点，相当于是用一段话写出的提纲。她可以在引言部分清楚阐明这些观点，写出足够多的细节让读者弄明白她的论文主要强调什么、为什么值得一读。

论文主体。米歇尔准备全程使用 SEE-I 四步法撰写或阐发主体部分。要从第一个主论点开始。

刻板印象不公平。

单说这一句话似乎已经透彻明白了，其实不然。你必须详细解释这句话。那么，米歇尔展开谈的是什么呢？

她可以解释刻板印象不公平体现在哪里。到底是什么导致刻板印象不公平？

她还可以解释公平和不公平待遇之间的差别，解释清楚她心目中的"公平"。

她也可以挖掘"感觉"受到不公平待遇和"实际"受到不公平待遇有什么区别。她得写上好几段，才能解释清楚与刻板印象不公平相关的问题。

接下来，她开始举例子。她准备举几类例子，说明刻板印象范围之广。比如，她可能举一个关于种族的刻板印象的例子，再举一个与性别有关的例子。除此之外，还可以举年龄、职业等刻板印象。比如，前者就可以包括她所在的年龄段。后者包括学生、政治家、摇滚明星等。

接下来，她用类比或暗喻等做比较论证，与刻板印象形成对比。这里她会找到一些情境，在这些情境中，人虽然没有受到刻板印象的影响，但也遭到了不公平对待。比如，人们因为推断不准确，就不公平对待他人；有人本来清白，却被指控为罪犯；有人给你起绰号，让你特别反感。通过这些说明，米歇尔可以兼顾清晰和创新。再接下来，她准备用SEE-I四步法阐述下一个主论点：

刻板印象对人有害。

刚开始看可能觉得这一点已经很明确，不需要多说什么，但其实有很多地方可供米歇尔阐发。她可以描述因刻板印象感到沮丧、愤怒，还可以说明如果别人对你不好，你可能根本不知道他对你有刻板印象才对你不好。你只是心里怀疑是这么回事。也就是说，刻板印象之害挥之不去。她还可以将此分类为情感之害、经济之害，甚至是身体之害（在这里，她想到了自己的绕环分析结果）。她可以就每一种类型举例。在作比较论证时，她会把重点放在害人和刻板印象害人的类比上。她说这就好比是电脑中了病毒。

此时，她的论文已经很有创新性了，但她决定上层楼。比如她的第三个主论点：

> 刻板印象影响之一是，有的人找不到工作，住不上
> 房子，还失去了别的机会。

她用 SEE-I 四步法描述人们如何找不到工作，住不上房子。此时，她做了一些研究，找到了择业和住房歧视方面的真实信息。

她可以接着论述下一个主论点，但还是决定"上层楼"，重点阐述当前主论点的一部分。

> 刻板印象的影响之一是，有的人找不到工作，住不
> 上房子，还失去了别的机会。

推理要素圆环启发她用 SEE-I 四步法挖掘人们因受刻板印象失去"别的机会"。这些机会包括人们自己没有意识到的机遇。米歇尔写道："你可能受到刻板印象影响，在小学不被同学接受，后来上不了大学，找不到工作。这些东西你可能根本就不知道。"她回顾了自己以前没有意识到而错过的机会。

挖掘"别的机会"让她打开了不少思路。当然，这是她自己的选择。她可以不用 SEE-I 四步法论述"别的机会"，思考要不要用这个观点扩展和深化论文，再决定是现在用，还是以后用。

你可能已经注意到了，找到着眼点后，才能"上层楼"。理解了这个方法，你会注意到原来想都不想、一扫而过的陈述或段落。找到了着眼点，再用上层楼法，会感觉特别好用。从米歇尔一例可以看出，她本可以忽略掉"别的机会"一词，但上层楼让她注意到了这个词。

在写论文的过程中，她一边逐个阐发主论点，一边把主题当作整体考虑。在这一过程中，她的创新性起到了重要作用。创新性表现在她展开论述论点的过程中，表现在她的措辞上，表现在她选的引人共鸣的例子上，表现在她作的比较论证上，让读者意识到刻板印象之害。

她想了很多，最终想出了一个特别恰当的比较论证，让读者明白刻板印象是什么样子，让没有思考过这一问题的人设想刻板印象是怎么一回事。她把刻板印象比作是电脑病毒，但感觉没有抓住那种遭受刻板印象的感觉。

她又花了一些时间思考用什么做比较，最终想道：

> 受刻板印象之苦就像是背上驮着一摞砖，压得你难受。周围的东西看起来是公平的。你有公平的机会找工作、上学、住房，但你承受着别人未承受之重。

她感觉这个比较论证更好，能围绕刻板印象形成结构，呈现各个方面，使之贯通一体。从这个结构出发，她又有了很多想法。比如，你背的每一块砖就像是你每一次受到的刻板印象。每一次你都失去了一个机会。你落得越来越远。而且你可能都意识不到自己身上驮着东西，还以为是自己做错了什么，才落在了后面。你可能会想："这不就是一块小砖头吗？算个啥啊？"

有了这个想法，她又继续比较论证。她认为，人们并没有看到你的全貌，可能只看到了你背上驮的那摞砖。虽然他们不是有意的，但是不知不觉有了这样的想法："当你看到一个背上驮砖头的人，你注意的不是那个人，而是那摞砖。"米歇尔认为，不管人们是有意识还是无意识，都给驮砖的人加了一些砖。

这个比较论证做得很好，米歇尔觉得可以用作论文标题——"驮负刻板印象之重"。

结论部分。在结论部分，米歇尔重述了一遍主论点。这时，考虑到以下两方面，她换了一下措辞。一方面，为避免有重复之嫌，让读者感觉索然无味；另一方面，在写论文过程中，她对刻板印象的认识也在不断深入（她也可以用措辞变换的这一部分，回过头来再修改引言部分）。

确保观点贯通一体。你可能已经注意到，米歇尔的观点非常连贯，环环相扣，最后浑然一体，非常自然。你可能做不到这一点。在最理想的情况下，你选出的几个主论点紧紧契合，能吸引着读者往下读。但有的时候，你只能拼凑主论点。这几个观点支离破碎，不能自然而然联系在一起。

如果发生了这种情况，你就要做些功课，让主论点贯通一体。有时你可能得舍弃一个观点，换成别的。但更多时候，你得重新措辞，重新梳理关系，使之成为有机整体，最终目标是贯通一体，让读者感受到流淌在其中的逻辑。

3.4　增强版 SEE-I 法阐发论文

阐发论文的办法有很多。到目前为止，本书倡导的是 SEE-I 四步法。这种方法看似有固定程式，其实很灵活，可以扩展和完善，让你有更多选择，知道如何写好论文内容。

> 注意，此处的SEE-I 四步法和第一章的不太一样。这里强调的是，用 SEE-I四步法阐明观点不是板上钉钉、一成不变。批判性写作的其他步骤也是一样。用起来不止有一种，只要合情合理就行。我们可以从以下四个方面去看。

展开。展开、解释一种观点的方法有很多，我将在第五章通过苏格拉底诘问法对此详加阐释。可以说，苏格拉底诘问法能给你无穷无尽的阐发论文的办法。

例子和对照例子。之前已经说过，你可以举多个例子，从多个角度阐述观点，拓展文章的广度。

除了举例外，还可以在例子间形成对比，让观点既清晰又到位。因为例子可以说明一个概念包含什么内容，而对照例子可以说明不包含什么内容。从米歇尔一例中，我们可以看到她举了例子，说明刻板印象这个概念包括根据人的种族和性别非法剥夺其就业机会。她还可以给出一个对照例子，说明非刻板印象也会导致人在合法理由下被剥夺就业机会。下面是一个对照例子。

　　假定某个工作要求你用西班牙语和客户沟通。如果求职者不会说西班牙语，那就没有申请该职位的机会。
不会说西班牙语不算是以刻板印象看人。为什么这样说
呢？因为职位要求就是这样的。但如果因为求职者的种
族或性别而将其拒之门外，就算是刻板印象了。

举对照例子不仅能让人明白作者眼中的刻板印象是什么，
而且能表述得精确、到位①。

比较论证。比较论证做得好，能极大地帮助你清晰阐述观
点。不过，也很容易做过头，尤其是那些陈词滥调没有新意的
比较论证。比如英文中的"这就像是拔牙"，或者"这就像是等
着油漆变干"。这两个根本就不是比较论证，只能说明事情很难
办，很枯燥。看到这个论证，人们脑海中不会出现拔牙的画面，
或者干巴巴坐上好几个小时等着油漆
变干。你的目标应该是想出一个能强
有力地表达观点的比较论证。比较论
证对写作帮助很大。但如果你实在想
不出一个好的来，还是举例比较好
（也就是说，SEE-I四步法既可以是四
步，也可以只有三步）。

有的时候，比较论证可以不动声

比较论证具备以下几个特征：
● 不动声色
● 生动鲜明
● 使用过度
● 过于牵强
● 花里胡哨
● 太过平淡
● 陈词滥调
● 形成结构

---

① 本书第1.7节有四个相互对照的例子，用SEE-I四步法的展开技巧阐述什么样
的内容不能体现批判性思维。第2.6节的"什么是批判性思维？"有几个例子
形成对照。

色、不显山露水但依然清晰地阐明论点。米歇尔可以写如示例这样的一段开头。

关于选择：本书的一个重要目的，是表明批判性思维能够让你打开思路，看到很多选择。选择无处不在。你可以选择如何凸显主题着眼点、找到观点、发现主论点、组织论文、阐发论点并上层楼、扩展论文写够字数等等。

本书随后会继续展现批判性思维给你带来的其他选择。

> 刻板印象和其他歧视性行为一样……

这也算是比较论证，只不过不显眼罢了，是在拿刻板印象和其他类似行为做对比。虽然不明显，但还是能帮助作者清晰地阐释刻板印象这一主题。

好的比较论证能形成结构。比如，米歇尔在受到刻板印象影响和背上驮着一摞砖之间形成类比。这样的论证可以形成结构，能让你把自己的思想明确传递给读者，让整个论文浑然一体，让你在脑中捋顺观点并阐发出来，发现以前从未想到的方面。米歇尔用类比这种比较论证法阐述了刻板印象的很多方面，说明其不公平，有害处，对实际生活有影响。让读者看到了一个画面：人们是怎样连想都不想一下就"自动"形成刻板印象的。米歇尔是这样写的：

> 当你看到一个背上驮着砖头的人，你注意的不是那个人，而是那摞砖。

做完了这个比较论证，她对刻板印象又有了新想法。比如，随着时间推移，刻板印象的害处怎么越来越大；人们没有意识到正是因为负重前行，自己才落在后面。虽然你不一定会同意米歇尔的观点，但也能看出比较论证在形成结构方面的作用很大。

上层楼。这个方法的应用也比你想象得要广，它可以让你找到很多扩展、强化论文的方法。你不仅可以在绕环分析主论点时上层楼，也可以在展开概念和观点时用这种方法。有时，还可以用这种方法做举例论证和比较论证。比如，米歇尔展开谈了论点："你可能受到刻板印象，在小学吃不开，后来上不了大学，找不到工作。这些东西你可能根本就不知道。"她可以在"根本就不知道"上画一个圈，用SEE-I四步法展开谈谈一个人经历了什么，举出一个例子，讲一个故事，或者做比较论证。

> **关于修辞：**修辞与你表述和呈现事物的方式有关。充分利用修辞手段写好论文，就要时刻想着潜在受众和写作情境。增强版SEE-I四步法能直接帮你用好修辞。第六章集中探讨了修辞问题，让你行文更流畅。

上层楼的关键是让你聚焦重要概念和观点并做阐发，而不用管概念和观点出自哪里。

3.5 研究与写作

批判性分析可以让你找准着眼点。有了推理要素这一工具，你可以专注于主题最贴切、最重要的方面，写出论文计划，想出凸显重要意义的主旨句，以及论证严密的观点结构。

除此之外，绕环分析对你做研究的用处也很大，让你找到研究着眼点，让论文丰富厚实、有说服力。在绕环分析过程中，你还可以看到主题的其他方面，从而让论文更加全面，更有分量。

反过来，如果你做的研究界定不清晰、论证不严密，会让你感觉论文写作特别折磨。很多学生在接到研究型论文写作任务后，都胡乱做些研究，抱着撞运气的心理，希望发现点儿什么。找与主题相关的资料时，也只是用搜索引擎看看哪些关键词最突出。可以想象，用这种方法搜索出的材料成千上万，有的可靠，有的不可靠，有的贴切，有的不贴切，有的你说不出来贴切不贴切，有的网上能找到，有的找不到。很多资料太过具体、专业，属于前沿领域，根本不可能用到论文中。这种方法就像是给你判了刑，罚你去做一大堆工作，而且做了还没有成效，让你灰心丧气。但如果你用了推理要素做研究，就会找到着眼点，全方位阐述主题。

3.6　研究的双重作用

研究的目的是什么？对于论文写作能起到什么作用？写论文目的不是描述别人发表了什么内容，也肯定不是复制粘贴多种资料。（这样的话，写论文还有什么意义呢？）虽然你写的是研究型论文，但做研究也不能解决你在写作中的问题。研究在批判性写作中扮演两个截然不同的角色。动笔前，你做研究是为了熟悉主题。绕环分析时，你会找到目标研究的着眼点。绕环分析最大的一个好处是帮你找到研究的具体方向。

"研究"和"找到"是同义词。但研究的目的不仅仅是收集关于某个主题的事实。研究不是一种消极被动的行为。目的是了解一个主题，彻底**弄清楚**。做研究是一种批判性行为。同理，批判性写作的主要目的是你从中了解一个主题，彻底弄清楚，利用可靠研究结果，使思考更准确、更清晰、更贴切、更符合重要的标准，再采用一定的表述方式把你深思熟虑得到的东西传递给受众。

你得了解主题才能写出一篇丰富厚实的论文。不清楚主题，写出来的东西就没有力度。批判性写作（或任何形式的批判性思维）不可能拍拍脑子就完成。如果你写的是发生在自己身上的事，你会有直接的认识。因为你对主题认识深刻，做了绕环分析，就能根据理解和背景知识写出一篇论文。但在很多情况下，你都需要主动做研究，才能写出论文。即便你根据亲身经历直接得到了一些认识，也可以研究别人的经历，巩固认识，充实丰富论文。就算你走出校园，需要写东西，也还是要做研究。

从宏观层面来说，研究反映了你的身份和立场。你会在论文里谈到很多东西，有些直接来自你的个人经历，有的体现了你对主题的思考，还有的是你看资料所得。不论出自哪里，你写下了这些东西，就要做担保，让别人信你说的话。当然，你不能**保证**你说的话绝对真实，但**可以**让别人看到你确实下了一番功夫，通过细细斟酌可靠的资料才找到了真实的东西。做研究能体现出你是否值得信赖。

研究在论文写作中扮演很多角色，其中有两个值得一提。做研究难，部分是因为人们容易弄混这两类研究，而且也不知道每一类研究能出什么成果。

背景研究。经常会发生这种情况，你准备写某主题论文，知道的东西却很少。比如，你的指导教师给你布置了一篇论文，主题是"新加坡民主"或"牛津大学生活"。你自己也可以选一个主题。比如，你刚读过英国小说家简·奥斯汀的《傲慢与偏见》，想写一篇关于作者的论文。如果你对新加坡民主、牛津和简·奥斯汀的了解不太多，就应该做研究捋顺逻辑脉络（走出校园后，差不多也是这种情况。老板经常让员工写一些新项目报告，而员工起初对这个项目也不太了解）。思想谦逊是懂得批判性思维的人的特点：即便你对某话题有一定认识，也要意识到有很多背景知识是你不知道的。还要认识到，你需要了解的背景知识不见得都是准确的。背景研究解决的就是上述问题。

重点研究。重点研究和背景研究的目的不一样。做这类研究时，你已经在挖掘主题或观点，提出了特别具体的问题。它关注的是推理要素圆环。使用推理要素可以找到研究着眼点，分析主题，发现哪些观点需要做研究。

比如，你要写的论文有这样一个主论点：体罚有没有用。对于这个观点，你就必须做研究。你不可能凭一己印象，就说体罚管不管用。绕环分析时，你可以把这一点单独拎出来，标上研究符号，聚焦这个具体问题。

3.7 背景研究

做背景研究是让你熟悉有关主题的知识，有东西下笔。但这只是起点，不是终点，只是打下了基础，后续还要靠做重点研究才能有力支撑论点。做背景研究的目的是让你对主题有见地，对你需要做什么有了解，这样的话，你做绕环分析和写论文时会感觉胸有丘壑。

> 问题不在于"新加坡民主""牛津大学生活"等主题太过宽泛，不适合做论文主题。这些领域**本来**就很宽泛。在这种情况下，你还可以在原有认识的前提下做绕环分析。过于宽泛是一个问题，但做绕环分析后，你可以从这个宽泛的主题中提炼出主旨句和主论点。

对于某些话题，你可能很有把握，不用做太多背景研究就能分析清楚。比如，你是美国人，要写"美国民主"。再比如，写"你所在大学的生活"（不过，我还想再提醒一句，虽然你熟悉这两个主题，也还是不要太过自信，觉得自己背景知识够用）。对比一下"新加坡民主"和"牛津大学生活"这两个主题。对这两个主题，你可能就没有相应的背景知识，需要做绕环分析。你很可能不知道用什么**主论点**分析新加坡民主，不知道新加坡人对本国民主有何**预设**，也不知道牛津学生现在面临的主要**问题**是什么。不熟悉背景知识的话，你根本不知道该从哪里下手绕环分析。做背景研究的意义就是让你充分**熟悉**主题，做高质量分析。你得评判自己对主题是"熟悉"，还是"足够熟悉"。

> **维基百科**：很多指导教师都对维基百科持保留意见，劝学生谨慎使用。虽然维基百科管理团队试着解决词条所用资料问题，但现在词条还是不可靠。所以，不能把维基百科当参考资料，但却可以从其引用中找到资料原始出处。

有哪些资料可以做背景研究呢？这样的资料有很多。如果你正在上的课程包含写作主题，你可以从课堂上得到很多背景知识，也可以去读相关书籍或学术著作的引言部分。很多人做背景研究之初，都会先用维基百科得到大概认识，再去找页面上列出的资料。你的指导教师可能会要求你上交某主题背景知识的参考资料列表。

再回到米歇尔一例上。没写论文计划之前，米歇尔就想写一篇关于刻板印象的论文。注意，她之所以**决定**写这篇论文，是因为自己熟悉这个主题。从一开始，她就意识到要做一些**重点研究**，但感觉不用做**背景**研究。对比一下第二章做"虚假记忆"分析的露西娅。露西娅比较熟悉这个主题。她在课上就学过这方面的知识，也听过一个 TED 演讲。虽然有了一点背景知识，她还是觉得不够用。所以她找来几本权威学者写的书看了看，对这方面有了更全面的认识。注意，露西娅已经意识到要做重点研究，只做背景研究并不够。

不论是米歇尔，还是露西娅，都决定要**做研究**。这一点非常重要。两个人都不是漫无目的地去写论文。她们都经过了批判性分析，有意识地做出了明确决定。

自我意识是用批判性思维方法做背景研究的前提。**你要自己决定**是否要做背景研究，在时间允许的情况下要做多少。你做的决定可能不那么正确，还会有一定影响，但至少是你自己做出的。

3.8 重点研究

重点研究和背景研究的目的完全不一样。做重点研究不是为了熟悉背景知识，而是先做绕环分析熟悉主题，得出深刻认识后再研究。做这项研究，是因为你想给不知道的问题找出答案，写一篇让人信得过的论文，或者有些部分你不太确定，想找到可靠的信息核实清楚。做这项研究之前，你要先做批判性分析，把你感觉重要的观点挑出来。

也就是说，重点研究是为了让你得到更多信息，给论点找到更确切、更可靠的信息。我们可以回过头再看看米歇尔对刻板印象的分析。她用"R"标记出了三个具体问题，准备做研究充实丰富论文。她有一个观点是，刻板印象产生了一定**负面影响**，即有的人找不到工作，住不上房子，也失去了其他机会。她在此打上了"R"标记，意识到要找到可靠的数据，做求职歧视和住房歧视方面的定量分析，让论文更丰富厚实、更有力度。没有这些数据，她的观点只能是空洞陈述。她想了一会儿，感觉别人不可能相信一个没有经过验证的观点。这个观点只是她自己特别愿意相信罢了。她在刻板印象**概念**旁标了一个"R"，准备给出一个更确切的定义。又在**结论**旁标上"R"，准备找到一些真实案例，展现人们如何受到刻板印象。

如果你想看看你提出的观点是否准确，也可以做重点研究。问问自己的观点是不是道听途说，是不是从不可靠的资料中得到的？你对于 X 的看法是否有失偏颇？做了重点研究，你就可以核对这些东西。比如，米歇尔在分析刻板印象后，做出预设——刻板印象的现象越来越多。如果要把这个观点当作主论点，她就**需要**做研究核实，看看刻板印象现象是跟以前一样多，还是在逐渐减少。有可能只是因为刻板印象一直都有，我们现在关注得更多罢了。她最开始提出的观点可能只是她自己的一种印象，还有待客观数据的验证。在这里，她又意识到要让人相信自己在论文里写的东西，由此想道："我自己都不确定的东西，怎么能让别人信呢？"你只有引用权威人士的资料做研究，才能得到经得起推敲的答案。但是另一方面，即便是权威人士也不一定总能达成共识。

做好重点研究的主要方法是使用学术专著、论文、网站等可靠资料。一般来说，写一篇研究型论文都要引用经过同行评议的学术论文。做重点研究的标准方法是使用图书馆的学术搜索引擎。这样的搜索工具有很多，可以用来研究特定学科。但也有不少资料不那么可靠。比如，你随便找到的网站、博客、杂志文章、电视节目、报纸社论等。你可以用这些资料举例，当作主题去分析，呈现某种典型视角，但不能据此认为里面的信息就准确、贴切、到位、清晰。

背景研究和重点研究的关键区别。两类研究很容易弄混，混淆之后也非常麻烦。麻烦在于，你从背景研究资料里找不出重点信息，而从重点研究资料中也得不到背景信息。

你可以用如下方式看研究的作用：

▶　**背景研究 → 绕环分析**

▶　**绕环分析 → 重点研究**

● 要分析主题，从一开始就有必要做背景研究，了解相关知识。

● 做重点研究的目的是充实绕环分析后选出的观点。

如果你想了解新加坡的民主进程，熟悉背景知识，分析主题，就有必要查找与新加坡近代史有关的学术专著和带有学术视角的历史类百科全书，阅读其引言部分和开头章节。这些都是非常好的材料。但你从中获得的信息不到位，不能支撑或验证你论文中的具体论点。

同理，如果你事先不熟悉某个主题，就不能去看经过同行评议的重点学术文献。这些资料不能给你的论文打基础。如果你太早开始做重点研究，就会偏离主题。一般来说，学术文献范围太窄，不能让你有整体认识。这些文献本身没有什么缺陷。而是因为作者要通过同行评议，就要聚焦某一特定主题做原创性研究。因此，你从经过同行评议的学术文献中得到的是具体信息，对你绕环分析后选出的具体观点有帮助。看看下面这个图框。

例

我用谷歌搜索了 democracy in Singapore（新加坡民主）。搜索结果中的前两个网站显示了维基百科的文章，紧跟着的两个是批评新加坡民主的政论文，其中有一篇是准备参加竞选的政客写的。这四篇文章没有一篇能帮助我全面了解新加坡民主背景，甚至可能严重误导。

而搜索偏学术的数据库，也会导致问题，即着眼点找得过快过早。我登录一家大学图书馆，在学术搜索栏，输入关键词 Jane Austen as a writer（作家简·奥斯汀）。出来的第一篇是书评，有一本不知名的书提到了奥斯汀。第二篇是奥斯汀对动物的看法。第三篇是奥斯汀与文学旅游的关系。都没什么用。我又搜索了70篇学术论文，每篇都读完了第一页，却发现没有一个能让我了解关于作家奥斯汀的背景信息。我用了图书馆订阅的文学数据库，比如文学资源中心、JSTOR，出来的差不多也是这样的结果。这些同行评议学术文献过于专业，介绍的不是作家奥斯汀的概况。

总结下来有两点。第一点，做研究要找可靠资料，必须找经过同行评议的学术文献。这些资料最可靠，最有利于你做重点研究。第二点，读这些文章得不到背景知识和概况信息。

3.9 研究与批判性思维

不论是做重点研究还是背景研究，都要记住不能把批判性思维扔在脑后。写作全程都要思考。找到可靠资料后，你要尽全力运用批判性思维。得到准确的事实和数据不意味着思考到此为止。事实和数据只是给你提供可供思考的信息。

注意，绕环分析和研究包含两个不同的方面。一个方面是找出可靠资料说了什么，做完研究后得到了什么。另一个方面是你自己要做批判性分析和判断。只有你把从可靠的资料中得到的知识和自己的判断结果这两个方面结合起来，写出来的论文才能呈现全面见解，体现批判性思维的价值。这两个方面不论漏掉哪一个，写出来的论文都会有硬伤。

有这样一个例子。塔莎学了一门商业课。按课程要求，她得写一篇研究型论文。她在美国商业内幕网站 businessinsider. com 上读完一篇文章后，又发现了一篇关于美国国家铁路客运公司（Amtrak，美国国铁）的文章。标题是"美国国铁连续亏损 43 年仍运营，到底为哪般？"作者写道："美国国铁连续亏损 43 年，却还在运营，原因是政府每年都给 10 亿美元的补贴。"塔莎明白不能完全倚重这个信息。但如果信息为真，这是一个非常让人震惊的事实。接下来她查了美国国铁官方网站，确认这一资料质量是可靠的。

官网报道，美国国铁去年一年的收入只有 30 亿美元多一点，但支出高达 40 亿美元，由此印证了第一篇文章的观点。她又看了其他年份的数据，发现大致也是这种情况①。塔莎又查了其他的可靠资料，结果都证明 businessinsider.com 网站的文章为真。她最后得出结论，我们不应该再补贴美国国铁，要让其破产。

在接着往下读之前，你先想一想塔莎是怎么推理的。你会感觉她的推理很扎实，依据的是可靠资料。从一开始就推理到这一步是非常不错的。

但塔莎还要把问题彻底想清楚。她可以用推理要素问这样一个问题："让美国国铁破产会造成什么影响？"问完之后，她意识到这个问题非常严重，不能仅凭美国国铁亏损这个事实就得出答案。她必须去做调查。她对影响的研究还没有结束。如果美国没有铁路客运服务，会有什么影响？

有了这个推理，她又想起了一个更大的问题：铁路客运服务在美国全国这个大背景下扮演什么角色？她也回答不出来这个问题，又想起来如果美国国铁只为了盈利，可能会有更多问题。

她用了**意图**这一推理要素。设立国家铁路的意图是赚钱吗？还有其他重要目的吗？她又想到了其他由税收买单的服务。这些机构赚钱吗？州际公路赚得多，还是赔得多？她对此高度怀疑。

---

① 塔莎注明了以下引用出处：Flanagan (2014) 和 Amtrak National Fact Sheet (2015). Amtrak National Facts. (2015). Retrieved from https://www.amtrak.com.

　　Flanagan, G. (2014, May 23). "Why the heck is Amtrak still in business after losing money 43 years straight?" Retrieved from https://www.businessinsider.com/Amtrak-profitability-facts-2014-5#ixzz3dBE3eykz.

警察、军队赚钱吗？这两个机构肯定不赚钱！同理，国会负债运营吗？国会每年不是也能收到一笔不小的政府补贴吗？有了这点灵感，她又想道："如果让这些机构都破产，美国也就不存在了。"她越想越多，感觉还真找不出一个政府付费使其赚钱的机构。她的结论是，政府购买服务的目的不是从中赚钱。

因此，让美国国铁负债运营不能解决问题。这个事实与论点贴切，但还要顾及问题的很多方面。塔莎还要想明白，这样一个事实怎么与美国国铁角色的整体分析相契合。

你做研究也是这样。从可靠资料中得到信息之后，还要使之与整体分析相契合。而且，你做研究得到的信息只是分析的一部分。

研究和写论文计划之间的关系。研究和论文计划之间存在一种相互关系。二者相互影响，而且不只是一开始有影响，是全程都有影响。你不可能在真空中想出一个有价值的提纲，也不可能指望做了研究就能有主旨句和主论点。

你必须时刻记住有这么一种差别，它常常被人混淆：思考的顺序和把思考结果呈现给读者的顺序是不一样的。做研究时，这种差别更明显。你做研究的目的是找到解决问题的方案，制定策略，经过缜密推理得出结论。

方案、策略和结论一般都是在你完成思考后出现的。但写论文遵循的

> 学生根本不考虑资料是否可靠就开始写论文，很是让指导教师头大，换作老板和专业人士也一样。谁都弄不明白为什么会有人用不可靠的资料（想象一下，给你看牙的牙医或帮你打官司的律师，他们随便找些网站看一看，就学会了手艺）。

是另外一种逻辑。你写论文的目的是向受众传递你的思考过程，要在开头部分就交代思考完成后得到的方案、策略和结论。主旨句就是这样写的。

所以很多人写论文都是在做了大量研究之后，才得出了推理缜密的主旨句。这样做是有道理的，体现的是一种开放思维。有时候，你需要全身心浸入到一个主题或领域中，不要预想会得到什么主旨句，从而避免证实性偏差。正是这种认识让你不自觉地加深了固有印象。

注意，有研究不等于有论文计划或论点。不论是计划，还是论文，都是你认真做研究加认真思考的结果。

使用可靠资料。做研究、写论文都必须用可靠资料。现在你写课程论文是这样，以后走上工作岗位写文章也是这样。写什么东西都要找可靠资料。

事实和虚构：有时人们会有这样的印象：只要写的东西属于非虚构范畴，就必须带有一定的真实成分（大家对纪录片和播客等也差不多是这种印象）。

但这种推理完全站不住脚。虚构之所以是虚构，是因为其中有虚构的角色、场景，小说、故事、戏剧都是这样。但有些作者在书籍、文章和视频里肆无忌惮地撒谎，这就不能算是非虚构作品了。

话虽如此，使用可靠资料听起来简单，做起来可不简单。最不简单的部分不是找到这种资料，因为你可以轻轻松松找到很多经过同行评议的论文、学术著作和可靠网站，不简单的是怎样用好这些资料。其原因之一是，我们读或看某些东西的时候，一般都会照单全收。除非读之前就已经有不同意见，否则都会假定自己读到的、听到的就是真的。

这种不假思索、被动接受的态度对论文写作很要命。你的受众指望你能为自己写的东西负责，希望你力挺文中的观点。如果你用了不可靠的资料，就是把不可靠的信息传达给了读者。

当然，没有人会在资料上打上"不可靠"的标记。让人感到不舒服的是，写作的人什么都写。认识到这一点非常重要。他们断章取义，从一篇科学报告里抽出一句不能代表作者思想的话大做文章，把谣言和道听途说当成是事实，怀着政治目的和个人私心歪曲事实。想一想吧，只要是医生，都能写出一本提倡节食的书。只要节食弄不死人，就不会有人起诉写书的这个医生。不是医生也可以这么办。

这也就是为什么指导教师要推荐你读经过**同行评议**的书籍和文献。因为，这些出版物经过了行内专业人士的筛选。还意味着，作者本人有该领域的资历，筛选他们文章的人也有资历。当然，通过同行评议不意味着这些文章就是正确的，而是意味着所用资料有分量、有权威（这里可以做个比较论证。这种差别就像是有两类人可以教你打篮球：一类是专业篮球教练，一类是街上那个对篮球运动挺有想法的人）。

3.10　写作与预写

学生很关心时间和精力问题。如果你要写一篇课程论文，或者是岗位职责内容中有写作这一项，那么你可用的时间其实非常有限。你本来就要同时处理生活中很多事情，这些都要耗时耗神。你要上别的课，处理个人私事，要上班，要照顾家庭，要与朋友交游，要休闲娱乐，可谓百事缠身。你时不时还会遇到急难愁事，你可能还有拖延的习惯——这本身就是一个问题，或者你可能分不清主次轻重。这些问题可能不是全都耗时耗神，但其中很多问题要占用你不少精力。

掌握了批判性写作的概念和技能，你可以不用担心这些问题。只要你开始理解这些概念和技能，就会立刻见到效益，而且随着写作的深入，效果会越来越明显，论文写得越来越好。随着你日益熟练地运用批判性写作技能，你会发现写一篇好论文根本花不了多长时间。

3.11　高效写作

人们经常爱用两种方法，但都写不出好论文。这两种方法是复制粘贴和直接动笔写。先从某一点开始，再接着写下去。读了一篇论文，感触很深，觉得文中的观点都很对。想到什么，碰巧找到一个资料，就开始写什么。感觉自己选择的观点都挺重要，弄不清楚着眼点在哪里。如果要做研究，就做手边碰巧接触过的，或者用搜索引擎随便找到的。用的资料一般也都不可靠。文章着眼点既不清晰，也没有条理。

这样马马虎虎写论文只能写出一篇没什么论证力度的文章，还浪费了不少宝贵的时间。仔细算下来，时间都花在漫无目的地找方向上；花在心情不好上；花在每写一步都不知道要写什么上；花在发愁能不能凑够字数上；花在费了挺大劲儿写完感觉心里空空的，不知道能不能拿高分上。换句话说，马马虎虎写论文不仅感觉挺丧气，还浪费了不少时间。

批判性写作步骤的一大好处是节省时间，还能写出好文章。为什么会是这样呢？

- 你可以花一点时间分析主题，写出有逻辑的计划，再按照提纲一步一步写好段落。
- SEE-I 四步法能让你在写段落时，高效顺利。
- 上层楼法能让你关注需要阐发的其他重要方面。

总而言之，用批判性写作步骤写作可以显著提升你的论文质量，使之更清晰，更有条理，更有逻辑，更有思想，更让人信服。而且，还能省去不少时间。虽然听起来有点矛盾，但实际情况就是这样。最开始你要花一些时间根据批判性思维的步骤做计划，这样才能在接下来的时间里写出一篇通顺流畅、论证有力的论文。本章接下来的部分的重点就放在如何运用批判性写作节省时间。

先做计划，再动笔写。你前期投入时间的目的是分析和理解主题。用推理要素圆环分析可能会花点时间，但也不像你想的那么多。一旦你熟悉了这些要素，花在主题上的时间就会少得多。

接下来，你就能写出主旨句，明确主论点，捋顺条理，形成论文写作计划。有了这样一个清晰的计划，你花在写论文上的时间和感到心烦意乱的时间会大大减少。你不用再去担心要写什么、怎么写，只用接着写就行了。

SEE-I 四步法也会让你节省下不少时间，让你遵循步骤一段一段往下写。你一次又一次地点题、展开、举例论证、比较论证。当然，你还要费工夫写段落，但已经确切知道了接下来该怎么办。

而有了前面介绍的 SEE-I 上层楼法，你又多了不少明确的选择，可以供你找到着眼点，随心所欲扩展论文（还有一个工具是第五章的苏格拉底诘问法）。如果你感觉一筹莫展，想要多写一点，就直接用这种办法，这种方法清晰、贴切、有逻辑。掌握了批判性写作的技巧，你手边就有了很多资源。

正式开写之前就动笔。批判性写作还能在一个方面为你节约时间。不过，你要先花点时间投入，后续才能少费工夫。这个方面是"正式开写之前就动笔"。

此前已经提到这一点。为写论文做准备的最好办法是写出对主旨句和主论点的分析。写的时候，尽可能用 SEE-I 四步法。我建议你不能仅在脑子里打草稿，也不能写了一半论文再放下笔写分析，要提前写，在开始写论文之前就写。可以按照以下步骤去做。

认真、清晰地写出主旨句、主论点，有问题的话尽早修改。这些主论点基本上可以直接用到论文里（这就是 SEE-I 四步法的点题部分）。等到真正开始写的时候，不用从零开始。

此外，我还建议你尽早把 SEE-I 四步法用到论文写作的其他部分。你要在刚有想法时，趁着热乎劲儿，写下来记在笔记里。

很多人最开始不承认"正式开写之前就动笔"能节省时间，后来吃了苦头才认识到这一点。这个步骤其实就像打网球前的热身。有的人明知道它很有用，但还是不愿意用。要改变这个思维定式不容易。你会有抗拒心理，不过，也不是只有你才有这种心理。

我还是建议你**初步**写一点东西，以此作为**论文计划**的一部分。你可能感觉还没真正开始写论文就写计划太费事，但"正式开写之前就动笔"是为了让你写完计划时，论文也能完成大半部分。

接下来就是理想的批判性写作的步骤：

1. 写计划时，围绕推理要素圆环转，写下分析结果，把研究涵盖在内。根据分析结果，写主旨句和主论点。这些主论点又是你写作计划的主要内容①。

---

① 有人推荐用头脑风暴法和联想法写出主旨句和主论点。这样做好不好呢？

头脑风暴法没什么不好。从一定程度上来说，第一章中詹姆斯和希拉的提纲就是用头脑风暴法写出来的。

问题在于，头脑风暴法不能让你切实找到写主旨句和主论点的方法，而要看你刚好能想到什么点子。

相比之下，绕环分析有明确的步骤，能帮你找到并建构主旨句和主论点。当然，绕环分析不可能万无一失，需要你去思考和创新，但做了这样的分析，你就有了具体的路径。

再往大里说，与头脑风暴相比，批判性写作有确切的概念，能让你分辨出脑中出现的点子是好的还是坏的。第五章专门探讨用批判性思维标准指导你看清自己的观点是否准确、贴切、公允、到位、重要，能不能写出一篇到位、深刻、全面的论文。头脑风暴最明显的缺点是，你脑中浮现的点子只能是有趣的、吸引人的东西，你似乎必须抓住某些东西才行。这些东西都很重要，但不清晰、不准确、不贴切。

2. 你用键盘敲下计划时，要拿着写有 SEE-I 四步法的纸条，明白该怎么对主旨句和主论点点题、展开、举例论证、比较论证。需要的话，再上层楼。同样的方法也适合你在研究过程中找到的文献。

到了这个时候，你已经写完了计划，似乎可以动笔写论文了。但实际上论文差不多已经写好了。

之前你似乎一直在写计划：做笔记，做绕环分析，使用 SEE-I 四步法。但其实写完计划，就代表论文的一大部分完成了。除了下一章的"其他思想和观点"外，你现在要做的差不多就是把已经写下的部分组合到一起，润色句子，完善一下 SEE-I 四步法部分。你也可以考虑用第五章的苏格拉底诘问法充实扩展论文，但也可以不用。

3.12　进程自检

本章开头的写作导航部分给出了批判性写作的步骤：先做绕环分析，选定主旨句和主论点，写好计划，做研究，然后用 SEE-I 四步法写作。这些都是术语化的表达，你可能会觉得干扰写作过程，但这些术语可以让写作部分更严谨。不过，如果太关注术语，可能会让你忽略实实在在的写作步骤。

以下内容实实在在地描述了论文的写作步骤。你要先从你关心的和你感觉受众也会关心的问题下手（这就是你的"主题"）。接下来该怎么做呢？

► 找出关于主题的东西（这叫"研究"）

► 想通、弄明白（这叫"绕环分析"）

► 想一想你要说什么（这叫"主旨句和主论点"）

► 说出来（使用"SEE-I 四步法"）

这就是论文写作的基本步骤。这样写成的论文不是短小的一篇，而是想写多长就有多长。但除了写论文，上面这个写作步骤可以用于你人生的很多场合。你找到令你感兴趣的东西，想想自己持什么立场，再用行为体现立场。

写这些东西的时候，你可能没有明确的意识，但可以用这几个步骤思考求职、阶层、决定、运动、观看的节目、人际关系等问题。

批判性思维工具的一大好处是让你明白具体应该采取**什么步骤**，**如何准确深入思考**，**如何改善决策成效**，**如何贯彻行动**。

3.13 本章练习

*1. 本章开头部分的写作导航已经表明本章重点阐述的批判性写作步骤。到目前来说，有这样几个步骤。

写作导航

● 主题

- 分析

- 计划：主旨句、结构、提纲

- 写作

研究也是一个核心要点。

用你自己的话简明扼要地重述批判性写作步骤。

2. 为什么说**研究**是学术写作中的一个"核心要点"？解释一下它为何能贯穿写作全过程。

*3. **思考写作**。本章的主要成果是什么？

读完本章后，学生应该能做：

a.

b.

c.

……

*4. 以下是对本章主要概念和步骤的批判性分析。本章涉及的主要概念有：主旨句、让主旨句自己呈现、建构主旨句、正式开写之前就动笔。

你怎么知道自己掌握得牢不牢固呢？人们几乎从来不问自己这个反思性的问题。换句话说，怎么才能分辨出自己是透彻理解了某个东西，还是仅感觉自己理解了？

构思论文计划，写好主旨句、主论点、结构和提纲

*5. 回头想想第二章中查尔斯对节食的分析结果。尽可能把自己沉浸在他的思考过程中，把自己假想成查尔斯。

让主旨句自己呈现。他绕环分析后形成了自己的看法。你觉得哪个最适合做主旨句?

建构主旨句。再这样来一遍：如果没有主旨句自动呈现，就从他的看法中挑出最重要的几个，合成主旨句。

*6. 再问一遍第五个问题。这次把自己沉浸在露西娅的虚假记忆研究型论文中。

先看她绕环分析时有什么看法，看看主旨句有没有自己呈现。

再挑出最重要的看法，建构主旨句。

最后，再选出主论点。假定你就是露西娅，你会选哪些。

7. 认真读卡拉对朱丽叶的分析结果，顺着她的思路想下去，为她的论文写一篇完整的计划。根据她的分析结果，选出一个合情合理的**主旨句**，既可以让其自己呈现，也可以建构主旨句和**主论点**。

*8. 凯文正在想毕了业要不要去考法学院研究生，他打算就法律运作方式的某些方面写一篇论文。他想了好几个主题，想到**意义和影响**部分时，他得到了以前从没有考虑过的新见地。这个见地由以下**信息**触发。

如果你想起诉一个大公司，通常会遇到这样的问题：大公司花重金聘请能力超强的律师团队，而你只能雇得起水平很一般的律师，且他手上的案子还多得忙不过来。

在他看来，由此产生的**意义或影响**是，起诉大公司的人得到公平审判的概率很小。

尽可能把自己**想象成凯文**，假定你准备写一篇论文，上述见地就是起点。你会如何制订论文计划呢？

*9. **写一篇贯通一体的主旨句**。在第七个问题中，你分析过卡拉写的朱丽叶主题。但先不管你做了什么，假定卡拉读了自己的分析结果，感觉主旨句还是没有自己呈现，就从自己的看法中挑出几个最重要的，放在一起**建构**主旨句。这是她写的论点。

朱丽叶所做的决定风险很大，很多方面都可能出错。比如：送信人可能不会及时把口信捎给罗密欧；睡眠药水可能不管用，可能不会让她像她计划的那样一分不差地睡42小时，还可能要了她的命；她家人可能会在墓地待太长时间，或不让罗密欧回来。罗密欧和朱丽叶不是因为命运多舛才无法相爱，而是因为本身不切实际才送了命。

你可以再润色一下语言，整理一下思路，重述卡拉的主旨句。

动笔去写。问题10—12都跟米歇尔的刻板印象分析（参见第3.2节）有关。

*10. 本章根据米歇尔的主论点3，采用SEE-I四步法阐述部分内容。

刻板印象的影响之一是，有的人因刻板印象而找不到工作，住不上房子，还失去了别的机会。

继续用SEE-I四步法多举些例子，再做一个比较论证。

*11. 米歇尔最后两个主论点是这样的：

4. 持刻板印象看人的人，想都不想这么做会对别人有什么影响。

5. 受刻板印象之苦的人感觉自己受到不公平对待，没有机会展现真实的自己。

先别去想你是否同意米歇尔的想法。用 SEE-I 四步法逐一论述她的主论点。

12. 回头再看米歇尔的主论点（完整计划见第 3.3 节）。这次要在她的看法中找出重点词汇、短语和观点，想想怎么由此上层楼。

批判性阅读和批判性写作

13. 第二章练习中的问题 10 要求你边读边做批判性分析，同时做三件事：（a）总结作者说了什么；（b）用 SEE-I 四步法，和/或（c）绕环分析阅读材料（参见第 2.5 节图框）。做完之后，选出一个论文主题。绕环分析主题，再为论文整体写一份计划。

14. 第二章练习中的问题 2 包含马丁·路德·金的演讲片段。你可以绕环分析此片段（这个练习标有星号，意味着本书结尾"各章练习题参考答案"中有分析）。

假定你要写一篇关于马丁·路德·金演讲内容的论文。你能找到主题吗？可以问自己这么几个问题：

- 你能从不同视角看到他正在解决的争论点吗？

- 你想去调查一下在这种情况下，非暴力抵制会不会成功吗?

● 你是不是不同意他说的某个重要方面?

● 你想不想撰写一篇论文,表达你对非暴力抵制对解决当
下问题的作用的看法?

扩展 SEE-I 四步法

*15. **用比较论证形成结构**。在第一章中,希拉正撰写一篇
论文,主旨是美国大学应该和欧洲大学一样便宜(这是她的主
旨句)。其中一个主论点是,大学教育惠及全社会,因此全社会
应该承担大学教育的一大部分成本。她没有用比较论证形成结
构,但实际上是可以的。她该怎么做呢?

*16. 针对上一问题的主旨句举例论证,正反两方面的例子
各举一个。

17. 比较论证的威力很大,甚至可以盖过论点的内容,而且
也很生动。关于撒哈拉沙漠的一本书中有这样一个比较论证[①]。

撒哈拉沙漠西部最干旱。但在古时候,这里明显有水。从
卫星照片上可以看到一连串有侵蚀痕迹的河道,样子像是火星
上的水道。不过,都很轻微。

这个例子是不是太过明显?用火星水道作对比是不是更有助
于你的理解?

* 18. 第二章中,查尔斯在写一篇节食的论文,得出的结论

---

① Marq de Villiers and Sheila Hirtle, *Sahara: The Extraordinary History of the World's Largest Desert* (New York: Walker, 2002), 35.

是，不能只为了减重而节食，要想状态好，就必须继续节食。

比较论证该结论。

研究

*19. 别翻看前一章，解释一下背景研究和重点研究的区别，以及两者各有什么用。

背景研究与重点研究

20. 根据下面列的主题，你感觉要做多少背景研究才能透彻分析主题？根据 1—5 等级打分。"1" 代表 "我已经掌握了足够多的背景知识"；"5" 代表 "我对这个主题了解得不够多，不能透彻分析，因此还要做不少背景研究。"

- 治疗抑郁症
- 身体意象
- 美国民权运动
- 在餐馆咖啡店给小费
- 分数的重要性
- 写论文计划
- 你和别人的关系
- 你和朋友相处的方式
- 你看重的人生价值观（如责任、自由、受尊重等）
- 关于你自己（如性别、民族、家庭教养、性格等）

*21. 在本书第 3.9 节的例子中，塔莎从商业网站、美国国铁官网 Amtrak.com 上查到了信息，发现过去 43 年间，美国国铁一直处于亏损状态。根据这个信息，她做出的结论是，国会不应该再补贴美国国铁。

但想完之后，她又对自己的推理过程产生了怀疑，她意识到政府购买的很多服务（如警察、军队等）都不赚钱，国会本身也不赚钱。这一点大大弱化了美国国铁亏损这一事实。

假定塔莎是这么提出反对意见的：美国国铁亏损信息不实，不能算是事实。

从批判性思维角度来说，她的这个看法好不好？

*22. 在第 3.8 节中，你了解到要使用可靠资料，但对同一问题，"即便是权威人士也不一定总能达成共识"。

如果你找到了可靠资料，可以印证你论文中的重要观点，却发现资料所含意见不一致，你会怎么办？

正式开写之前就动笔

23. 本章给了这样一条建议：不光要写，撰写计划的过程中还要记笔记。用 SEE-I 四步法记的笔记可以放到论文里。

但很多人都觉得做到这一点不容易，你觉得这是什么原因？要是你这样做的话，会感觉难吗？如果你能这样做，你感觉有哪些好处？

24. **写下你自己的经历**。在本书作者看来，**修改**论文非常重要（虽然**修改问题**是第五章的重点，但我们不妨先在这里思考一下这个问题）。你可以暂时站在本书作者视角思考问题：为什么他会觉得修改重要？

你觉得修改重要吗？你认为修改有哪些好处？修改又有哪些成本或负面影响？

25. **将所学付诸实践。**根据第二章练习的最后一个问题，选出三个主题，选择标准是你熟悉该主题，可以据此写出一篇见解全面、有趣味的论文，篇幅能达到五页。你要对这些主题逐一做绕环分析。

接下来，选出主旨句和主论点，写出论文结构和提纲。再给每一篇论文撰写引言部分，表达主旨句和主论点。这一部分内容要条理清晰，清楚易懂，可以写一到两段。

26. 从前面问题涉及的主题中挑出一个，做绕环分析。根据你对推理要素的看法，写出论文的主体部分。

采用增强版 SEE-I 四步法，阐述主旨句和主论点。慢慢写这些东西，**阐发**论文。注意解释清楚，举好例子，找一个恰当的类比，这样写出的段落会让读者感到很有趣。想出一个第 3.3 节提到的比较论证，形成结构，阐明论点（当你写出一个主论点并不厌其烦地说它真的很好，似乎没有必要再多做说明的时候，要记住，这几乎不会是真的。其实你还可以阐发很多方面，否则，读者就弄不明白你的观点）。

用 SEE-I 四步法时，你要找到可供你上层楼的着眼点。把经过阐述的观点再放到你的论文里。

在论文中任何受益于研究的重要内容旁边打上"R"标记。

虽然你还没做研究，但还是要尽力写出结论部分。

这样就算完成了论文主体部分。随后你可以再做研究，把研究结果补上去。

自测（二）

怎么判断自己水平高低呢？

请做测试（二）——组织论文主论点。自己评价自己可能不容易，但你要知道主论点应达到什么样的批判性思维标准。

- 每一个论点都要清晰准确。
- 每一个论点都要直接贴切于主旨句。
- 每一个论点都要具体、有着眼点。
- 每一个论点都重要到值得一写。
- 就每一个论点，你都能写上几段，而不是一两句。
- 理想情况下，阐述完这些论点后，你已经有了一篇条理清楚的论文。

你可以再进一步，看看已经写过的主论点，问自己以下这几个问题。

- 主论点之间是否松散无联系？
- 如果你有好几个主论点，这几个论点说的是不是一回事，只是措辞不同而已？
- 是否让读者全面了解了你的主题内容？

回到步骤上来。除了评价主论点外，你还要问问自己经过了哪几个**步骤**想出了主论点。

- 你是没费什么劲就想出了主论点吗？

- 还是大脑一片空白？

- 还是只想到了一个主论点？

- 你在想主论点时，有没有明确考虑过这些论点是否清晰、准确、贴切、具体、重要？即是否符合前面提到的批判性思维标准。

- 你是不是一直想着随后再找主论点，做完了研究再找？

如果你没想到主论点，说明你还没做好准备写论文，但也别觉得这就是一件坏事。毕竟，思考需要时间。另外，你还需要再做些研究。但你要像自测（一）展示的那样，继续根据批判性思维标准问问题。

> **关于主论点和研究。**
> 对于很多主题来说，你都要先做研究，才能想到主论点。如果你已经找到了主论点，我建议你再找一遍。这一次，不用做研究，但多找几个主题。比如与你个人有关的主题。自测（二）的目的就是检验你能否根据批判性思维标准找到主论点。

你准备怎么想出主论点？为了写出一个内容丰富、言之有物的主论点，你制订了什么计划或策略呢？

要知道，掌握能想出主论点的策略比主论点本身更重要。对具体的论文来说，主论点固然重要，但根据策略想出主论点的过程更重要。有了策略，你就能在任何写作中不断地得出强有力的主论点。

无论是思考主旨句、主论点还是其他，掌握**策略**都能直抵批判性思维的核心。这也是本书的主旨所在。本书包含能让你实实在在使用的策略，帮助你全面打开写作思路。而且，因为这些策略依据的是批判性思维，也能为你看待人生的其他方面提供更好的视角。

请回头阅读前文的"致学生——测试3"。

第四章

批判性思维与多元观点

4.1　"反面"对立观点

写作导航

- 主题
- 分析
- 计划
- 写作
- **对立观点**
- 提升
- 流畅

你的论文计划中还有一个因素没有考虑到。那就是，大家想得都不一样，对于丰富的、言之有物的主题想得更不一样。这么说似乎显而易见，但从这一点往下推理能得出对批判性思维和批判性写作影响最为深远的因素。一个善于运用批判性思维的人看得见、想得到事情的"反面"，会去寻找并回应与自己观点不同的视角，思考别人可能会有的怀疑或问题，并在寻找的过程中，发现自己所持立场的缺陷和差距。他们不仅能看到自己的观点中积极的一面，也能看到消极的那一面。

只有两面都看到，你的作品才够深刻。我们人类似乎只能看到问题表面。研究表明，如果我们相信 X，就倾向于发现、感知那些能够支撑 X 的理由，很容易忽略反对观点，因此也就不能全面认识 X。如果你支持 Y，就更容易清清楚楚看到 Y 的优势，看不见劣势。就算看到了劣势，也还是容易轻描淡写。如果我们反对、害怕、讨厌某些东西，也会出现类似的反应。我们会在不知不觉之中，为自己找出继续反对、害怕、讨厌的很多理由。

关于认知偏见方面的研究有很多（Festinger, 1957; Tavris & Aronson, 2016; Elliot, 1999），但就算不做研究，你也能从自身经历推知一二。我们都知道，人很难注意到自己的观点有什么不足，抱有偏见、理解有偏差、固守意识形态的偏执之人更看不到自己的观点有不足。我们虽然能看到别人的观点有不足，却很少看到自己的，就算做了批判性分析可能也还是这样。

这种盲目的倾向不仅体现在有什么观点，还体现在做什么选择。如果你已经选择了 X 或 Y，你就有很强烈的倾向继续关注其优点，而淡化其劣势。如果你已经买了 X 产品，后来又看到正反两方面评价，你就很容易记住正面评价，忘掉负面评价（Ehrlich et al., 1957）。这倒不是说所有人时时刻刻都是这样，而是说大多数人大多数时候都会这样。而且有意思的是，我们很多人都不觉得自己是这样①。

① 在研究领域，这叫"证实性偏差"（confirmation bias）、"研究者偏差"（researcher's bias）。意思是说，不论科学家多么认真做研究，观察实验结果，也可能会因无意识的想法和期待忽略掉某些关键因素，观察不到结果。科学家明白会有这种风险。因此，做实验的时候，他们会明确实验方案，做双盲实验，解决这一潜在的倾向性问题。

> 有时候，如果有人说我们的论点明显有缺陷，我们还会大吃一惊。我们经常会反对别人的立场，却没有意识到别人也会这样做。这是一个非常普遍的现象。比如，反对死刑的人会说："处决犯人不会让受害者复生。"这当然不错。可囚禁犯人也不会让受害人复生。不论原谅与否都改变不了现状。现在做什么都不能让受害人复生。也就是说，强烈反对死刑的观点有很多，但"不会让受害者复生"这一条明显没有力度。

这种倾向可以算是一种"认知失调"。我们人类都深受其害。总结起来就是，我们都有一种强烈的偏见，拒绝改变我们的信仰，也拒绝接受有人说我们的信仰、行为和选择不合理[①]。这就是认知偏见。这种偏见不建立在人们的政治、宗教和社会信仰的基础上，而体现在我们思考方式的各个方面。而且这也是一种无意识的偏见，是一种不知不觉就带有的偏见。

从论文写作角度来说，打破认知偏见意味着你要考虑其他思想和观点，要仔细去寻找、认真去对待"反面"。具体包括两方面。

● 读者对你叙述的反对意见；
● 读者从你的叙述中看到的欠缺。

而反对意见和欠缺不是一个小问题，也不是偶然发现的问题。反对意见可能相当符合情理，有非常实质的内容。在能看到反面的人眼中，欠缺也涉及相当关键的问题。他们可能会说："可是你忽略了这个争论点最重要的方面呀！"

---

① 目前据我所知，还没有人能解释清楚人为什么会这么做。有人从进化视角进行了猜测，但还没有得到证实。

4.1.1 "薄弱点"

构思论文时，要想把问题上升到概念层次，不妨从"薄弱点"和"潜在薄弱点"方面去理解。"薄弱点"可归结为两个范畴——反对意见和欠缺。即读者从别的视角出发最有可能有不同观点的地方，或者感觉不完整的地方。

> 之所以称作"薄弱点"不意味着观点本身就是错的。我们在这里用类比做个比较论证吧。你要修一座过河的桥，桥本身会有薄弱点。这不意味着桥会塌，而意味着**如果**桥塌了，薄弱点就是最容易塌的地方。

为什么说这是"薄弱点"呢？因为你牢牢秉持自己的立场，所以看到"别人"跟你的观点不一样并找到了一些东西，就感觉"别人"是有反对意见，发现了欠缺。这里之所以强调"别人"两个字，是为了区分你们两方的立场。

但你应该把"薄弱点"归结为自己立场本身有问题，而不是别人挑毛病。能认识到这一点是一种美德。有薄弱点或潜在薄弱点这个概念既是一种思想谦逊，也是一种思想勇气。这两项都是善用批判性思维者的关键特质。说明你意识到了，面对一个重大的复杂问题，你的认识会有薄弱点。你还要意识到，不仅别人可以对你我相信的东西提出反对意见，而且他们的意见一般都有可取之处，只是我们没有看到罢了。

你叙述中出现的**欠缺**也是一样。还是跟上面一样，对于一个重大的复杂问题，你的认识会有欠缺。你不可避免地会漏掉争论点的重要方面，甚至是关键方面。

为什么会出现这种情况呢？问题就出在"重大"这个词上。"重大"意味着这个东西很重要，有分量，可以从很多角度去观察。人们的看法自然也会非常不一样。大家的目的、价值观各有不同，内心的恐惧和欲望也不同，来自不同的文化和背景，有着不同的家庭教养和社会关系。所有这些东西都影响理智的人对概念的认识。有这么多的差异在先，人们对某一重大问题的某个看法中有薄弱点也就不足为怪了。

其实，如果你能经过反思认识到你的立场有薄弱点，就会见识到何为批判性思维。会运用批判性思维就要积极寻找自己立场中的薄弱点，不能对薄弱点遮遮掩掩，绕过不管，希望别人注意不到。相反，你要公开这些薄弱点，诚恳去面对。会运用批判性思维意味着，你直面的反对意见不是简单好解决的，而是难啃的硬骨头。你要敢于冒风险从新角度看问题。

能解决论文中的潜在薄弱点是批判性思维的一个重要方面，让你具备批判性思维者的思想特质，尤其是思想谦逊、思想共情和公允的特质。这三点对于甄别论文薄弱点尤其有帮助。但这些思维特质的价值不只体现在能帮你解决"反面"问题上，还体现在能在批判性写作和批判性分析中扮演关键角色，让你的思考、写作和生活更加丰富，更体现出巧心，更有满足感。

4.2　批判性思维特质

善用批判性思维者具有几个关键思维特质，或可称为"思想美德"和"批判性思维的人格特质"①。你也可以理解为批判性思维的"思维习惯"。当然，没有人完全具备这些特质，但在一定程度上我们都具备其中某些特质。有些在我们生活中的某些方面体现得更明显，有些则弱一点。我们可以在生活中培养这些特质，并内化于心。所有特质都对批判性写作、批判性思维和理智为人至关重要。

批判性思维特质	
思想谦逊	思想勇气
思想共情	思想自主
思想坚持	理性信心
思想诚实	公允
思想投入	

思想谦逊。思想谦逊揭示的是你和不懂的事物之间的关系。你要勇敢承认自己的知识和能力有局限，要承认你不知道某些东西。区分清楚哪些是你确切知道的，哪些是你感觉为真的。

思想勇气。有思想勇气，意味着你要直面危险、风险和恐惧，勇于审视自己的思考和写作过程。

思想共情。思想共情是站在别人的角度思考问题。想通别

---

① 此处所列批判性思维特质依据的是理查德·保罗、琳达·埃尔德的*Critical Thinking: Concepts and Tools*。经作者同意后使用。在我的*Learning to Think Things Through*一书中，我又加上了"思想投入"。我认为，这个特质对思考和写作都很重要。

人怎么看待这个问题，彻底弄明白。

思想自主。思想自主是为自己思考，积极运用批判性思维的概念和原则获得思维自律。听到别人说什么，读到别人写什么时，你要自己仔细判断，想一想有没有道理。

思想坚持。思想坚持是全程坚守某项思想任务，只要其合情合理就不放弃。

理性信心。理性信心是一种习惯，是坚信在决定某一事情时，理性具有效力和威力。

思想诚实。思想诚实意味着要遵循原则进行思考写作。要自己先做到体面，才能让别人信得过自己。要用同一理性标准要求自己和他人。

公允。公允本质上是要在思考和写作中做到诚实、公平、光明正大。

思想投入。思想投入意味着全力以赴投入自己正在做的事情，认真对待，活在当下。

思维特质在写作全程中都起作用，帮你绕环分析，想通主题，帮你做研究，帮你决定在论文中说什么，帮你采用 SEE-I 四步法或其增强版阐发段落，帮你认真行文，帮你全力以赴地做到清晰、准确、贴切，说好、想好、写好。从宏观上来说，你有什么思维特质，可以从你对写论文的概念、写论文对你有什么意义上看出来。

你要认识到，其实这些也是人格特质，可称其为批判性思维的人格特质。把这些特质称作是技能是不恰当的。从一定程度上来说，你要自己学习这些特质，使其成为自身的一部分。之所以称其为"特质"，是要你亲身去实践，而不是按别人的要求去做。在实践的过程中，这些特质成为你自身的一部分，体现了你的追求和抱负。

这些特质包含多个方面，不能仅从表面几个字去评判。概念之间有明显差别，但也有很多重合的地方，可以说是一环扣一环。全力培养某一特质其实也是在全身心践行其余几个特质。

比如，**思想谦逊**和**思想勇气**紧密相关。思想谦逊意味着你要承认：就算自己思考得再周密，也还会出错，有缺陷，有不知道的东西。但对很多人来说，要有极大的勇气才肯承认自己做的和写的出了错，有缺陷。而要心平气和地接受别人对这些错误和缺陷的批评，可能需要更大的思想勇气。从内心来讲，你有你的自尊，总感觉自己是对的，感觉批评你的观点和写作的人是胡搅蛮缠。

思想共情体现在论文写作的多个方面。在你做研究、考虑别人观点时，体现得最淋漓尽致。理解别人说了什么意味着要想明白别人为什么要这么说。不论是理解实证研究，还是理解饱受非议的立场，都得想明白别人为什么会这样。比如，你非得彻底了解达尔文、居里夫人和牛顿的推理方式，才能弄明白其理论。你要搞清楚他们为什么会得出结论，抱有什么样的预设，手头有什么信息，理论有什么意义。这也体现出你能否做到**公允**。你在思考和描述别人的话时要公允。不同意别人看问题的角度时，更要公允。

呈现**思想自主**的方式也很多，从论文内容和推理方式中都可以看出来。思想自主意味着，你要认识到，决定说什么和怎么说的都是**你自己**。一旦你做了决定，就要负责，而不能推到群体压力、某种观点、时间压力等外部因素上去。

其实，时间压力很能说明思维特质如何环环相扣，也凸显了**思想自主、公允、思想勇气和思想坚持**的重要作用。有的人不到最后一分钟不办事，还给自己找理由说有其他重要的事要办。当然，有的时候，他们也没说假话。但真实情况往往不是这样。就算没有别的事压到头上，他们也还是这样。但如果你具备了思想自主，你知道有 X 天的时间写论文，你就会负起责任，尽早开始，仔细判断，做出决定，而不是一人兼任多角，搞得时间不够用。

在有限的时间里全力以赴做到最好其实也体现了公允，尤其是论文或分数对你很重要时更是如此。有的人可能看不到这一点，但这其实是对你自己公平。怎么处理时间压力也体现出思想勇气。很多人感觉尽早动笔写论文**很不容易**，于是就让时间压力拘着自己完成。俯下身写论文也需要思想坚持。你得自己愿意努力弄通论文关键部分，绕环分析后写出计划，用好SEE-I 四步法阐发段落，必要时做研究，写好后要修改。如果不给自己留够时间挖掘重要观点，你可能永远不知道什么叫思想坚持。面对一个复杂问题，你本来应该给自己留出时间，坚持到底的，但你却从没有这样做。

要秉持批判精神写出一篇论文，必须在多方面培养思维特质。时间管理只是其中一方面。思想诚实体现在论文写作的很多方面。尤其表现在你认真思考观点、斟酌措辞、表明态度和捍卫立场之时。你要捍卫自己的立场，不仅是因为你相信自己表达的东西，更因为你经过深思熟虑之后，相信自己已经用了全力，清晰准确地表达出了重要概念，并写在了纸面上。

思想诚实和**公允**紧密相连。从注明引用出处一举可见一斑。你标明引用资料来源，不是因为老师这样要求，而是因为这样做是对的，由此体现了你的两项批判性思维人格特质。这两项特质也影响你生活的方式。

它们在你阐发论文内容的过程中扮演着显要角色，启发你不要用那些站不住脚的论点，不要为了增强论证力度添油加醋、歪曲事实。你得让读者自己得出结论。你不能为了某种目的，做出有倾向的陈述，操纵或控制读者。从宏观上来说，思想诚实和公允体现的是你的处世之道。你的作品中没有偏差、偏见、偏私、曲解。你这样做，不是因为别的，而是因为本就应该这样做，因为你就是这样的人，一个诚实思考、信奉公正价值观的人。

理性信心和思想诚实、公允息息相关。理性信心启发你缜密推理后再得出结论。为此，你要从自己的研究、经历和独立思考中学到东西。你要遵从内心的直觉，又要有分寸和尺度。你知道除了直觉之外，还有别的因素，而且直觉也可能完全错误。要得出结论，证据起着更直接的作用。你还要根据过去的经历，得出自己的见解，但也要思想谦逊地认识到，过去的经历有局限性，经过了你固有偏差的过滤。

从一定角度来说，**思想投入**是所有思维特质的基础。思想投入意味着你要全力以赴地认真对待写作，全身心践行思想谦逊、思想勇气、思想共情等。

思想投入还意味着，你在写论文的过程中意识到，这段时间你投入的虽然是人生一小部分，但具有实质意义，因此要拼尽全力。出现在纸面上的是你自己的话语，你得说话算数。

> 有了思想谦逊，你会反思过去，想起几年前，你曾经对某个观点深信不疑，现在才认识到这种观点严重误导人。

思维特质和问题的"反面"。思维特质可应用于批判性思维的多个方面，贯穿于论文写作全程。但在以下领域发挥着更为关键的作用。这些领域包括：考虑其他思想和观点，看到问题的"反面"，发现并解决论文薄弱点。这时候，思想谦逊、思想共情和公允正式登场。

在解决一个问题时，你首先必须意识到，有人**可能**会有正当理由反对你的立场，你**可能**没考虑到某些方面，你可能没注意到某些欠缺。能认识到这一点，就是思想谦逊。

在写说理、说服型论文时，更要具备思想谦逊，你要解释清楚自己为什么会用某个视角。我们很难搞清楚，为什么我们自己感觉显然正确的重大观点，别人怎么可能会不同意。这个时候，我们常常会觉得反对的人自私自利、不诚实、不理性、愚昧无知。

写说明型文章时，也会遇到这种问题。研究型论文就是典型的说明型文章。有时候，你感觉自己已经全面"覆盖"了主题，所以就很难理解为什么别人会说你漏掉了关键部分。他们认为如果没有这一部分，你的论点以及整篇论文都失去了基点。

如果你能做到思想谦逊，你在分析主题时就会认识到：自己正带着无意识的预设去看问题，你秉持的立场可能带有一些你没有意识到的意义，那些议题可能还没有解决，有人会通过你的叙述看出一些毛病。

如果你有思想共情，你就会站在别人的角度思考问题。你要试着去理解别人是怎么理解问题的，有不同思维和视角的人是怎么得出结论的。能够与别人思想共情会给你带来很多益处，尤其是当别人的观点与你完全相左的时候。

当然，与别人思想共情不意味着你要去接受他们的观点。到了最后，你可能会认定他们的观点不对，甚至是错得一塌糊涂。所谓思想共情意味着，你能看见、理解甚至欣赏这些人怎么经过推理论证，最后得出跟你完全相反的结论。

公允意味着，你要意识到别人有其他视角，要用正确的词汇描述他们

> 有了思想共情，你甚至可以认真思考一些似乎不着边际的问题，比如：被外星人劫持。如果你要写一篇论文"澄清"外星人劫持问题，你可以做研究推理出为什么看起来很理智的人竟然会相信自己被外星人劫持。经过这一番推理，你的论文论证力度就会强很多。但如果你不推理，你就不能看清问题的主要方面。

说了什么，而且你的描述文字要能得到本人的认同。你不必照搬原话，但要准确呈现观点。如果你要描述的是法西斯主义、共产主义、原教旨主义、无神论，或者欧洲、伊朗、美洲的政策和行动，你要用**中立**的口吻，这样才是公允。思想共情和公

允加起来意味着，你无须对上述所有观点都持中立态度，但要中立地**描述**。描述完，你当然可以依据你解决问题所用的证据，自由做出负面、正面和中立的评价。

思维特质中的"感觉成分"。要注意到，思维特质中也存在"感觉成分"。这种东西不是那些你仅仅在头脑中想过但没有做过的事情。我们在思考某些重要东西时，不可能不受冲动和感情的影响。要是不受影响，这件事情可能也谈不上重要了。比如，思想共情时，你不仅是从别人的视角**考虑**问题，也是在靠自己的感觉想问题。你是站在别人那个视角感觉推理的力量。比如，思想谦逊意味着你真切感受到了一种欢乐，一种自己给自己挑错的欢乐。尤其是你总是理所当然地感觉某件事是对的，现在却发现出了错。知道有那么多东西你都不知道，而人类知识又无边无垠，你会感觉到一种敬畏。再比如，公允不意味着你要死抠字眼照办，而是要有这种**精神**。也不意味着，你要说出让人感觉公平的话，而是要有强烈的做到公平的**愿望**。

> 公允解决"反面"的问题对你的个人生活也有很大好处。你可以自己试一试。比如，下次你正跟心里在乎的人吵得热乎，不妨先平心静气看看自己的观点。你不能一味感觉自己的就对，而应该好好想想自己是否理解对方说了什么。你可以问他们："这是你想表达的意思吗？我说的对吗？"问完之后，用SEE-I四步法说一说你的理解。如果你们互相尊重，就应该聆听和表达对方的视角。尤其是针对那些双方有争论，在感情上过不去的问题，更应该站在对方视角看。

举例。我们拿**恐怖主义**举个例子。你正在写一篇关于恐怖主义的论文。秉持思想谦逊、思想共情、公允的你会怎么看待这一主题呢？从一开始，你就要做到思想谦逊，要认识到你一点都不清楚为什么会有人杀了那么多老百姓。你不清楚他们在行动之前有什么预设，他们是如何看待自己行为的意义和影响，他们究竟要解决什么问题。这些问题都必须经过分析才能理解。但是有了思想谦逊，你心里很明白自己并不了解这些问题。能够越来越认识到自己对某些东西的不知道，其实是清晰思考的一大标志[1]。在看节目时，你可能会听到评论员自信满满地说某人为什么会做这件事，但如果你停下来想一会儿，就会知道评论员其实并不知道个中原因，只是胡乱猜想罢了。具备了思想谦逊的特质，你就会更加理性。

要培养思想共情，你得做研究，找到可靠的资料，不能只听一面之词，有时候还要听听研究对象一方的说辞，才能弄明白为什么有一群人竟然会大肆杀戮老百姓。有了背景信息，你可以从他们的视角出发重新建构认识，明白这些人是怎么看问题的，如何推理，最终做出那样的行为（做到这一点特别不容易。因为，你不仅要找到可靠的信息，还要带着思想勇气，沉浸其中，想那些让人感觉害怕的事情）。

要培养公允的特质，你得在绕环分析后，描述他们的目的、动机、预设、阐释，使用的语言应该中立无偏见。你肯定不能

---

[1] 参见亚利桑那大学医学院玛丽丝·威特（Marlys Witte）、安·克尔温（Ann Kerwin）和查尔斯·威特（Charles Witte）所写 "Curriculum on Medical Ignorance"。链接https://ignorance.medicine.arizona.edu/programs/curriculum-medical-ignorance。

把他们叫作"恐怖主义者"或"自由斗士"，但你可以写成他们自认为是在让世界变得更美好。

能写到这一点，你这篇论文已经很不俗了。主题可以定作"被描述为'恐怖主义者'的人如何看待自己的行为"。这篇论文会因为诚实正直又准确地描述有争议的视角，而被人称为耳目一新（当然，你也可以继续审慎评价上述视角，仔细判断看看是否准确、贴切、公平、有逻辑）。

4.3 处理"反面"的三个问题

解决论文薄弱点时，你主要会遇到三个问题。第一个问题是意识到你秉持的立场存在薄弱点。你要看看别人可能会怎么反对你的观点，从你的叙述中找到了哪些缺失的东西。前面已经说过，要做到这一点特别不容易。如果你要针对一个有争议的问题写一篇说理型论文，你越是感觉自己的观点清晰正确，显而易见，就越是难以看见有人可能会有反面观点。如果你写的是一篇说明型论文，你越是感觉自己照顾到了方方面面，解释得很到位，就越是很难接受别人在你的陈述中找到了巨大漏洞。

第二个问题是，公允地**描述**"反面"。要做到这一点，你要清晰准确地写出反面问题，不能带有偏私。

第三个问题是，把其他视角**囊括**到论文中，进行阐发，有可能的话，还要解答一下。

相比第三个问题，前两个问题要难得多（其实，这就是本书倡导的观点，即最难的是清晰、准确、有逻辑地解决某问题。做到了这一点，写起来就容易多了）。这三个问题紧密相关。

4.3.1　见识"反面"

有的人不费工夫就能找到自己思考和写作过程中的薄弱点。尤其是那些花了很长时间培养思想共情意识的人。但对很多人来说，找薄弱点不容易。他们必须**直面**问题，不能含糊，要问自己这样一个问题：有不同思想和观点人是怎么看这个问题的？

也许，找到"反面"，再相应找到你这一面薄弱点的最好方法是问问题。你可以问"自我对峙型问题"。因为，跟你对峙的不是反面的某人，而是你自己。你要与**自我**视角中可能出现的薄弱点形成对峙。问的时候，最好直截了当，切中要害，毫不含糊。有八个"自我对峙型问题"，前五个聚焦的是别人会以哪种方式表达**反对**意见，后三个关注的是可能**遗漏**的点。

自我对峙型问题

- 有人强烈反对我秉持的立场，他们的观点是什么？
- 我秉持的立场有什么不好的地方？是不是需要取舍权衡？（比如，花在 X 上的钱就**不**可能再花到 Y 上。）
- 还有没有别的解决办法？

- 人们在我的陈述中看到了什么问题？
- 针对其他视角，我应该做什么研究？

- 还有哪些重要方面我没有解决？
- 我说的是全部事实，还是部分事实？
- 我还应该解决什么问题？

问题挺多，也可能是太多了。但大部分问题的目的都一样，都是助你一臂之力，而不是让你感觉有压力。在这八个问题中，可能只问一个就能让你顿悟。当你在小组中和他人合作时，问问题的效果会更好。让别人给你提问，你会更加投入。

> 选择太多会给你造成困难，本书多个地方都写到了这一点。因此你应该简化选择过程。
>
> 你正在找"反面"。一旦找到，就会有"原来如此！"的感觉。有的时候，只问一个问题就行了。但换一个时间，换一个人，就得再换一个问题。回答完问题，你心里想着："太棒了！我看到了！"感觉到此为止就行。其实你还可以多问几个自我对峙型问题。但这不是必备选项，要看你自己的选择。

如果你只问抽象问题，如"从你秉持的立场中找到薄弱点"，这似乎不算什么难题，但实际回答起来非常难。这也就是为什么培养思想谦逊和思想共情的习惯那么重要。养成了这些习惯，你就做好了化解困难的**准备**。我们经常会有如下经历。

对某个观点感触很深，理由也很充分。但逐一去看时，却发现所有理由都显而易见，非常贴切，没什么好论证的。薄弱点在哪里呢？别人不同意的地方在哪里？没看到会有哪些实实在在的反对意见。

这个时候，你撞到了墙上。墙上什么都没有。你大脑一片空白，什么也想不出来。你就是看不出来为什么别人会有反对意见。

如果你秉持的立场本身就争议不断，只能说明这个观点本身就是一种错觉。是你自己太肯定了，你一直盯在那些让你的观点成立的理由上，自然就把**反对**意见都挡了回去。

这时候你应该和你的视角之间拉开一段思想距离。思想共情是可以用的主要方式之一，它分以下两个步骤：第一步，创造思想距离；第二步，（暂时）越过这段距离，走到另一个视角看一看。

以例示解。本书前几章配了不少例子，展示的是学生如何写出一篇丰富厚实的论文。这些学生现在要怎么做才能考虑到其他思想和观点呢？

下面是几个学生的推理过程。读的时候，你会发现他们确实是把思考过程往前推，才看到了"反面"。他们使用了自我对峙型问题，方向不一，有的方向没起什么作用。为什么会是这样？因为找到反面本来就**不容易**。他们其实是通过问问题有了新见地。

下面每一例都围绕自我对峙型问题展开。例 1 是找到**反对意见、取舍权衡**；例 2 中写作者找到了**没有处理的**方面；例 3 中写作者在审视已有陈述是否**全面**。

例 1：关于刻板印象的反对意见、取舍权衡

请回到第三章刻板印象一例中。在这一例中，米歇尔绕环分析了刻板印象问题。分析后，她写了提纲，包含五个主论点。

米歇尔的论文提纲

1. 刻板印象不公平

2. 对人有害

3. 刻板印象的影响之一是，有的人找不到工作，住不上房子，还失去了别的机会。

4. 有的人刻板看人，根本不考虑会对别人有什么影响。

5. 受刻板印象之苦的人感觉自己受到不公平对待，没有机会展现真实的自己。

往下读之前，把你自己沉浸在米歇尔的分析结果中。她找到了五个主论点，论文主旨句、结构、提纲都已经形成。你先停下来感受一下这些论点的力度，想一想它们是怎么推理出来的，刻板印象有什么害处，不公平性体现在哪里。你必须亲自感受一下。只有沉浸其中，你才会知道为什么米歇尔感觉自己完全正确。设想一下，如果你直接用她的提纲写论文，将 SEE-I 四步法贯穿全程会是什么样。注意，米歇尔的这个提纲结构很扎实。找出其薄弱点不是

否认这一事实，而是顾及"反面"，让论文说理力度更强。

米歇尔确信自己的视角很有意义——刻板印象不公平，的的确确产生了危害，而且使人们失去了展示真实自我的机会。受刻板印象之苦就像是背上驮着一摞砖。

米歇尔怎么才能找到自己论文的薄弱点呢？

她从自我对峙型问题中先找出了一个。

- "有人强烈反对我秉持的立场，他们的观点是什么？"

但她自己真的不知道为什么会有人反对她的立场。她认为："任何一种反对观点的**目**的都是伤害人。"她感觉自己没有胡搅蛮缠。她对自己说："如果这件事情有反面，就等于是倡导刻板印象，怎么可能嘛！"

但她把问题稍微变了一变，换了一下着力点。她问自己："持反对观点的人会**说**什么？"

她很快又想起一个问题。

- "持反对观点的人是些什么人呢？"

她记起来以前的确听人说过有人倡导在某种场合下要有刻板印象。只不过叫法不同，名为"貌相"（profiling）。她从机场安检人那里听到过类似说法。她意识到，不论自己是否同意"貌相"，实施这一行为的人本心不是要伤害别人。接下来，她更明确了：

警察等执法人员有时会说刻板印象或貌相能够预防犯罪。我不同意这种说法，但他们就是这么说的。比如，在机场，一个人的国籍、口音、穿衣打扮会引起安保人员的警觉，从而对其详查。我自己认为这是认知偏差，明显有失公平，但安保人员会说此举旨在促进机场安全。

在米歇尔或你看来，机场安保人员的说法可能构成对刻板印象的反对意见，也可能不是，但问题重点不在这里。重点是，这是一个很多人都相信，而且遵照执行的反对视角。"貌相"的人坚信自己不是在伤害人，而是在保障安全。

认识到这一点后，米歇尔停下来重新考虑已经写下来的内容。她发现自己反对了不止一次，而是两次。**她**认为安保人员的立场明显有偏差、不公平，但他们自己并不这样看。为了凸显他们的视角，米歇尔删掉了这些内容："我不同意这种说法……我自己认为这是认知偏差，明显有失公平，但"，留下了"官员会说此举旨在促进机场安全"这部分。

虽然米歇尔还是强烈反对刻板印象，但准备践行思想共情。一番思考下来，她感觉不能轻而易举地就否定另一方视角。虽然这种视角是错的，会误导人，但米歇尔必须论证。把这个反对意见加到论文里，是在诚恳坦率地显示有人反对她的立场。加上之后，会让她的立场显得更加现实，论文也更充实丰富。

为了继续找出论文薄弱点，米歇尔又问了一个自我对峙型问题："怎么取舍权衡呢？"

到了这个时候，她意识到机场安保人员的视角是对刻板印象的取舍权衡。至少在某些职员眼中，刻板印象是一种重要工具。有了这个工具，他们能找出最有可能毁掉飞机的人。他们相信，对人"貌相"后，社会更安全，可以预防不法分子对公众的伤害。她还意识到，有的警察也这么看，给出的理由也一样，即对犯罪嫌疑人产生刻板印象，有利于保障安全。所以要对刻板印象和安全取舍权衡。

她的第一反应是取舍权衡没用。一想起"饱受刻板印象之苦的人受到伤害怎么办"这个问题，她就特别愤怒。她不禁这样想："整个事都超级荒唐！对人有刻板印象竟然还能保障安全！真是疯了！"她压根就不喜欢取舍权衡不公平的刻板印象和模模糊糊的安全。她坐在那里，待了几分钟，感觉很不舒服，但最终还是感觉不能冲动打发了之。对她来说，用思想共情去描述另一种视角有点困难。

如果要写这篇论文的不是米歇尔而是你，请你记住，带着共情意识把论点推理清楚并不意味着你同意刻板印象及其背后的逻辑。你可以同意，也可以不同意，还可以持中立态度，只要你把自己的立场阐述清楚就可以了。但你可以设想一下，如果能把反对方的视角包含在论文里，文章是不是要丰富得多？而且最终的论文超越了避免刻板印象的理想化场景，解决了现实世界中刻板印象被使用和被维护的问题。

例2："未涉及的方面"——以虚假记忆为例

注意：尽管露西娅分析得很透彻，也不意味着没有"反面"，不等于说明她没有分析到位（有的人会出现这种情况，但露西娅的确考虑周全了）。只是说她没有注意到主题本身的某些方面。其他人可能也没注意到。

露西娅遇到的困难是一种心理困难。起因是对主题沉浸过深。对某一主题或视角沉浸得越深，越不容易跳出来，看到事先没有关注到的东西。就连最有学识的专家也会遇到这个困难。你要铭记于心的是，对于任何一个重大主题，肯定会有一些方面大家都看见了，但肯定还有一些大家没发现。

薄弱点不只会以反对意见和取舍权衡的形式出现，还常常以有待探索的新领域的形式呈现。探索了这些新领域，你的论文论证力度就会更强，你还会开阔思路，发现更多选择。

回到第二章的露西娅一例中。你可以回想一下，露西娅学心理学专业，正在认真准备写一篇以**虚假**记忆为主题的研究型论文。她也面临着找到反面的问题，但和米歇尔的不一样，她的论文不是说理型的，而是详细说明、分析虚假记忆实验。她在想："描述一件事情的时候，会遇到什么样的'反面'问题呢？"接下来她是这样思考的：

我现在找不到论文的薄弱点。我的论文涉及几个实验，这些实验都经过反复操作和验证。实验表明，很多人都曾受诱导"记住"了生活中的一些事情，还作为目击者"看见"了一些东西。在这些实验中，参与者受到"暗示"，以为自己在商场迷了路，看见了迪士尼乐园的兔八哥。后来，他们真的"记住"了这些事情。而事实上，根本就没有这些事。有人还言之凿凿地说自己看见了。但其实从来就没有看见过。

分析完之后，她要回答这样一个问题："'反面'到底是什么？"

露西娅看了看自我对峙型问题列表，开始找反对意见。但因为她描述的实验足够科学，她没有找到哪些有分量的反对意见。她接着往下看，找到了两个问题。

- 还有哪些重要方面我没有解决？
- 我还应该解决什么问题？

刚开始看的时候，她也不觉得这两个问题有什么用。她已经做过透彻的绕环分析，从中得到了自信，感觉很自豪。也许正是因为她做过透彻的绕环分析，所以她不太容易看到没有解决的问题。

她拥有思想坚持的品质，不害怕继续寻找会产生挫败感。她喜欢心理学，很喜欢思想探索。但继续去找问题还是让她感觉有挫败感。

她想多描述几个实验，但又觉得这不是"反面"的重点。重点是发现现有实验尚未解决的问题。她接着往下思考，发现了一个以前不太关注的方面。她是这样做的。

留出空间给"反面"

露西娅认识到，要把"反面"包含在论文中，不能只写本章练习中第12点的那两句话。虽然这两句话有重要见地，但还是需要她清楚地传递给读者。她要用SEE-I四步法，用这两句话点题，再展开谈谈哪些东西没有考虑进来，接下来使用举例论证和比较论证。要注意，露西娅不用回答自己提出的问题。这个例子跟上个例子完全不一样。她的论文围绕虚假记忆实验展开。要让论文更好，她只用提一个重要问题，问一问哪些方面还没有解决。

露西娅：在所有这些实验中，受诱导出现虚假记忆的人明显占多数。这已经算是实打实的证据了。但那些没受诱导的人呢？他们身上发生了什么？为什么他们就不容易受到诱导呢？想起做实验的人能让被试记起从来没有发生过的事情，我还是感觉很震撼。但那些不受诱导的人又是怎么一回事呢？怎么去解释呢？他们跟受诱导记住自己在商场迷路的人有什么区别呢？

露西娅认为，这是实验中她没有考虑到的重要方面。可以说，这才是"反面"的真正含义。

把这一方面加到论文里非常恰当，而且还能由此得到深刻的见识，产生更大的影响。她这样想着，又意识到，

> 其实所有关于虚假记忆的实验都是这样。她写下了一段话。

> 没有一个实验能诱导所有人产生虚假记忆。没有产生虚假记忆的人后来发生了什么呢?

> 她一直考虑申请心理学研究生,以后做心理学家。现在想来,以后自己要做实验就可以研究这个领域。这个领域从属于实验心理学。在她看来,研究这个领域,似乎能得到重要的研究新成果。

米歇尔和露西娅两人在计划阶段,意识到自己无视"薄弱点"时,都很吃惊。现在她们两人都已经有了多个选择,能够解决薄弱点问题,并在文中留够空间。她们可能会用 SEE-I 四步法做简要描述,也可能尝试从自己的角度做出回答(回答问题时,也同样可以用 SEE-I 四步法)。不管怎么做,她们的论文会变得更加透彻和深刻。

例3:关于大学生典型校园生活的全部事实

有时候,你可以直奔主题,发现薄弱点,也可以从某个角度去寻找。你可以先看一下自己在论文中说了什么,再提出自我对峙型问题:"我说得已经够清楚了,但这是全部事实吗?"

我们可以从普渡大学在线写作实验室（Purdue Online Writing Lab）上找个例子（Tardiff & Brizee, 2014）。这个网站备受推崇，对写作帮助很大。主要目标是帮学生找到一个可行的主旨句。其中有下面这样一个说明型主旨句的例子。

典型的大学生活包含以下几部分：学习、上课、与同龄人交往。

你可能会立即发现这个主旨句写得非常好，清晰准确，观点也很重要（清晰、准确、重要也是批判性思维的标准）。有了这个陈述，基本上就算完成了整篇论文的计划。接下来这么做：想象一下你是作者，要一步一步按上述三部分写出一篇论文。但在写之前，先花一分钟想一想到底**对不对**，是不是一般大学生都会这样做。

再想象一下你正在构思论文，找到薄弱点。你可以问自己一个自我对峙型问题。

● 这是全部事实，还是部分事实？

问完再想："还有没有**其他**方法度过大学生活？"紧接着就会有思路，答案就会出现。比如，睡觉这一项明显被遗漏了。作者可能不想强调这一点，但人们花在睡觉上的时间很多。而实际情况是，很少有人关注睡觉问题。在考虑这个例子时，你还会想到学生度过大学生活的其他方式，有的方式连这些学生都没有想到。交通出行时间有多长？等车花了多少时间？在思考与别人的关系、自己的未来上又花了多长时间？就连"学习"时间也不纯粹。在这期间，学生会走神，担心成绩不好，分数不高。学业压力很大，缓解压力要占用很多时间，导致压力过大。展开来谈学生度过大学生活的其他方式就是论文的"反面"。

把"反面"加上去，你的论文就会更加全面、深刻、引人注意。但在描述反面之前，你还是要描述大学生活的典型特征，通过点题、展开、举例论证、比较论证，形成论文的主体部分。

说完之后，你要提到学生在大学生活之外真正花了多长时间。你还必须强调压力是大学生活的一部分，应对压力是大学生活的又一个典型特征。但在此之前，很少有人提及大学生活的压力问题。

花些时间想一想这一例是怎么推理的，与米歇尔的有什么区别。米歇尔对刻板印象态度坚决，因此不太容易找到反面。但即便对于一个没有引起争议的问题，一个我们没有太多想法的问题，我们也不太容易找到反面，这可以算是人古怪的一面。

（换作是我，我会这么推理：我看到了主旨句与大学生活有关。点题点得清晰分明，事实就是这个样子。如果要让我用这个主旨句写论文，我会说："写得没错，就是这样。"我压根就不会想到如"度过大学生活还有没有别的方式？"等问题。如果你觉得某陈述确凿无疑，你就会变得很盲目，看不到错误之处。在我自己身上就经常发生这样的事。事后想来，很是吃惊。）

我们不仅要在写论文时找到"反面"，在面对生活中其他复杂事情时也应该这样。这样会让你思考的深度和广度大幅提升。在别人看来，你是能够从多个角度看问题的人。熟悉自我对峙型问题后，你可以仅用其中的关键词就打开思路。寻找"反面"时，你可以用以下关键词：

● 反对意见	● 其他视角
● 消极一面、取舍权衡	● 未涉及的方面
● 别的办法	● 部分事实
● 困难	

4.3.2 公允描述"反面"

看见别的思维、观点、异见和缺漏只是解决问题的第一步。接下来你要公允**描述**好反对意见。但其实这两步不可分割。如果你曲解别人的立场，你就不太可能真正"看见"。你没有实事求是，看见的只有反面的拙劣和滑稽。

有两个方法能判断你是否公允描述了别人的立场。第一个方法是找一个人去读你描述的"反面"。读之前，他不知道你的立场是什么。第二个方法是让真正站在"反面"的人去读你的描述，他能在读完后说："没错，我就是这么个立场。"

在写论文发现薄弱点时，你会注意到多个思想特质。到目前为止，本章主要关注的是思想谦逊、思想共情和公允。但其他特质也在参与。或者说，所有特质悉数登场。比如，米歇尔特别反对刻板印象。找到反面，并公允描述它，这需要**思想勇气**。还需要**思想诚实**和**理性信心**才能弄明白反对意见，坚信自己的立场。我们常常会不假思索地直接否定反对意见，甚至还嘲弄一番，以为这样就不必再考虑其中有没有事实成分。米歇尔必须抱有理性信心，相信最合情合理的观点会赢得人心。在解决反面问题时，你要一视同仁，对别人怎么要求，对自己也怎么要求。你应该彻底推理，承认某种观点和立场，不能凭直觉一概否定。

4.3.3　将"反面"融入论文

甄别出反面后，你就可以把它吸收到论文结构中去。经常会发生这样一种情况：写论文的人已经甄别出了反对视角，但还是不知道怎么与之共情，导致其描述干巴巴的，空洞无物、充满偏见。对于不同意的视角，不妨也使用 SEE-I 四步法进行阐述，揭示其思考逻辑，增加论证力度。

要做到这一点，需要思想共情、理性信心和公允三者合一。你必须从反面视角做展开、举例论证和比较论证。你不能仅仅做一个比较论证，去拾人牙慧，而是要针对别的视角自己想出一个恰切的例子，再用比较论证阐释明白。如果你反对减税，就要展开来谈强烈反对减税的立场，从该视角出发，解释维持税收和增税的道理何在。接下来你要针对反对减税举一个例子。这个例子必须恰当、有说服力。也可以再做个比较论证，但也必须从反对减税的视角去论证。要做 SEE-I 四步法，你要有丰富的想象力，认真思考反面的推理过程。也就是说，暂时沉浸到反面去考虑问题。

再回到米歇尔的那篇刻板印象论文上去。这时候，她已经认识到，自己找到了好几个反对意见。其中最强烈的是对刻板印象和安全保障的取舍权衡。这和她最开始想的不一样。她意识到，完全可以用 SEE-I 四步法论证这个视角，直接放到论文中去。

关于点题部分，她说明如何反对取舍权衡，尽可能做到谨慎简洁。

> 怎么理解反对视角，并与之共情呢？绕环分析难度很大，但也能让你深度理解。做的过程中，你可以沉浸在"反面"中。不过，要做到共情特别困难。

点题：有人取舍权衡刻板印象，认为如果完全消除刻板印象，一定程度的安全就没了保障（米歇尔觉得自己还是很难心平气和地说出这一句来。说了这话，就**感觉**好像自己已经承认要取舍权衡。虽然这只是在**阐述反面**视角，但她还是感觉有点别扭）。

展开：她解释了取舍权衡的方案和方法。又进一步展开谈了最为紧要的安全项是哪一方面，为什么有的时候安全非常重要。接着又补充道，在一定程度上，至少是在某些情况下，刻板印象有一些好处。她决定如果再往下展开的话，就要做些研究，看看（某些国家）在机场安保这一块如何实施刻板印象。她也可以找一些法律专家从执法角度谈谈刻板印象有利的一面。她觉得说不定还能找到这方面的名人名言。

举例论证：她已经有了机场安检筛查的**例子**，准备再找一个不同性质的例子（她又对点题上层楼，把着眼点放在"一定程度的安全"上。她知道不可能做到完全安全，但可以挖掘一下，如果完全没有刻板印象，会在多大程度上影响安全）。

她又想到了第3.4节中的**对照例子**。她设想了这样一个场景：有一群老妇人站在角落里，身上穿着去教堂才会穿的衣服。没有人察觉出风险。她认为："就算她们站到那儿说上一小时的话，也不会有人说她们闲荡。警察也不会过去查她们的身份证明。"她觉得这也是一种刻板印象，只不过因为没有害处，不会导致不公平现象而已。但这种刻板印象不是她关注的范围。

比较论证：她觉得**比较论证**有些难度。如果要比较的话，也应该是**反对**视角，不能是自己的观点。她想到了一种情况，在这种情况下，人们一般根据某种范畴做判断，而不针对具体的事物。她最终想到了一个类比，用战时轰炸类比刻板印象。无辜平民惨遭杀害，但还是会有很多人说为了保家卫国，有必要轰炸。

因此，米歇尔坚持认为刻板印象不公平。她虽然能够欣赏反面视角，还和认为刻板印象合理的人达成了共情，但最终还是认为刻板印象不公平，其所造成的伤害远大于安保水平的提升。她是这样推理的：受刻板印象不公平待遇的是一大批人，而因刻板印象抓到的危害安全的人只是寥寥几个。

注意，把"反面"吸收到论文中能提高论文质量，不是增加字数而已。最重要的是，你的论文会更丰厚，更真实。米歇尔的例子是这样，其他两例也是。露西娅发现了虚假记忆实验的全新一面，想在研究生阶段继续深挖。在大学生活那篇论文里，"反面"打开了新思路，让写作者发现还能从大学生面临的压力、缓解压力需要耗费时间的角度去论述。就算没有上述好处，呈现"反面"至少能让你的推理更诚恳，公平对待多种视角，并准确描述。

把薄弱点吸收进论文的锦囊妙招

- 使用 SEE-I 四步法及上层楼阐发薄弱点
- 秉持公允态度写清楚 SEE-I 四步法的所有方面
- 承认反面观点有重要价值
- 尽你所能地回应薄弱点。实在不行，说明自己暂且无能为力

4.4　写作步骤

你可能会问自己这样一个问题：论文写作到哪一步时，应

该开始考虑"反面"问题，由此看看别人的不同看法呢？

有两个答案。答案 1：对很多人来说，找出论文薄弱点的最佳时间是捋清逻辑写完计划后。这时，论文提纲已经出来，已经有了主旨句、主论点和分论点，整篇论文已经构思成型。你可能还部分用了 SEE-I 四步法阐发了所有或大部分主论点。论文总体结构已经形成，很多部分都已经"预写成"。有了这个结构完善的提纲，就可以一步一步写论文了。其实，到了这时候，你也具备了一个最佳观察角度，能够看到论文的薄弱点在哪里，想象得到有人会提出反对意见，有人会说论文缺了点什么。

这是第一个答案。还有一个答案涉及整体写作步骤。这里需要再次强调，批判性写作完全不能按部就班。虽然书上和课堂上给出的例子都有条有理，但实际上，你经常要前后不断反复看，改一改，调一调，往前想一想，思路跳一跳，重新思考开头怎么写，根据需要调整顺序。

你可能会这样想，要写出一篇丰富厚实的论文，有一个切实可行的顺序就好了。你可以按照以下顺序来写。

- 做背景研究，全面了解主题，熟悉其内容
- 绕环分析主题
- 绕环分析后，发现或建构
    - 主旨句
    - 支撑或解释主旨句的主论点，采用 SEE-I 四步法预写

    ○   论文的引言和结论部分

- 甄别"反面"（薄弱点）

- 做重点研究，得到论点及"反面"的可靠信息

- 写论文主体部分，用 SEE-I 四步法及上层楼逐一写出：

    ○   主论点

    ○   主论点的每一个重要方面

    ○   描述清楚你所做的研究

    ○   解释其他视角

这个顺序里没有注明引用出处、修改等关键环节，但给出了大致流程，供你参考。不过，这个顺序也不能按部就班。因为，善于写作、懂得理性思考的人都非常灵活。你可能也已经看到了灵活的必要性。很多地方都可以变。比如，第三章已给出建议，你在动笔之前，就可以用 SEE-I 四步法练习写作。

- 在写作过程的任何一个阶段，你都可以多做一些研究。

- 你可以改变其中一个观点的思路。

- 你可以再做绕环分析，进一步深化和扩展论文。

- 你也可以在开头部分就呈现反对视角。

可能性很多，而且会出现在写作的任何一个阶段。

4.5　本章练习

*1. 指出并简要解释第四章的主要成果（建议你别回头翻看本章就回答这一问题）。

扩展示例

*2. 第二章中，卡拉绕环分析了莎士比亚戏剧中的朱丽叶。从例子中无法看出卡拉是否写出了主旨句或提纲。只知道朱丽叶做出了不切实际的预设，以为她的计划天衣无缝。卡拉列出了几个方面，说明朱丽叶的计划差不多肯定会出错。卡拉在结尾处写道，罗密欧和朱丽叶根本不是因为命运多舛才不能相爱，而是因为定的计划"风险太大，太走极端，没有考虑周全"，导致两人命丧黄泉。

卡拉写的计划有什么薄弱点？

3. 如果卡拉找到了一个薄弱点或反对意见，她要用一节的篇幅描述这个薄弱点吗？还是只阐明自己的视角？这两个选择各有什么利弊？

第四个、第五个问题讨论的是第 1.3 节中詹姆斯准备写的"罪恶税"。他认为，不应该给吸烟喝酒致病者付费。他们生病，是他们自己选择滥用烟酒等物质的结果。下面是他的提纲。

主旨句。我们应该对酒精和烟草征收"罪恶税"，再用这笔钱支付滥用这些物质者的医疗费用。

主论点 1：不酗酒抽烟的人不应该为酗酒抽烟的人支付医疗费用。

主论点 2：罪恶税可用来支付滥用烟酒者的医疗费用。他们生病是自找的。

主论点 3：抽烟喝酒是一种自愿自发行为。

主论点 4：在美国，每年因酗酒抽烟导致的医疗保健成本总计 1210 亿美元。

践行思想共情，尽量站在詹姆斯的角度想一想。

*4. 从第一章练习问题上可以看出，詹姆斯提出了观点，心里感到不安。最开始的时候，他觉得自己可能太过苛刻。提纲快写完了，他开始思考"反面"。如果你是詹姆斯，你能看到论文主要薄弱点在哪儿吗？

*5. "反面"涉及的范围比你想象得要广。你不仅可以从詹姆斯整个论文里找薄弱点，也可以从提纲中任何一个观点里找。

a. 甄别出与詹姆斯的主旨句相关的薄弱点；

b. 甄别出与主论点 1 相关的薄弱点；

c. 甄别出与主论点 2 相关的薄弱点；

d. 甄别出与主论点 4 相关的薄弱点。

*6. 回头再看看第 2.4 节的扩展示例中查尔斯对节食的思考。尽可能把自己沉浸在他的思考过程中，站在他的立场考虑问题，顺着他的推理思路往下走。他没有做绕环分析，也没有写提纲，但你能够看出他的大致思考方向。他的论点是，从长期来看，快速减掉体重的人身体不好，状态也不好。因此，应该全面改变生活方式。

这个论点很有力度，可以给论文打下好基础。但是这个问题也有好几个"反面"。查尔斯可以用 SEE-I 四步法甄别、描述和阐发，甚至可以给出答案。

如果你是查尔斯，你能发现薄弱点在哪里吗？

7. 第一章中，希拉准备写一篇论文，论证下面的内容：

美国公立大学应该像欧洲大学一样便宜。

你能看到她论文的"反面"吗？

*8. 回忆一下露西娅的"虚假记忆"论文。在第二章中，她准备以此为主题写一篇研究型论文。第四章中，她想到了一个与虚假记忆有关的薄弱点、欠缺，即实验没有考虑到**不**受虚假记忆影响的人。

有了这一点，她不仅打开了思路，还准备在研究生阶段开展原创性研究继续探讨。

你能找到露西娅论文中的薄弱点吗？

*9. 关于露西娅的虚假记忆论文，可能有两条反对意见。

- 我们现在还不能肯定，实验者能否植入虚假记忆。被试可能真的在商场迷过路，现在记了起来，这我们怎么能肯定呢？

- 也许实验者只是碰巧找到了一些有虚假记忆的人。我们不能确定是否对很多人适用。

你觉得这两点算不算薄弱点？

10. 在关于米歇尔的扩展示例中，她找到的薄弱点集中在安全方面。"反面"观点是，需要取舍权衡刻板印象和安全的关系。她找到的薄弱点集中在第 4.3.1 节中的"自我对峙型问题"的第一组。以下是后三个自我对峙型问题。

- 还有哪些重要方面我没有解决?
- 我说的是全部事实，还是部分事实?
- 我还应该解决什么问题?

带着这三个问题再看米歇尔的论文，找到一些薄弱点。

*11. 在第三章中，塔莎对一篇文章进行了批判性分析。这篇文章批评美国政府不该支持美国国铁，因为这家公司已经连续亏损运营 43 年。她做研究验证了这一数据，但经批判性分析后，认识到不能以赚钱为由衡量政府工程。警察、学校、军队、国会都不赚钱。结论是，政府支持某些服务，目的不是赚钱。

你能找出她论文的薄弱点吗?

批判性思维的思维特质

12. 我在本章前文写下了这样一句话:

我们很难搞清楚，为什么我们自己感觉显然正确的重大观点，别人可能会不同意。

现在写几个你特别坚信的观点。可以写政治、宗教、社会问题，写从其他国家来的人，写你喜欢的音乐，写你眼中有或没有魅力的身体意象。什么都可以写，只要是你坚信的就行。可以是积极的，也可以是消极的。

这么做不是为了甄别出反面的人会怎么说，不是找出你的观点会有什么反对意见和欠缺，而是练习思想共情、思想谦逊、思想投入。具体来说，有以下三点目的。第一，意识到会有人跟你看法很不相同；第二，虽然这些人跟你想法不一样，但他们很多人都很诚实、真诚、讲道理、负责任；第三，（从你的视角写一写）为什么这些人的观点明显**有错误**。

13. 填入 XYZ，补全句子。

- 相信 XYZ 的人特别愚蠢、自私、不诚实、不讲道理……
- 做出 XYZ 的人特别愚蠢、自私、不诚实、不讲道理……

现在，再换一个思路，践行思想共情。坐下来想一会儿上半句，补齐空缺部分，使句子有意义。

- 虽然有些相信 XYZ 的人可能愚蠢、自私、不诚实、不讲道理，但其中很多人不是这样。他们之所以相信 XYZ，是因为 _____ 。

再从**行为**的角度想一想。
- 虽然有些做 XYZ 的人可能愚蠢、自私、不诚实、不讲道理，但其中很多人不是这样。他们之所以做 XYZ，

是因为 _____ 。

不是所有的论述都适合用这样的填空法，但你会发现很多东西都可以填进去。

14. 写下思维特质。要做到以下几点，需要依次培养哪几个思维特质？

- 写好文章？

- 毕业后，驰骋职场？

- 人生过得更有意义？

*15. 写下你认为能帮助你培养这些特质的东西。

写下自己的经历

*16. 第 4.2 节中的图框是让你回忆"你曾经对某个观点深信不疑，现在才认识到这种观点多么具有迷惑性"，举几个例子。

17. 你关心的哪几个话题容易引起争议？对于这些话题的理解，其中有没有两三个视角跟你想得完全不一样？甄别出这些视角，不偏不倚地描述出来。

动笔写关于写作的东西

18. 为什么解决论文薄弱点非常重要？

19. 用 SEE-I 四步法总结第四章。

自我对峙型问题

20. 看看这些问题，想想你遇到的问题。可以是政治、个人、学生生活等各个方面。练习使用自我对峙型问题找到问题"反面"。找出你不认可的观点，并用语言描述，保证态度中立公允，不做价值评判。再用几个你特别有想法的观点试一试。这个部分最难。

*21. 本书的自我对峙型问题帮你找到观点的"反面"，但还有很多用处。这些问题独立于你的论文存在，帮你发现你人生见解的反面。有时还能让你发现你从来没想过的东西，找出事物的真相。考虑一下这几个概念：

*万事皆有因。

被证有罪之前皆无辜。

世间有因果，善有善报，恶有恶报。

现实占有，九胜一败。

*说谎者不可信。

湿冷天气，当心感冒。

*未来不可知。

22. 前三章练习中的最后几个问题分别是，挑选主题（第一章）、围绕推理要素圆环分析主题（第二章）、写完提纲后写论文（第三章）。本章的问题是根据你按计划写出的主题，找出"反面"，公允描述，并将其吸收进论文里。

自测（三）

怎么知道自己水平高低呢？

测试（三）主题：让人信得过。以下是人们最经常用的两个思路，你对此有什么看法。

思路 1：从网上找些文章了解林肯任总统期间的事迹，读一读《解放黑人奴隶宣言》，了解林肯走过的几个阶段。

思路 2：找到一个可靠资料，这个资料能够直接解释林肯在发表《解放黑人奴隶宣言》之前走过的几个阶段。以该资料为指南，分步骤描述林肯采取的措施。

事实上，这两条思路都不算太好，都各有优缺点。比如，思路 2 的优点是注重资料的可靠性。相比之下，思路 1 只提到要读一些文章。你碰巧找到的资料可能很不准确，观点一边倒，容易误导人。

但思路 1 也有优点，即多找资料，而不是像思路 2 那样只找一个。查阅多个资料能让你了解主题的各个视角。但不好的一面是，这些视角不一定契合，有的可能相互冲突，全部描述下来可能会变成一锅大杂烩。这样比较下来，思路 2 可能更有用，更有**条理**。问题是，**你**没有捋顺条理，你用的是**作者的**条理。即便你借用别的资料补上了作者想说的东西，但离一篇合格的研究型论文还是很远。

你可以综合两种思路的优点，克服其缺点。这样会好一些，但还是有深层次的问题，离既定**目标**还远得很，不能让你写出一篇真正的论文。其中的原因是深层次的。

那就是，这两种思路都说明你没有真正领悟到主题所在。也许你有了一些体会，但还不够深。最重要的是，这两种思路都说明你不明白**自己**要得到什么才能写出一篇研究型论文。写研究型论文跟交阅读报告不一样。你要理解主题，见解全面，想通相关问题。思路 1 和思路 2 都缺少**思考**这一部分。

只根据可靠资料，没有你自己的思考，怎么**能**写出一篇关于林肯经历的研究型论文呢？

首先，你要了解林肯在颁布《解放黑人奴隶宣言》前到底经历过什么。注意，这是在**了解**林肯经历了什么。但更重要的是**你是怎么理解**的。要理解这样一个重大主题，你得去查可靠资料，认真吸收作者观点，但不能简单重复他们说的话。

理解不意味着完全、彻底弄明白一件事情，成为这方面的专家，你可以只根据课程情况适可而止，最终目的是你可以向别人解释，有理有据地讲给别人听。如果谈起林肯经历过的几个阶段，你应该了解谈论的内容。

要理解这个主题，就要走"研究"这条路。

别被"研究"两个字吓到。虽然指导教师是这么叫的，但"研究"二字的真正含义**是**你为了理解 X，去找相关东西。研究的目的是帮你清晰准确地了解主题。这样说来，其实你在生活中无时无刻不在研究。你找到的信息包括电子设备、游戏、职业、学校、朋友、时尚等，只要是感兴趣的，你都会去查找（建议你使用可靠资料。但无论使用与否，你都是在做研究）。

在以林肯为主题的自测中，你要阅读、观察、倾听，建构理解图式。因此，你必须查找不同的资料，资料本身要可靠。你要衡量一下内容信息，选择其中最贴切、重要的观点，并在脑子中捋清这些观点的条理。有些涉及背景研究，你要了解林肯颁布《解放黑人奴隶宣言》的概况。有些是重点研究，需要你对特定观点有清晰准确的认识。

只有理解透彻了，才能观点鲜明。因为你查阅了不少资料，就必须注明资料出处。但此时你的论文基础建立在理解之上，而不是资料之上。接下来你该做什么呢？你要认真判断林肯经历过的阶段哪些最重要。这可能成为你论文的主论点（自测二的内容）。你必须总结句子，写下林肯所经阶段的概况，用一到两句话清晰地写出主旨句（自测一的内容）。

论文修订：批判性思维标准与苏格拉底诘问法

5.1　论文修改

写作导航

- 主题
- 分析
- 计划
- 写作
- 对立观点
- **提升**
- 流畅

左图的写作导航标明了本章重心。在批判性写作步骤中，**提升**意味着修改完善论文。下一页的"核心要点"框，再次列出了贯穿批判性写作的各个方面。就算你到现在还没意识到，但从本书开始到现在，这些方面一直存在。本章突出的是批判性思维的标准和"修改"两个方面。**批判性思维标准**给了你工具，让你挥洒自如地修改和扩展论文，这样修改出的部分没有斧凿痕迹，能有机融入原始部分，赋能整体。

首先要声明的一点是，不要被写作导航的顺序或"修改"一词迷惑，也不要误解为什么这些内容到了第五章才出现。不要以为，读完前四章，你写好了论文计划，写出了论文，现在才应该修改完善。其实，对论文修改完善的过程贯穿全篇。整个批判性写作过程就是要让你的论文更加完善，你其实一直都在这样做，只不过自己没有意识到罢了。只要你一直在关注

> **核心要点**
>
> - 研究
> - **批判性思维标准**
> - **修改**
> - 基本且有效的概念
> - 注明引用出处

自己是如何思考的，就相当于在修改完善论文。

想一想自己已经完成了什么。你每次做的绕环分析在很大程度上就是对论文的完善。绕环分析时，你得到的不是一个泛泛模糊的主题、观点，而是**清晰**、**贴切**、**到位**的主题分析。这本身就是一个很大的提升。你写论文提纲，选择**主论点**时，选中的也是最重要、最贴切的观点，而不是恰好蹦到脑子里的点子。这样一来，你的思考就有了**逻辑**，论文有了条理。另外，修改完善论文有一个特别重要的标准——清晰。这方面你也一直在注意。每次用 SEE–I 四步法，你都直射清晰的靶心。你写论文的时候就是在修改。接下来，你做研究，收集可靠资料，形成全面见解，其实就是朝着批判性思维标准中的准确和贴切迈进。你开始解决"其他思想和观点"，甄别论文"薄弱点"时，实际上是向**深处挖掘**，向**广度**进发，让观点**不偏不倚**、**充分翔实**。这些都是修改完善论文的主要方法。你批判性地分析论文写作计划及撰写论文的每一步都是在修改完善。

所以，本章标题或许应该改成"让论文好上加好"。

修改完善论文的两个主要工具紧密相关：**批判性思维标准与苏格拉底诘问法**。

5.2　批判性思维标准

你已经在用**推理要素**构思论文，但你可能对**批判性思维标准**不是太熟悉。弄清推理要素和批判性思维标准之间的差别非常关键。推理要素是推理的组成部分，就像你的身体、汽车和电脑都有组成部分一样。不论你是否意识到，这些要素就在你的思考过程中。所有推理过程都离不开这些要素，不因推理结果是否准确、清晰、贴切而受影响。人在做推理的时候，都有**意图**，都要解决**议题**，再得出**结论**。一句话，人围着推理要素的轮子在转。当然，这不意味着就能推理得**很缜密**。毕竟，还存在着意图是否有逻辑、议题是否重要、所做结论是否深刻的差别。

批判性思维与推理要素之间的差别是**分析**与**评价**、**评估**之间的差别。分析时，你要解决的是**怎么做**的问题。评价或评估时，你要解决做得**好不好**的问题。从最纯粹的意义上来说，推理要素与分析有关，批判性思维标准与评价或评估有关。（注意，在某些情况下，评价与评估有差别。但在本书中，这两个词的含义大体一致，都是根据某事物的**品质**得出结论。）

批判性思维标准不一样。（打个比方，你的车不会因为零件齐全，就能够算得上是"好车"，也不会因为它能跑，就算得上性能可靠、安全。）批判性思维标准是对思考进行质量控制，把一个人的推理变成缜密的推理。再说一遍，认识到推理要素和批判性思维标准之间的差别非常关键。**推理要素**显示的是某人思考 X 时，把什么包含了进来。而**批判性思维标准**显示的是某人思考 X 时，思考得**到不到位**。前一段涉及**思考到位**的六个方面：**准确**、**清晰**、**贴切**、**重要**、**深刻**、**有逻辑**。这几个都属于批判性思维标准^①。

批判性思维标准	
清晰	到位
准确	深刻
贴切	全面
重要	充分
有逻辑	公允

反思批判性写作标准。把每一个标准都想一下。想一想它们在以下几个阶段中各起着什么作用。这几个阶段依次是：构思论文写作的关键计划、甄别薄弱点、阐发论文、按照计划写出结构严密的段落。

- 你写的论文应该**清晰**。清晰到可以让读者跟上你的思路，知道你的意思，从始至终都是这样。清晰标准既适用于你论证的每一个观点，也适用于整篇论文。

- 你论证的观点应该**准确**，准确到你能说出来，也能让不带偏见读文章的人说出来。为此，你要有证据，要认真

---

① 在*The Miniature Guide to Critical Thinking: Concepts and Tools*一书中，两位作者重点阐述了9个思想标准。这几个标准与任何一个思考领域都有关联。我又加入了"充分"这一标准，适用于撰写论文主题。经琳达·埃尔德同意后使用。如需全面深入了解，参见理查德·保罗、琳达·埃尔德的*Intellectual Standards*。

推理，仔细观察，细细品味。你拿来支撑观点的资料应该可靠。综上所述，你向读者展示的观点应该准确，并**给出**证据、推理、资料以支撑这些观点。

● 你论证的观点应该贴切，与论点**直接相关**。提纲中的主论点和分论点都应该能够解释、支撑中心论点。贴切这一标准适用于论文的各个方面。你举的例子、做的比较论证、引用的资料和注明的引用出处都要贴切。

● 你写的论文应该突出何为**最重要**、何为**最重大**。你论证的都应该是与主旨句相关的核心观点。你展开陈述这些重要观点，使其凸显出来。有时候，你可能会想到一些有趣的观点，但这些观点处于次要或边缘的地位，没有必要细加论述。你应该把次要的观点放在次要的位置，完全省去与论点不贴切的观点。

● 你写的论文应该**有逻辑**。写出一个**有逻辑**、**有条理**的提纲是批判性写作的关键。一篇秉承批判性写作思维写成的论文应该能让读者跟随逻辑所在依次了解论点，看到各个组成部分之间逻辑严密，浑然一体。

● 你在文中阐述的观点应该**到位**。你应该根据情况补足细节，而不是泛泛而谈、松松散散。在主论点及其支撑材料处都应该具体。如果你论证的观点带有数据统计和定量分析性质，你就必须给出数据。如果建立在严谨研究的基础上，就必须给出实实在在的结果。如果你要对一篇文献进行描述，就必须指明是哪句话、哪个章节。如果作者说的某句话不同凡响，你要直接引用。到位也体现在你如何注明资料出处。

- 你的论文应该适度**深刻**。你应该考虑到主题有各个复杂方面。有的主题相对不那么复杂，而有的本身就有多种复杂的情况，比如，重要的社会问题和政治问题。你应该考虑到这些可能出现的问题。如果要借用理论或分析框架才能把这些问题阐释清楚，你就应该找出这种理论或分析框架。

- 你的论文应该**全面**。你要根据所要解决的问题，考虑到其他视角，看到全局所在。解决某些问题天然需要多种视角，比如那些涉及不同国家、需要用完全不同的方式处理的国际性问题。而有的问题相对比较单一。全面标准与第四章的"反面"直接相关。如果你能看到别人看问题的不同方式，看到别人可能会不赞同你的观点，找出你叙述中的欠缺，你就能打开论文视野。

- 你的论文应该**充分**涵盖论点。读你的论文，读者不会感觉支离破碎，缺漏重要部分，而是感觉你的论文非常有根据，非常全面。你不能让他们看完了就说："这论文还行，但说实在的，根本就没有解决 X 问题，甚至根本就没提到 X，而没有 X，论点根本就不完整。"

- 你解决问题的方式应该**公允**。不仅是写的时候要公允，陈述研究结果和反面问题时也要公允。你不能打击、矮化反对观点，不能用偏颇歪曲的语言去描述，而应该有一说一，该赞赏就赞赏。在甄别、解释和解决自己立场中的薄弱点时，你要有意识地说清楚对方最反对什么。即便你不同意这些观点，你也应该尽最大能力解释清楚为什么有人会认为合情合理。你应该秉持公允标准，使之成为价值观，让读者在字里行间读得出来。

想要体会批判性思维标准如何在批判性写作中起作用，不妨停下来反思其中一个。比如，**贴切**这个标准主要是防止你写跑题，搞成"东拉西扯式写作"。我们在思考东西时，似乎总爱东拉西扯，来回跳跃思路。你自己可能根本注意不到这个过程。比如，你准备开始写节食的内容，想到了以瘦为美的社会审美观，又想到了好莱坞明星都挺瘦，再后来又想到了上周电影上看到的某个好莱坞明星。回过头一看，思考着眼点已经不在了。你漫无目的地从一个想法跑到另一个想法，越来越不贴切。而"东拉西扯式写作"的结局就是思路松散、严重跑题。

贴切标准解决的就是这个问题。你可以用这个标准密切关注你的思考过程，不脱轨偏题。每次想要东拉西扯时，你都可以问问自己："我想到的这一点与我提出的观点是否**贴切**？真的直接贴切于我的主旨句吗？有必要吗？还是只是有趣，但跑了题？"问过这些问题之后，你就不用再浪费时间东拉西扯式思考。不用费劲再写弱化论点的段落，省得以后还得再删掉。

这一点其实也是在提醒你，批判性思维不是在**增加**你的负担，而是减轻负担。批判性思维**简化**了写作过程，显著提高了写作质量。这就是批判性思维标准的作用。不会让你走形式、摆花架子，而是减轻你在生活和写作上的压力，使之更有意义。

一个可实现的理想状态是你可以培养出贴切的习惯。为此，你要持续密切关注自己是怎么思考贴切这一标准的。养成这个习惯，需要多加练习。但过一段时间后，就能渐渐成自然。你会感觉自己上了道，不费什么力气就能与问题保持贴切。贴切这个习惯可以跟随你一辈子。你还会因此得到名声，走上职场可能就有人这么评价你。他们会说你下评论、做观察、定战略、做决定、写文章都能切中要害、十分中肯，值得学习。

5.3 应用批判性思维标准

批判性思维标准在计划、写作、修改批判性论文时能起到重要作用。

- 帮你避免陷阱、错误、缺陷；
- 帮你提出犀利观点，凸显着眼点，润色；
- 帮你收缩和扩展论文；
- 帮你连贯行文，厘清关系，弄对节奏，调对要素。

避免陷阱、错误、缺陷。陷阱包括：不清晰、不贴切、忽视重要因素。

拿准确为例吧。你准备写一篇论文，想到了一个你喜欢的观点。但问题是："这个算是好观点吗？能不能因此写出好的主旨句呢？""好观点"不仅要清晰、有着眼点，还要准确。但是我们想到的观点一般都不准确，甚至很不准确。部分是因为，我们的观点一般来自以下渠道：以前有限的经历，甚至有歪曲之嫌；经过高度过滤、筛选过的新闻媒体；自己感觉生动形象的东西，但不一定具有代表性，可能也正是因为不同寻常才生动形象；社交媒体；社会、家庭、团体规范和民间信仰，这些想法未经证实，但我们总信以为真。

关于准确。我们从历史学中得到的认识是，知识来源于**资料**。甚至可以这样说，我们信或不信的一切都来源于资料。你自己本人偶尔也可以成为资料。比如，你自己观察到的东西可以成为资料。但除了这一点之外，资料就是你从别人那里学到的东西。可以是最普通平凡的东西，比如别人告诉你，他是在哪天出生的。也可以是最具深远意义的信条，比如科学、宗教、政治、历史。还可以是在你周围发生的任何事情。

写论文时，你会问自己这样一些问题："我是从可靠资料中查到了这一点吗？只靠这个信息现不现实？"

比如，你回到家里，发现有小偷来过了，贵重东西不见了，房间里一片狼藉。对很多人来说，这都是很痛苦的经历。你会感到很愤怒，没有安全感。随后，你发现邻居家最近也被盗了。你很容易得出这样的结论："最近入室盗窃案在增多。"还会想："美国入室盗窃案失控。"还可能会说："美国暴力犯罪激增。人们越来越没有安全感。"

这些观点似乎都合乎情理，可以做主旨句。越往下说，观点越清晰，越到位。说到了最后，你已经有了两个主要支撑论点。你还用近期发生的两起入室盗窃案作为具体的例子，并将其上升为"暴力犯罪"，可以再列出数据说明入室盗窃之外的暴力犯罪。

但这样的主旨句根本就不好。实际情况是，自 20 世纪 90 年代以来，美国入室盗窃案不仅没有惊人地增加，反而是在惊人地减少（Snyder, 2012）。你只经历了两起入室盗窃案，就有了这种案件一直在增加的印象，这个印象很不靠谱。你的确用到了两个例子，但只用这两个例子非常单薄，不足以得出你所在的整个小区的结论，更不适用于美国全国。而且，你还把主旨句从"入室盗窃案"扩展到了"暴力犯罪"。而入室盗窃案本身并不是暴力犯罪。[2017 年，美国司法部将谋杀、强暴、抢劫和人身攻击列为暴力犯罪。参见美国司法统计局（United States Bureau of Justice Statistics），2017。]你自己感觉似乎受到了暴力，但实际上并不是。也就是说，你在开头给出的两个"支撑论点"其实起不到任何支撑作用。

怎么才算是一篇好论文呢？你应该在入室盗窃案发生后，描述一下你的想法和感受。你可以这样描述。首先，入室盗窃案给你一种受到人身攻击的感觉。由此你认为，这起案件（a）是暴力性质；（b）说明大范围内存在一种趋势。其次，你得出了上述结论，但又发现很不准确。这样的论文很好地诠释了思想谦逊和思想勇气。

你曾经认为某件事是真实的（或重要的、清晰的、

深刻的)，但又发现其中有很大的漏洞，这个发现过程本身就可以成就一篇夺人眼球、趣味满满的论文。

提出犀利观点，凸显着眼点，润色。 你的论文有没有提出犀利观点，主要标准是看够不够清晰、到位、重要。

从一定程度来说，清晰决定一切。如果你说的东西含混不明，准确、贴切、重要也就无从谈起。下面这句话就不清晰。"家在遥远的地方。"这句话准确吗？家有多远？说不清。贴切吗？重要吗？还是说不清。你必须提供下面的信息：**谁的家？离哪个地方有多远？有多远**？

让论文更清晰的主要工具是 SEE-I 四步法。原因之一是，你还没写论文，**思路**就已经变清晰了。等你思考完毕，再用这种方法把想的东西变成字，写到纸面上。在写计划、阐发论文的过程中，你可以一直问自己这些问题：

怎么才能简要点题？能不能只用一句话点题？

要不要给读者多展开一些文字？怎么才能解释得更全面？

是不是得再举一个例子？可不可以给出一个对照例子呢？

做什么比较论证，用什么类比，才能让读者更好地理解我想表达的东西呢？这个东西像什么呢？

哪个部分能拿出来上层楼呢？

清晰思考后，你还要清晰写作。人们一直都有这样一个幻想，总觉得别人会知道自己在想什么。假定你写的主题是"毕业的感觉真好"。这就非常不清晰。你可以把意思弄得更清晰一些。你的意思可能是："从法学院毕业，以后挣大钱的机会更多，感觉真好。"如果你能跟别人聊聊"毕业的感觉真好"，可能会有更清晰的想法。但你没有跟别人说。你让别人猜你脑子里想的是什么。如果你和别人聊天，有时是可以通过语境解决问题的。但在书面论文里，语境就要窄得多。一般来说，读者面对的唯一语境就是作者写的论文。

关于到位和重要这两个标准，情况也差不多。你可能无意识地认为，读者能自行补上你没有写出的细节，能感觉到论文写得到位，不用你说也能看出论文哪个方面最重要。我们可以拿咨询作个类比。咨询师和心理治疗师把你这种心态称为"读心**说出来**"。

收缩和扩展。要收缩和扩展论文，提升论文质量，你要用到的主要标准是充分、深刻和全面。

这里还是想强调一点，个人印象具有欺骗性。如果你坚信 X 为真，就会感觉支持 X 的理由是**充分的**。不论你的**印象**有多强烈，你的推理本身就**不充分**。就算推理本身很充分，能让读者感觉很充分却是另外一件事。

你得问自己这样两个问题：

- 我说的理由够不够充分？
- 我怎么用 SEE-I 四步法充分展开呢？

学生写论文面临的一大问题是怎么论述得更充分。有时候，论述充分意味着你要写够页数，但就算是这样，还会给人留下没有论证充分的印象。你用 SEE-I 四步法时也会遇到这种情况。有时你会意识到，用一两句话展开根本算不上展开。

> 还有其他方法可以体现**深刻**标准，扩展论文。有多个原因导致一个问题很深刻：比如它和其他有意义的东西之间存在联系；能产生广泛的影响；需要用一个重要的参照系去理解等。你可以任用其中一个原因扩展和完善论文。

全面和深刻这两个标准可以帮你扩展论文，而且还能做到直截了当、非常贴切。遵循**全面**标准意味着，你从别的角度看问题。你会有意识地找出原来漏掉的角度。这些角度意义重大，非常贴切。然后你再用 SEE-I 四步法继续阐发。

同理，也有不少方法可以达到深刻标准。一个直接的办法是，从某个争论点中找出复杂面或情况，问自己："争论点难在哪里？"注意，这其实就是扩展论文的丰富资料。你可以有意识地问自己，争论点的复杂面、复杂情况、困难之处体现在哪里？在甄别和挖掘复杂面的过程中，你会发现深层次的问题，再扩展到论文中去。

几乎所有重要、有争议的事物都有复杂面。如果你看不到，很可能是因为你执着于用一种方法理解事物，暂时看不到复杂面。像死刑、节食、减缓全球变暖等有争议的问题更是非常复杂。此外，如果一件事对人很重要、很有意义，就算没有引起什么争议，也可能很复杂。

举个例子吧。不少工程研究表明，美国很多大桥都达不到最低安全标准，数量之多，令人震惊。所以，"街道、公路上的桥梁应该安全"这个观点清晰明确，算不上有什么争议，不太可能会有人不同意。但你开始往深处想这个问题时，就会发现非常复杂。

- 修桥要花不少钱。谁来付这笔钱？
- 应不应该征税付修桥费呢？
- 如果选民或其代表不愿意投票加税，该怎么修桥呢？
- 能不能牺牲掉其他必要的公共开支，省出钱来修桥呢？
- 修桥满足的是现有需求，还是未来需求？

注意，这些问题都很复杂，但都不能证明最开始的陈述是假的。有了这些问题，主题没有变得更准确，但变得更深刻。只要主题为真，就会因为这些问题的存在而具有复杂面。如果你把这些问题当成事物的复杂面，而不是沉重的负担，就会非常受益。你能够顺着新的方向扩展论文，阐发论点，同时做到直截了当，非常贴切。到了最后，你可能不必在论文中逐一阐发这些复杂面，但不管怎么样，你都多了不少选择。有意识地聚焦在深

注意，针对深刻标准提的问题和针对准确、清晰、到位提的问题不太一样。比如，在修桥一例中，与清晰有关的问题是："就桥梁而言，安全到底意味着什么？和车辆安全一样吗？和船只安全一样吗？没有事故就算安全吗？没有人为炸毁就算安全吗？没发洪水就算安全吗？"与到位有关的问题是："已知有多少桥梁不安全？这些桥梁是建在联邦、州、地方街道或公路上吗？"

刻和全面的标准上，不仅能让你把论文写长，还能增强其趣味性和说服力。

连贯行文，厘清关系，弄对节奏，调对要素。这里首选的工具是两个标准：贴切、有逻辑。

我们已经介绍讨论过贴切这个标准了。要做到贴切，你就要一遍一遍问自己："这两个观点贴不贴切？怎么让这两点契合？"再往上说，"怎么确保每个观点、例子、比较论证都与主旨句贴切？"

在你写论文计划时，要时刻把贴切标准记在心间，还要把这一点传递给读者。如果你自己感觉某一观点和主旨句贴切，就会很自然地以为别人也是这样看的。这里又犯了"读心"的毛病。你甚至还以为别人看到的贴切点跟你也是一样的。这是一种自然而然的预设，但一般都是错的。想一想日常生活的例子。比如你为别人做了件好事，但别人根本不这么看。再比如，你想说个笑话，逗别人开心，却把人给得罪了。对于你的行为与你想要达到的目的之间的关系，别人的认识和你是不一样的。

写论文时，你也不能认为读者看到的贴切点跟你一样。这个想法有点冒险。你应该不断向读者**解释**，这一点怎么贴切于那一点，每一点如何向前推进主旨句。贴切这一标准是保证思考和写作同频的主要方式。

有逻辑这个标准起的作用也差不多。你可以用这个标准看看论文是否有逻辑、有条理，看看各个组成部分是否连贯形成了有机整体。你可以手拿**提纲**琢磨这些东西，用**概念图**（通常称为**信息组织图**）表示论文的逻辑和条理。

比如，伊丽莎白写了一篇论文，有一个**主旨句**和三个**主论点**（主论点 1 还有一个**支撑论点** 1a）。她还写了一小段文字说明"反面"，描述"薄弱点"，形成主论点 3 的反对意见。

她的提纲和下面的文字差不多。为标明逻辑，她加粗了论文主体部分，"反面"文字未加粗。

提纲	
主旨句	
主论点1	
主论点1的支撑论点1a	
主论点2	
主论点3	"反面"
	● 薄弱点： 针对主论点3的反对意见

图 5.3.1 是她做的概念图（她用虚线表明主论点 3 的反对意见即为"反面"）。一篇有逻辑、有条理的论文让作者和读者双方都有大功告成的满足感，让双方都能清晰地洞见到逻辑结构的张力。

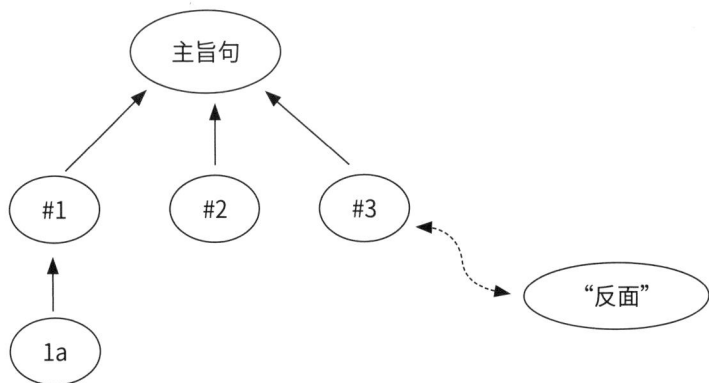

图 5.3.1　概念图

不考虑标准的人会说出一些听起来正确的话，但实际上并不正确。有时候，人们会说："改变是件好事情。"但你只要想一想，就知道这个说法不准确。有些变化当然是好的，但有些变化简直是灾难。这不是很显然吗？也许说变化是件好事情的人的意思是："做某些事对你有帮助。不能因为有变化就不去做。"这个例子体现的就是不考虑到位标准的后果。有时候，不考虑有逻辑标准的人会说："例外证明规则存在。"不过，一旦发生了例外，却发现规则不完全准确，或者说根本就不是规则（从历史上来看，要"证明"规则，就要**做实验**）。有人说，"一画胜千言"。但有很多千字文描绘了不只一幅画面。

隐含地使用标准。从一定程度上来说，我们其实已经在用批判性思维标准密切关注自己想了什么，写了什么，表达了什么，只是没有放在明处罢了。如果你在写一篇节食的论文，你就不太可能花太多时间写最爱的乐队，或者表达"节食对每个人都很容易，效果也很好"。你会把这两个都过滤掉，因为前者明显不贴切，而后者明显不准确。你可能不会用"不贴切""不准确"这两个**词**，但你用的概念其实就是这两个。

一般来说，如果标准不明确，人就只能误打误撞。造成的后果是，解决问题时，**不清楚**问题到底是什么；心里有想法，但是**错的**；找到了信息，但**不贴切**；给出了解释，但流于**表面**，不知道怎么**深入**。

想让批判性思维标准起到实效，就必须用到明处。不仅要密切关注自己写了什么，一路是怎么修改词汇和想法的，还要有意识地去运用标准，学会推理论证，不断反思。你要密切关注以下三个过程：（a）写论文计划；（b）按计划写论文；（c）写完初稿后修改。

5.4　干预：用苏格拉底诘问法丰富论文

贯穿本书的主线是，采用批判性思维工具和概念可以提升文章质量。这里的文章既包括课程论文，还包括其他**任何**一种非虚构体裁。如果你能深入思考运用本书的技巧，你将写出清晰、深刻、有逻辑、有条理、丰富厚实的文章。要运用技巧，首先要思考主题问题，根据主题布局谋篇，确定研究方向，胸有丘壑，把自己思考的结果传达给读者。这就是本书的主线。本书还有副线，即使用批判性写作技巧不仅能写得好，还能写得容易。苏格拉底诘问法就是其中一个技巧。采用苏格拉底诘问法干预思考过程不仅可以显著提高写作质量，还能大大降低论文写作难度。

苏格拉底诘问法。从传统上来说，苏格拉底诘问法是由一个老师向一群学生提出一连串的问题，让学生通过推理论证得出重要概念，解决重要问题。这种提问以一种可持续的方式进行着。用好苏格拉底诘问法的关键不是必须有学生和老师，或是有一个人发问并且有一群人回答。有两个人甚至只有一个人都可以用这种方法。最关键的是设计好问题，探究一个人是怎么思考的，让其他人都全身心投入。全身心投入，意味着发问的那个人真的能够提出很有力度甚至很让人为难的问题，而回答的人真的要竭尽全力回答。还有一个原则问题：会问问题的人不会随便发问。他们不会想到什么就问什么，而是有一种能力，能带领答题的人顺着自己的推理思路找到方向，帮他们根据主题或问题推理。而发问者本人可能对这个主题或问题了解不多。

苏格拉底诘问法是一种方便好用的工具，能帮你找到论文着眼点，不断改善提高。这种工具在写作的每个阶段都有用。就算你敲出最后一个字，完成了终稿，也依然可以用苏格拉底诘问法再去审读论文，看看是否还有改进空间。如果指导教师有批评意见，返给你修改，你也可以用苏格拉底诘问法重写部分内容。在写论文的章节、段落、SEE-I 四步法论证、主旨句和主论点时也可以用它。总之，不论在哪一个阶段，你都可以用苏格拉底诘问法"干预"，从而丰富论文。这其实都算是论文"修改"。

本书使用的苏格拉底诘问法建立在批判**性思维标准**的基础上。其实用性体现在以下四点。

a. 使用批判性思维标准设计具体问题，探究思考过程，启发思路；

　　b. 苏格拉底式问题适用于你已经写过的东西，也适用于写作过程；

　　c. 回答问题时，你能够想明白自己已经推理出的关系；

　　d. 回答问题后，你写出段落，直接用到论文里，增强其力度和饱满度。

5.5　苏格拉底式写作

　　回头看看第 5.2 节的批判性思维标准。这些标准的一大好处是让你产生疑问。其实，写作的时候，你就一直在问自己问题了。比如："这一块**清晰**吗？这和我提出的观点**贴切**吗？这个观点**重要**吗，还是只是细枝末节？"从一定程度来说，就算你没有明确使用批判性思维标准，也一直在问这些问题，只不过你没有意识到罢了。但明确标准很重要，能让你有意识地去反思。秉持反思精神，明确地、有意识地去问问题，能从根本上改变你的写作和思考水平。

　　下面的列表包含最有用的苏格拉底式问题，依据的是批判性思维标准。提问的方式特别适合写作（注意，批判性思维概念非常灵活，你问问题时，可以改变措辞，使之契合让你产生疑问的具体问题）。①

---

① 这些问题改编自理查德·保罗、琳达·埃尔德所著 *The Miniature Guide to Critical Thinking: Concepts and Tools*。我根据本书语境将其囊括进批判性写作。经琳达·埃尔德同意后使用。

如果你只把苏格拉底式问题看成是一块不可撼动的铁板，那它对你就起不到什么作用了。只看列表看不出有什么用处，你得亲自去试（你觉得有用的话，就要多试。但要看作用究竟有多大，不妨**先试一个**）。

1. 选出你论文最重要的部分或方面，称之为 X。

   ［可以是你论文的一个主论点，可以是支撑论点，也可以是论文的重要概念、观点，还可以是其他别的任何东西。唯一的要求是，X 对你的论文很重要。你可能已经用 SEE-I 四步法展开谈过 X，写了多少字都可以。］

2. 选一个苏格拉底式问题发问。

   ［到这个时候，你不一定要选对的问题，只要和 X 相配就行[①]。］

3. 回答问题，解释说明。

   ［这时候，你会发现，想法和词汇都冒了出来。尽量把问题答全。回答的时候，注意一下你是怎么回答和解释的。你会发现，得到的答案比你以前想的更有质量、更丰富、更有说服力。］

4. 把答案和解释写下来。

   ［可以写成一段话，也可以写几段，还可以中间穿插例子，作比较论证。］

5. 把答案直接用到论文里。

---

① 我建议你试试清晰之外的标准，因为到了目前这个阶段，你应该通过SEE-I四步法对"清晰"有了相当的认识。

苏格拉底式问题

清晰
- 我怎么才能进一步展开来谈呢？
- 我能不能再举一个例子，换个角度阐明观点？
- 可不可以给一个对照例子？
- 再作一个比较论证行不行？

准确
- 为什么有人觉得这是真的？
- 原因、证据何在？
- 用什么东西支撑这个论点？

贴切
- 这一点同那一点如何产生关系？
- 这一点是如何贴切的？
- 这一点跟整个问题有什么关系？

重要
- 为什么这一点有重大意义？如何体现？
- 这一点体现出最重大意义的部分是什么？

有逻辑
- 我的论文全篇有逻辑联系吗？
- 逻辑联系怎样体现出意义？
- 逻辑联系怎样连贯成一体？

到位
- 能找到哪些细节？
- 有什么具体情况？

深刻
- 哪些因素导致这个问题难以理解？
- 这个问题有哪些复杂面？
- 这个问题有什么意义？

全面
- 换个角度看，这个问题会是什么样子？
- 怎么从另一方面看这个问题？
- 这个问题怎么同全局契合在一起？

充分
- 怎么把这一点写得更充分，解决手头的问题？
- 这一块是不是还需要再添加一个观点？
- 这一块不加细节的话，能不能再多说点东西？

公允
- 怎么说才算是公允？
- 针对这一点的偏见和既得利益是怎么来的？
- 如果不以自我或社会为中心看这个问题，那应该怎么看？

请注意苏格拉底式问题是如何措辞的。一方面，这些问题都没有标准答案。另一方面，这些问题非常具体，能进一步打开你的思路。你应该综合这两方面的原则，完善论文。相比之下，答案为"是／否"的问题一般会把你带到死胡同。比如，你正在写东西，问自己这两个问题："我写得够深刻吗？""我想得到位吗？"你自然会答："是的。"或者，"是的，我觉得是这样。""老实说，我也不知道。"用这种措辞问自己这些问题，你不会有什么见地，也不知道该怎么做到更深刻、更到位。但如果你问自己："这一块有什么复杂情况呢？"（深刻问题），或者"这一点有什么细节呢？"（到位问题），就能直接找到有用的思路。

苏格拉底诘问法为什么有用？ 化含糊为明确。用苏格拉底诘问法做干预可以充实丰富你的写作过程。这种方法非常**直接**，可以大大简化写作过程，可以随时帮你修改论文，提高质量。之所以能做到这一点，是因为用了苏格拉底诘问法后，你可以写出新段落，而且保证其贴切，有重大意义，写完后能直接输入论文中。有了这些问题，你能够进一步阐发脑中已有的思路。这些问题之所以有力度，是因为本身就来源于你已有的思路。你原有的思路**含混不清**，你也没有意识到，更没有表达出来。问了问题之后，你有了意识，**明确**表达了出来，直接吸收到论文里。而在这一过程中，你又有了新的见地。

明确地用苏格拉底式问题发问时，你会感觉到自己的思路在变化，渐渐找到了着眼点。假定有人问你以下几个平平常常的问题。

- 昨天，你跟 X 聊了什么？
- 昨天课上讲了什么？
- 你的指导老师是怎么看XYZ的？

你一一回答。问什么，就答什么。问答之间几乎没什么停顿。

但如果有人问了你同样的问题，但这次明确要求你按苏格拉底式问题的标准来回答，情况就大不一样了。

- 你要尽量准确回答：昨天，你跟 X 聊了什么？
- 你要尽量详尽回答：昨天课上讲了什么？
- 你的指导老师是怎么看 XYZ 的？这里面最重要的部分是什么？

> 想一想如何把批判性思维标准变成你的**习惯**，你的生活会因此发生什么变化。考虑一下**重要**这个标准。如果你明确意识到了什么重要，什么不重要，想一想会有什么影响。假定你在乎的一个人说了一件对他很有意义的事。你问："那件事对你有什么重要意义？"你不是在为难他，而是想知道他是怎么想的，表明你在乎他，说明两人关系越走越近。
>
> 你也可以想想自己说过或做过什么有意义的事。然后接着问："关于那件事，有什么是重要的？它有什么重大意义？"你只需要掌握一个标准——重要，就会很有见地，意识到什么最重要，就会少关注鸡毛蒜皮的生活琐事。

如果你用第二种方式问问题，你会在回答之前明显停顿一会儿，**处理**和批判性分析问题。

和批判性写作的技巧一样，苏格拉底诘问法也不仅适用于写课堂论文，还适用于写工作备忘录、商业报告、研究总结、治疗计划、个案研究等各种体裁的文章。这些类型的文章可能跟课程论文不一样。但苏格拉底式问题能大大充实文章内容[①]。

5.6　苏格拉底干预法实例

例1

你已经熟悉了之前举的例子。现在我们简化其中一例，用苏格拉底诘问法干预，看看怎么用。想一想第三章米歇尔写的刻板印象一例。她在计划书里写了不少观点，用SEE-I四步法逐一阐发，展开来谈，作了举例论证和比较论证。（在第四章中，她又阐发了"反面"。）

设想一下她正在写论文。她感觉自己已经写完了。这篇论文已经在头脑中大功告成。但假定她写的字数有点少，而且她还想再润色完善。可是，交稿时间也快到了。

下面是她两个主论点。

- 刻板印象不公平。

- 刻板印象的影响之一是，有的人找不到工作，住不上房子，还失去了别的机会。

[①]　苏格拉底式问题对各种水平的人士都适用。本书作者时不时举办工作坊，邀请出版过图书和发表过学术论文的专业人士参加。参会的这些人著作等身，很会写文章，但也认识到苏格拉底式问题能够打开思路，显著提高写作水平。

下面是根据贴切标准设计的苏格拉底式问题。

● **这一点同那一点**如何产生关系？

米歇尔在主论点中提到了**不公平、找不到工作、住不上房子**。现在她想用苏格拉底诘问法干预。她问道：

"找不到工作、住不上房子和不公平有关系吗？"

注意，米歇尔原本认为这三个之间有关系。所以从一开始就把这三点放在了主论点里。她原本对贴切标准仅有模模糊糊的认识，现在完全意识到了。但她还没有明确写出三者产生关系的**方式**。用苏格拉底诘问法干预后，她明确了措辞。她这样写道：

刻板印象的不公平性与找不到工作、住不上房子有关系。仅仅因为性别、皮肤颜色就不让有资历的人工作，这不仅是一种歧视行为，更是一种违法行为。要凸显公平，就不应该根据性别和民族选人，而应以实际技能水平论人才。能不能买房也应该看这个人有没有能力偿付按揭贷款，而不应受其他因素影响，比如……

> 请记住，苏格拉底诘问法就是为了帮你写作。任何时候你都可以停下来问自己问题。但假定，你选的问题不是太适合；或假定，你根本不知道该怎么回答；再假定，回答这个问题要费你不少工夫，离题又太远。
>
> 或者说，假定你选的问题对你没什么帮助，那就再换一个问题。

米歇尔用一段话回答了这个问题，可以直接放到论文里用。她可以再选一个例子，再改改措辞，但不管怎么样，已经有了一段。

"**这一点同那一点**如何产生关系？"刚才米歇尔问的有关贴切标准的问题只是苏格拉底式问题中的一个。她还可以问这点和那点的**重要性**，问导致不公平的细节（**到位标准**），问与刻板印象有关的复杂情况（**深刻**）[①]，问刻板印象对人际交往全局的影响（**全面**）。"这一点同那一点如何产生关系？"问题看似非常简单，其实很有力度。其他的苏格拉底式问题也都有这样的效果，都为你扩展和充实论文提供了清晰的思路。

而且，在你问"是哪些因素导致这个问题难以理解""为什么有人觉得这是真的"这样的问题时，你能得到以前从来没想过的见地。虽然见地不会自动随问题出现，但距离已经很近了。如果你问的问题对你至关重要，而且你已经全力投入思考，你就会有见地。

苏格拉底诘问法也适用于论文计划写作之初。绕环分析时，你就一直在思考主旨句和主论点问题。当时你没有明确的认识，只能选择你自己感觉似乎准、重要、贴切的观点。问题就出在"似乎"这个词上。你可以明

---

① "复杂情况"涉及深刻标准。这方面的例子有很多。参见下面的例2。

确使用批判性思维标准，明确使用苏格拉底诘问法，一番斟酌后，找出着眼点。不经验证得到的似乎准确的观点和明确认识一番斟酌后得到的准确观点是不一样的。

例2

第二个例子取自迈克尔·普利亚（Michael Puglia）发表在校报《记录》（*The Record*）上的社论（Puglia, 2014）。文章有17段，这里只摘录了介绍部分的前两段和结尾的一段。注意，这是报纸社论文章。迈克尔要写得短一些，每一段都比课程论文段落要短。

下面是文章的标题、前两段和倒数第二段。

电子游戏有暴力 开发思维成问题

我们经常读到这样的故事，说青少年多么容易受到影响。这也就是为什么我们在日常生活的方方面面都设定了限制：限制看电影、限制抽烟、限制饮酒等。要不要限制电子游戏呢？一个光盘，一盘盒式磁带，内容并无大碍，会不会影响年轻人，让他们行为出格、做坏事呢？

答案很简单："不会。"个体出现某种行为方式，是大脑受多种因素影响的结果。话虽如此，如果某个人很容易受影响，也就很容易受电子游戏的刺激。

......

判断某个东西适不适合自己最终还要看消费者自己。科技不断向前发展，图像显示也越来越高级。游戏仅仅是决定个人行为的众多变量之一。

前两段介绍了迈克尔的**主题**——电子游戏和暴力行为的关系。**主旨句**也随之形成。不过，表达得不是很直接，是以问题和答案的形式呈现的，可以改成下面这句话。

电子游戏不会对年轻人的暴力行为产生影响，但会让很容易受影响的年轻人受到刺激。

在文章中间部分，迈克尔给了四个主论点。此处没有摘录这部分内容。他的第一个主论点是，很多孩子之所以爱玩充满暴力的电子游戏，是因为这些孩子**本身**就有好斗倾向。第二个主论点是，电子游戏中的图像非常逼真，写实风格可能跟暴力内容一样容易对孩子产生影响。接下来他提了一个问题，质问谁有责任决定游戏玩家，以此过渡到第三个主论点。这个论点呈现的是问题的部分答案，即电子游戏官方级别体系不能决定谁是玩家。17岁以上（以字母"M"表示）才可以玩之类的规定不具有法律约束力，只是一种**建议**（在论文主体中，迈克尔展开论证主论点，举了几个例子，做了研究形成支撑）。

再来看一下，谁有责任决定？他用第四个主论点回答了这个问题，使之成为论文的一个结论，并用倒数第二段明确阐释。下面是这段话的第一句。

判断某个东西适不适合自己，最终还是要看消费者自己。

用苏格拉底诘问法干预。苏格拉底诘问法有多大威力？想象一下，迈克尔的文章不是报纸社论，而是学生论文初稿。这个学生叫杰伊（Jay），正在写一篇课程论文。他感觉自己已经按照批判性写作的要求写出了一篇构思周密的文章。有清晰的主旨句，有主论点，例子很恰当，有支撑论证，有参考文献，资料来源可靠（本书没有摘录这么多）。他也知道，虽然只是一篇课程论文，他也要再多写一些，让内容更丰富（也请你实践思想共情，替杰伊想一想，把他这篇文章当成是你自己论文的初稿，用苏格拉底诘问法干预，扩展论文）。顺着杰伊的推理，和他一样，找来苏格拉底式的问题放在跟前读。

在下面的例子中，你会注意到杰伊划出了不少词汇和短语，用粗体字突出显示，又用线将它与页边框里的苏格拉底式问题连接。

第一段

我们经常读到这样的故事，说青少年多么容易受到影响。这也就是为什么我们在日常生活方方面面都设定了限制：限制看电影、限制抽烟、限制饮酒等。要不要限制电子游戏呢？一个光盘，一盘盒式磁带，内容并无大碍，会不会影响年轻人，让他们行为出格、做坏事呢？

> **到位：** 这里面具体包括什么因素呢？
> **清晰：** 针对每个因素都可以举几个例子。

第二段

答案很简单："不会。"个体出现某种行为方式，是大脑受多种因素影响的结果。话虽如此，如果某个人很容易受影响，也就很容易受电子游戏的刺激。

> **有逻辑：** 刚才已经说过电子游戏不会"影响"年轻人，不会让他们行为出格。我说的是电子游戏会"刺激"某人。怎么把"影响"和"刺激"放到一起才有意义呢？
> **清晰：** 用 SEE-I 四步法说说我的意思。

倒数第二段

> **深刻：** "适不适合"有哪些复杂面呢？
> **清晰：** 用 SEE-I 四步法阐明复杂面。

判断某个东西适不适合自己最终还是要看消费者自己。科技不断向前发展，图像显示也越来越高级。游戏仅仅是决定个人行为的众多变量之一。

> **准确：** 用什么东西支撑这个论点？我知道科技不断向前发展，图像显示也越来越高级，但我应该做研究，在这里标上"R"，找到可靠资料，增强论证力度。

> **有全局观：** 把论文的整个范围扩展一下。
> **全面：** 这个问题怎么同全局契合在一起？和其他娱乐形式相比，电子游戏如何导致暴力？

> **到位：** 有哪些"决定个人行为的变量"？
> **清晰：** 用 SEE-I 四步法写写贫穷、失业等变量。→ **重要：** 相比之下，电子游戏作为导致暴力行为的因素，有多重要？

用苏格拉底式问题扩展论文。杰伊挑出了论文的几部分内容，用粗体字强调其中五处。在页边框中，他就这几处向自己提出了苏格拉底式问题。不过，在这个阶段，这些问题仅仅是他**有可能**回答的问题。有些问题他会略过去，只挑出自己感觉能在有限时间内拓展论文的问题回答。

这些问题才是他最终会写到论文里的内容。接下来他是这样思考的：

首先，他干预了第二段内容，用粗体加重了"多种因素"，问了自己到位方面的苏格拉底式问题。他这样发问：导致暴力行为的因素是哪些？他想了一会儿，感觉很容易描述出几个因素，就顺手写下了脑中想到的几个因素。

- 幼时家庭经历，比如受到亲人虐待。
- 在学校被欺负。
- 所住地区每天都在上演暴力事件。

他知道，应该用 SEE-I 四步法逐一阐明上述每个因素，解释清楚人是怎样有暴力倾向的。

他又跳到摘录部分的最后一段，用粗体加重第二句话的前半部分——"科技不断向前发展"，在页边框里问了自己准确方面的问题。让他有疑问的不是这句话准不准确，因为这句话本来就是事实。他问的苏格拉底式问题是如何把观点支撑起来。为此，他决定描述自己打电子游戏的经历。但他也已经读过电子游戏杂志，知道要想找到这方面的资料非常容易。所以，他在页边打了一个"R"标记。如果时间够用的话，他会继续研究下去。

他又看了看加粗的其他部分，感觉最后一句话比较容易找到着眼点，就把"众多变量"放在了阴影里。在最开始写的那个句子里，他决定重点描述"决定个人行为"的变量。现在回头看，他又问自己："我们社会上还有哪些'变量'导致暴力事件增多？"他很快想到了两点："贫穷和失业"。他把这两点放在页边框里，又想到了其他方面，比如枪支易得和新闻渲染暴力事件。

接下来，他又想到了重要这个标准。他问自己："同社会'变量'因素相比，电子游戏导致暴力问题的重要程度有多大？"想到这儿，他一下子又想了很多问题。于是边问边写，写下了以下这些内容。

电子游戏充其量只是导致暴力事件的一个很小的因素。跟贫穷和失业等主要"变量"相比，可谓微不足道。人们关注电子游戏中的暴力行为，却没有注意到暴力事件无处不在。暴力经常上新闻。暴力就在我上的大学校园里，就在约会强暴、家庭虐待里，就在我们参与的战争里，打仗的士兵对暴力习以为常。暴力就体现在少年管教所里的儿童人数上，在那个地方，暴力每天都在上演。一个孩子在少年管教所生活一年，天天目睹暴力事件，出来后不用打电子游戏，也习惯了暴力。

除此之外，在有的小区，暴力是家常便饭。如果我们考虑到导致暴力泛滥的诸多因素，就会发现电子游戏最不值得担忧。电子游戏只是分散了我们的注意力，让我们暂时不去关注实际存在的暴力问题。比较论证：担心电子游戏导致暴力就像是发生火灾时有人从房子里逃出来，却担心会不会绊住脚。

杰伊认为，有了这些新段落，再多问一两个苏格拉底式问题，就能写出一篇更全面、更详尽、更长的论文。篇幅是以前的两倍，而且所有内容都是贴切的，没有铺陈啰唆。

对杰伊思考过程的评价。如果你顺着杰伊的思路，就会发现他从苏格拉底式问题中得到了不少启发。在回答问题的过程中，他又想到了更大的方面和更重要的观点。他重新措辞，写出的影响暴力的"其他因素"也不是模模糊糊的见解。他认为这些都是导致暴力的主要原因。电子游戏与之相比，影响最小。

你可能不同意杰伊的看法，但能看出问完苏格拉底式问题后，他的论证力度强了很多。他认真回答了这些问题，最后得到了答案，有了想法。这就是苏格拉底式问题的威力。

> 注意，用粗体字强调的部分表明杰伊的问法非常具有创新性。他没有束缚思路，只要能扩展论文，就去思考。他不仅把重点放在词汇或短语上，还关注更长的句子片段。在下面的图框里，他还站在论文全篇的角度问了一个苏格拉底式问题。他没有继续追问那个问题，但他完全可以追问下去。

"再扩展扩展这一块"。 指导教师经常在页边写下这样的评论："再扩展扩展这一块""再详细解释解释""展开谈谈"。多写写本身并不容易。你可能在 SEE-I 四步法展开部分有所体会。之前已经说过，你可以照本书建议展开"一到两段"，但实际上你可能只会写一两句。

苏格拉底诘问法的一大好处是让你有无穷无尽的办法再扩展一下某个观点，再详细解释解释。

假定你写好了一段，你会怎么"再扩展扩展"呢？可以根据批判性思维标准问一个苏格拉底式问题，再回答出来。

- 为什么有人觉得这是真的（**准确**）？
- 能找到哪些细节（**到位**）？
- 能不能找到一个不同的例子（**清晰**）？

当然，单单问这些问题不能让你多写论文。你还得自己动手写段落。但是问题可以帮你厘清思路。你在写答案的过程中，自然而然就"扩展"了观点。回答这些问题就是"再详细解释解释"。

问了苏格拉底式问题，你可能再也不用担心如何扩展论文这一问题。以前你可能还担心"怎么扩展论文"，现在可能要担心"怎么收缩论文"了。

本书使用的苏格拉底诘问法建立在批判性思维标准基础上，同时参考了推理要素。在批判性写作中，标准和要素的作用不一样。如果你用推理要素问苏格拉底式问题，就会以不同的思路提升论文质量。

想象一下，你已经写完了论文，但还没决定好是扩展还是修改。你已经用推理要素得出了主旨句和主论点，但还是可以再单独用这些要素问苏格拉底式问题，提升论文质量。

比如，你有一个主论点 X，已经用了 SEE-I 四步法详尽阐述。你可能已经根据批判性思维标准，用本章重点阐述的苏格拉底诘问法干预过论文。不过，你现在可以根据推理要素，再用苏格拉底式问题。"X 还产生了什么影响？""关于 X，还有哪些议题？""根据 X，可以做出什么预设？"

答完这些问题后，你就可以扩展论文，大大提升质量。

苏格拉底诘问法非常灵活，能让你多出不少选择。只要你想完善和扩展论文，让内容更丰富、观点更深刻，都可以随时问苏格拉底式问题。而且这些问题没有固定的顺序，你不用严格按顺序去问，怎么灵活就怎么来。要知道，这些问题是工具，不是程序，最终目的是帮助你把批判性思维和创新发挥到极致。

停下来想一会儿，想想苏格拉底诘问法给你提供了多少能提高写作质量的选择。你可以问各种各样的问题，可以自由挑选，挑出自己愿意回答的问题。你可以先扫一眼，找出最合意的那一个答一答。当然，你也可以哪一个都不挑，都不答。就看你自己怎么选。你想把论文提升到哪种程度，是你自己的选择。

5.7　增加篇幅

苏格拉底诘问法和批判性思维标准在加长论文篇幅中起到重要作用。上到高年级，你一般要写 15 ～ 20 页长的论文。就连很多院系的荣誉课程都要求写一篇荣誉性论文。

批判性思维标准都很重要，其中有两个在加长论文篇幅中起到关键作用。这两个标准是深刻和全面。论文篇幅长，意味着你要深刻讨论主题，揭示其意义、复杂面和所牵涉的问题。你很可能需要详细解释复杂面，不能一带而过、浮皮潦草。全面标准也一样。你要看到全局性问题，展示出其他角度，并做详细阐释。其实，如果你能描述出别人跟你不一样的观点，让他们也发出声音，你的论文就会更深刻、更全面，你也就更深刻、更全面地践行了思想特质。你在写论文之前，动笔写计划、做研究，本身就是思想坚持。

论文篇幅一长，虽然批判性写作的核心概念和步骤没有变，但更全面，也更深刻了（写一本书也一样）。你用推理要素对主题进行逻辑分析时，要做出更多预设，从更多方面思考影响和意义，涵盖更多信息，更细致地阐释，丰富结论内容，探讨更多有争论的问题。你也要从自己的看法中多挑几个出来做主论点和支撑论点。

用 SEE-I 四步法、上层楼法进一步阐发观点。篇幅一长，你展开论述的部分就要更丰富，写几段可能不行，得写上几页。你可能要像第 3.4 节中的米歇尔那样，多举几个例子，解释清楚，抓住主论点的不同方面。作太多比较论证可能会分散思路，篇幅长的论文里可能放不了几个。但你要找有利于形成结构的比较论证，它们能把全文观点联系在一起。关于上层楼法，你可以在展开论述和例子部分找到着眼点。这个点可以是能进一步阐明主题的关键词汇或观点。

总之，回答完苏格拉底式问题后，你可以进一步阐发论文，补上更多细节，逐一阐释观点的重要部分，充分全面地涵盖主题，自然而然地扩展论文篇幅。

5.8　本章练习

1. 在本书作者眼中，第五章有什么主要成果？

2. **汇总上述成果**。批判性写作难就难在，你可能纠结于某点，看不到问题的全部。你可以反思一下第五章。一个好的办法是，把学到的部分组合成整体，看看自己到了哪一步。然后再反思一下如何把批判性思维标准和苏格拉底诘问法融合到整体中去。你可以这样做：

第三章有三条主线。

a. 绕环分析后，写出一个有逻辑的计划，包括主旨句、主论点、支撑论点。

b. 采用 SEE-I 四步法和增强版 SEE-I 四步法，依照计划，写出段落。

c. 运用批判性思维后，做研究，写论文。

第四章内容有：

d. 解决"反面"问题，阐明批判性思维的思维特质。

现在用第五章的视角逐一思考上述内容。

- 上述内容和批判性思维标准如何匹配？
- 上述内容和苏格拉底诘问法如何匹配？

3. **讲述你自己的故事**。第 5.3 节的内容是帮你用批判性思维标准避免陷阱、错误和缺陷。描述一段你的个人经历，说明你因为思考出错、有缺陷，导致了严重后果。用 SEE-I 四步法写一下。

4. **讲述你自己的故事**。在你人生中哪个阶段，曾因推理而受益？在你人生中哪个阶段，曾因推理走错了路？其中涉及哪些批判性思维标准？

*5. **写下你自己的经历**。翻看第 5.5.1 节的苏格拉底式问题，放在跟前。要做的是不是太多？

很多人都有过这样的经历。

本书有这样一句话：随便找一个问题发问。这是你的选择，不是责任。也就是说，你不仅有一个备选方案，还随时有多个备选方案。紧急时刻，能找到十个朋友不会增加你的负担，而会让你的能力更强。不过，即便如此，你还会感觉要做的事情太多了。

有不少研究表明，选择太多，感觉像是负担，实际上会抑制行动（Kaplan & Kaplan, 2010）。

现在的问题是，你如何去把这些问题当成是选择，而不是负担？

*6. 分析与评判

a. 用你自己的话解释一下分析和评判的区别（见第 5.2 节图框）。用 SEE-I 四步法写一下。

b. 以下哪句话是分析，哪句话是评判。

- 唐纳德·特朗普（Donald Trump）同希拉里·克林顿（Hillary Clinton）一起竞选美国总统。
- 唐纳德·特朗普同乔治·布什（George Bush）一起竞选美国总统。
- 美国侵略伊拉克，以失败告终。
- 布什总统倡议对伊拉克发动战争。

7. **分析与评判**。以下哪句话是分析，哪句话是评判。如果你对哪一部分有疑惑或模糊不清的感觉，请把这一部分指出来。

- 警察主要职责是追踪"坏蛋"。

- 公立学校教师做得多，工资少。

- 《远大前程》（*Great Expectations*）是查尔斯·狄更斯（Charles Dickens）结构最严密的小说。

第8—21 个问题适用于苏格拉底式干预法或批判性思维标准。

*8. 第三章提到了米歇尔如何用 SEE-I 四步法阐述主论点"刻板印象有害"。

她可以描述人们因刻板印象感到沮丧、愤怒。还可以说明如果别人对你不好，你可能根本不知道他是因为对你有刻板印象才这样。不过，你怀疑情况是这样。也就是说，刻板印象之害挥之不去。她还可以进一步将刻板印象的害处划分为情感之害、经济之害，甚至是身体之害（在这里，她想到了自己根据概念做的绕环分析）。她可以就每一种类型举例。在作比较论证时，她会把重点放在和刻板印象害人类似的能伤害你的其他事情上（她说这就好比是电脑上有了病毒）。

假定米歇尔写出了论文这部分内容，用两个苏格拉底式问题向米歇尔发问，写出米歇尔可能会给出的答案。

*9. 看看下面的问题。再问米歇尔一个苏格拉底式问题行不行？

刻板印象总是不公平的吗？

*10. 米歇尔在研究刻板印象时了解到，1794 年，法国印刷

商菲尔曼·迪多（Firmin Didot）首次使用"刻板印象"一词指代手工印刷模具。1922 年，记者、政治作家沃尔特·李普曼（Walter Lippmann）赋予该词现代意义（Mlodinow, 2012）。

米歇尔认为，这个资料可靠，放到论文里很合适。

对于这两例，你是怎么想的？

*11. 第一章中，詹姆斯写了罪恶税论文的提纲。请你问两个苏格拉底式问题增强詹姆斯的论证力度。选择回答其中一个问题，顺着詹姆斯的思路写一段话。

12. 第一章中还有希拉写的论文提纲，主题是美国大学应同欧洲大学一样便宜。照着上个问题那样做。不过，这次换几个苏格拉底式问题来问，再答一下。

*13. 第二章中，卡拉分析了莎士比亚戏剧中的朱丽叶，得出的结论是罗密欧和朱丽叶不能算是命运多舛的恋人。两人的悲剧是由不切实际、一厢情愿的计划导致的。根据卡拉的观点问两个苏格拉底式的问题。顺着卡拉的思路回答。

14. **用苏格拉底诘问法干预**。下面两篇摘自学生论文，都还未发表。第一篇是艺术教育课程论文，第二篇是历史课程论文。

仿照杰伊分析迈克尔·普利亚的电子游戏社论那样，分析摘录部分，即你要问苏格拉底式问题，在适用的内容上画圈。你可能对艺术或历史的了解不多，回答问题时不那么有底气，但可以设想一下如何回答苏格拉底式问题，增强论证力度。

艺术教育课程论文。艺术家可以用艺术表达情感、历史、表情、概念、文化、技术等多种含义，也可以组合在一起表达。

多贡面具（Dragon mask）诠释的是强悍和权力。文艺复兴时期的绘画表达的是宗教仪式的神圣。20世纪的抽象画仿佛在说："这是你第一次看见颜料的质地吧。"荷兰虚空派静物画警示观者，人生稍纵即逝。

到了这个时候，你才会开始去找合理的、切实的说法回答问题：艺术家想要表达什么？你找出来的答案还要经过修改，但目前你要尽可能用背景知识和经过细致观察、认真研究得到的信息回答。

历史课程论文。民族主义会产生严重的负面影响。一个民族能够自治，有足够的力量保护自己，体会到一定程度的民族安全感后，统治阶层的文化就会发生变化，从感到有能力保护自己的民族身份，到感觉自己是精英，可以无所忌惮地压迫族内少数派。

15. 请你站在杰伊的立场考虑问题，扩展第5.6节的例2的电子游戏论文，增强论证力度。回答他提出的一些问题。至少回答一个与文章有关的苏格拉底式问题，写一段话作为答案。

16. 杰伊决定不回答与**全面**标准有关的问题。

这个问题怎么同全局契合在一起？

他根据论文内容，把这个全局性问题改成：

和其他娱乐形式相比，电子游戏如何导致暴力？

请你站在杰伊角度考虑问题。他对第二个问题怎么看？

17. 看看本书之前列出的两个扩展示例。选择主旨句、主论点、SEE-I 四步法、示例中作者描述"反面"的方式，问一个苏格拉底式问题。最后，写出作者可能会有的看法。

*18. 苏格拉底式问题特别灵活，改造后用处很大。只要你愿意扩展论文，增强论证力度，都可以拿来用。

比如，关于到位标准。问两个关于到位标准的苏格拉底式问题。

- 能找到哪些细节？
- 有什么具体情况？

把这两个问题应用到下面这一句：

米开朗琪罗（Michelangelo）在西斯廷教堂（Sistine Chapel）天花板上作画。

19. 只有干巴巴的事实，不像是要开始论证，而是已经结束论证，而且有时会堵住发问的思路。用苏格拉底式问题向干巴巴的事实发问，能够打开思路，启发你做研究，阐述观点。

下面是几个（不同领域的）事实。因为它们都用一句话写成，所以可能不适合所有的苏格拉底式问题。但你可以用其中一些问题问一问下列事实，或者问一问你正在上的课程的事实。

- 基因是基本遗传单位。
- 认知行为疗法研究的是人的信念、态度和推理方式如何对人的情感和行为产生重要影响。

- 根据 QS 世界大学排名，牛津大学是 2020 年度世界最好的公立大学。

- 伊丽莎白·班纳特是《傲慢与偏见》中的主要人物。

- 无证移民每年缴纳社会保险费合计达 120 亿美元（Goss et al., 2013）。

*20. 想一下重要标准。假定你准备提出一个观点。你已经用一两段展开，举了一个例子，可能也作了比较论证。自己感觉已经完成了，但又意识到还有东西没有做。怎么才能充实丰富这个观点呢？重要标准加上推理要素就能解决这个问题。

你要做的就是应用其中一个要素，再用苏格拉底式问题探究**重要标准**。应该是以下这个样子。

- 与这个观点相关的议题（意义、预设、视角）是————。

- 让这个问题（意义、预设、视角）显得重要的是————。

采用重要标准不仅能扩展观点，而且能**让读者**看明白观点为何重要。

选出你感兴趣的问题，而且是以前没有写过的话题，用一句话提出观点，围绕一个推理要素点题，再围绕重要标准问一个苏格拉底式问题。最好用 SEE-I 四步法写答案。

21. 用 SEE-I 四步法阐述论文的其中一个观点，再问一个苏格拉底式问题。用一段话写出答案，尽量详细描述。你会发现，不管你描述得多全面，还是可以用苏格拉底式问题进一步充实。

22. **动笔写关于写作的东西，写下自己的经历**。在本书作者看来，修改论文极其重要。用他的视角想一想，为什么他会觉得修改如此重要？

你觉得修改重要吗？你认为修改有哪些好处？修改又有哪些成本或负面影响？

你知道怎么修改完善论文吗？有信心改好吗？假定有人跟你说："好了，开始改论文吧。"你准备怎么改？

23. **动笔写关于写作的东西**。**模模糊糊**之中我们一直在用批判性思维标准。为什么这样说？请解释说明。相比之下，**明确地**使用批判性思维标准有什么好处？

24. 根据第二、三、四章结尾的练习的要求，用这几章提出的概念和步骤撰写论文计划和论文本身。现在继续用苏格拉底式问题增强论证力度。

第六章

流动与完整：内容、受众、表达方式及批判性

6.1　基本且有效的概念

本页的写作导航列明了批判性写作框架的基本结构，粗体字标明你当前所处的阶段——行文流畅。当然，这也是完善论文的过程。流畅和完善二者不可分。和以前的章节一样，写作导航下面的图框显示的是贯穿论文全篇的因素，粗体字标出的是本章重点内容。

关于写作还有几个方面本书到目前为止还没有深入阐述过。其中包括语法、拼写、分段、主题句、过渡、行文有趣、语气、选词、避免生硬不自然、注意全文修辞、注明引用出处等等。这些问题有的对各种类型的写作都至关重要，有的仅对某种类型非常关键。但除了这些问题，不论你是写课程论文，还是在工作岗位上完成写作任务，都会遇到意想不到的问题，并且在任何一本写作指南中都找不到解决办法。

这时候你就要问自己：怎么解决这些写作问题？应该按什么指南解决这些问题？

要想通这些问题，可以用一些工具。这些工具不见得有多完美，但非常好用，属于写作中的"基本且有效的概念"。

批判性写作中的基本且有效的概念。批判性写作中能用到四个基本且有效的概念。

- **内容**：你要在论文中表达或传递的东西。
- 表达**方式**：你要怎么传递及表达这些内容。
- **受众**：读者及你想把内容传递出去的人。
- **批判性思维**：包括推理要素、批判性思维标准及你将在写作中关注的思维特质。

> **写作导航**
>
> - 主题
> - 分析
> - 计划
> - 写作
> - 对立观点
> - 提升
> - **流畅**

前三个概念体现在所有写作类型中，不管是佳作、庸常之作还是拙劣文章。不论你写什么东西，都是向**受众表达**一定**内容**。第四个概念能够把一篇庸常之作变成一篇推理缜密的佳作。懂得了**批判性思维**，你会用相关

> **核心要点**
>
> - 研究
> - 批判性思维标准
> - **修改**
> - **运用基本且有效的概念**
> - **注明引用出处**

的概念、步骤、要素、标准、思维特质、苏格拉底诘问法等塑造写作过程的各个方面。

不论你在写作中遇到什么问题，对什么问题有疑问和顾虑，都应该用**内容**、表达**方式**、**受众**和**批判性思维**这几个概念想通

问题。牢牢掌握这四个基本且有效的概念，能让你在课程结束后还对写作问题有深刻的洞察。

> 比较论证。可以用开车作类比。开车有很多方面都很关键。刹车、检查倒车镜、跟上车流等，总共有十几个方面。但你要重点考虑"控制车辆"和"安全"这两个概念。这两个是基本且有效的概念。不论是你，还是美国纳斯卡车赛选手都要在驾驶全程中考虑这两个概念。它们不仅是开车过程的关键部分，还是其他一切的基础。

你在写作时，也可以明确使用这些概念，边思考边写作。以**受众**概念为例。之所以把**受众**也列为基本且有效的概念，是因为这个概念跟你以前认识的不一样。它不是和十几个概念放在一块，重要性不分先后的那种。它是四个概念之一，是可以用来密切关注思考和写作全程的概念。掌握了这个概念，意味着不论你写课程论文，毕业后走上工作岗位写报告，给朋友发信息，还是在脸书上发文章，你都要问一问自己："谁来读这个东西，在什么背景下读？谁是受众？我怎么紧密联系受众？"

"**基本且有效的概念**"是一个专业术语，跟"重要""关键"不是一回事，在本书中特指**思维工具**，是帮你打开思维之门的钥匙。你可以将它与写作的其他关键概念做下对比，体会一下何为"基本和强大"。语法正确就是一个例子。之所以说语法正确不是"基本且有效的概念"，是因为不论你多么精通语法，也不一定知道怎么给领导写备忘录，怎么就 X 主题写研究型论文，怎么在考试中答好论述题。语法正确虽然很重要，它是写作的关键**部分**，但不能起到塑造作用。相比之下，内容、表达方式、受众和批判性思维就**可以起到塑造作用**。

本书在呈现这四个基本且有效的概念时，有时明确，有时比较隐晦。选择主旨句和主论点构思提纲就是在选择论文**内容**，而绕环分析体现的是**批判性思维**。用SEE-I四步法阐发论点、关注其他视角是强化**内容**，明确**表达方式**，以批判性思维方式直接聚焦**受众**和潜在读者。用苏格拉底诘问法干预，是对**内容**的扩展、润色和深化，是在用更有效的方式向**受众表达**内容。你可以从本书随便找一个主题，反思其结构，想一想如何用这样的结构创造内容，传递给受众，全面贯彻批判性思维。

很多写作课的老师都强调"写作过程六特质"[1]。"六特质"指的是：

- 内容
- 有条理
- 语气
- 选词
- 句子流畅
- 惯例

这六个特质都很重要，但只有第一个"内容"才是

---

[1] 从可靠的网站上可以得到定义和示例。比如，文斯·朗（Vince Long）、史蒂夫·加德纳（Steve Gardiner）的 "The InterActive Six Trait Writing Process" 一文，链接：http://www.literatelearner.com。或参见马克·沃克曼（Mark Workman）、杰奎琳·拉斐尔（Jacqueline Raphael）的 "6+1 Trait Writing" 一文，链接：http://www.educationnorthwest.org/traits，上面有定义和举例。

真正的基本且有效的概念。"有条理"差不多也能算。其余几个，语气、选词、句子流畅、惯例、有条理在各种写作类型中各有表现。比如，实验室报告、个人陈述、社会工作个案研究、文学批评、发给老板的请病假信息。

那么你怎么才能用好有条理、语气、选词、句子流畅和惯例这些特质呢？可以用基本且有效的概念术语去思考。你写论文无非都是把经批判性思维得来的特定内容表达给特定受众。

你也可以问这些问题：老师是怎么决定一个特定的词能否有效表达思想的呢？答案当然是他们有写作经验，受过专门训练。但更深层次的答案是，他们可以想象受众是怎么想的，再如何运用批判性思维把内容有效传递给受众。不论是谁评价写作效果，不论是哪种写作形式，一行信息也好，《不列颠百科全书》(*Encyclopidia Brutannica*) 也罢，都是建立在基本且有效的概念基础上。

注意："写作过程六特质"中的"特质"和"批判性思维特质"中的"特质"完全不一样。

四个基本且有效的概念就像是镜片，让你先观察，再想通写作的其他方面（参见图 6.1.1）。这几个概念既适合大问题，也适合小细节。本章简要阐述如何运用基本且有效的概念解决论文写作的三个主要方面——语法、过渡、注明引用出处。根本目的是让你的论文完整、流畅。

写作类型

- 考试论述题
- 用于求职升学的自我评述文章
- 商业备忘录
- 说明型、说理型、叙述型文章
- 诗歌
- 推文、脸书帖子
- 新闻
- 法律摘要、实验室报告
- 小说、故事、戏剧等虚构类写作
……

写作方面

- 风格问题
- 边距、字体、间距
- 语气
- 分段
- 选词
- 引文和参考文献的格式
- 描写故事人物
- 采用诗歌形式

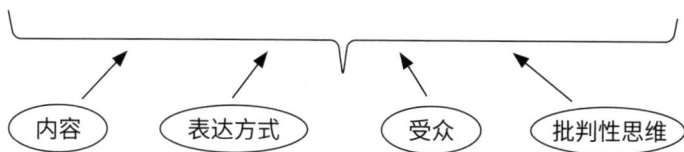

图 6.1.1

本书集中处理这些问题。不论是在哪种情况下，你都要通过基本且有效的概念想通这些问题。此处虽然没有提到，但也适用于写作其他方面，

> 基本且有效的概念不能**提供**问题的答案。比如，你不知道受众期待什么东西。但可以通过这些概念得到灵感。

比如，语气要找对。我的建议是，你在写作时，要一遍遍问自己这些问题，再把它们想通。

- 我想表达什么呢？我要写的内容是什么？
- 最佳表达方式是什么？

- 谁是我的受众？谁是我的读者？他们需要什么，期待什么？

还有就是贯穿本书的问题：

- 我要怎么运用要素、标准、思维特质增强论文的批判性功效？

修辞。之前已经提过，修辞与你表述、呈现事物的**方式**有关。通过前面的例子你已经看到，修辞与表达方式及受众这两个基本且有效的概念息息相关，和内容关系也很大。你说话的方式对受众解读内容的方式影响很大。

多数写作课程把**修辞**目标定位于：写作清晰流畅，适合于特定文章类型，契合写作背景，瞄准特定读者。如果你要写一篇说明型论文提交给社会学老师，你就要用到不同的修辞，呈现方式不能和文学课上的写作一样。毕业以后，你在工作岗位上写的文章各式各样，有重要备忘录、报告、信函、电子邮件等。背景和受众不同，词汇和语言的形象程度就不同，语法甚至可能也不一样。

本章大部分内容与行文流畅有关，聚焦的其实就是修辞问题。

6.2 语法与流畅

6.2.1 语法的作用

语法为什么重要？论文写作的某些方面似乎属于技术性问题，与批判性、创新性写作相比似乎是小问题，因为后两个的目标是推理缜密、论证有力、有见地、有分量。

这话听来有一定道理，但小问题不见得真的小。我们说的语法与普遍接受的写作标准有关，不是机械死板的东西，而是深植在**运用批判性思维**的过程中，是把重要**内容**构思出来，再**表达**给受众[①]。

> 如果你是给朋友发信息，说"受众"期待一定程度的语法正确性就显得有点古怪了。但实际上就是这样。不同类型的读者有不同程度的期待。就算你要给朋友发个信息，也要清晰明了，让朋友知道你在说什么（写的时候，字与字之间要留空，不能写成"我想和你见面，一起喝个咖啡吧"）。不论是当学生，还是从事某个职业，读你文字的人都期待看到特别清晰的文字。而要做到这一点，你的语法得正确。

从这个角度看，语法就非常重要。虽然专业教写作的人对语法的分类不一样，但从广义角度来说，语法包含的内容差不

[①] 回顾写作史，可以感受我们对语法清晰的依赖程度。从人们发现、形成写作基本方面到现在，时间并不算太长。8世纪左右，人们在用英文写作时还不区分大小写，单词间无空格，也不用连字符，还没有发现标点符号的价值。参见迈克尔·派伊（Michael Pye）的 *The Edge of the World: A Cultural History of the North Sea and the Transformation of Europe*。想象一下，英文文字曾经这样写：

FOURSCOREANDSEVENYEARSAGOOURFATHERSBROUGHTFORTH
ONTHISCONTINENTANEWNATIONCONCEIVEDINLIBERTYANDDEDICAT
EDTOTHEPROPOSITIONTHATALLMENARECREATEDEQUAL

多，大致都包括标点符号、拼写、句法、选词、用词、分段和避免生硬不自然等。

那么"语法"或"语法正确"跟批判性写作有什么关系呢？

语法和清晰。从很大程度上说，大家日常说的"语法正确"指的就是**清晰**，即批判性思维和批判性写作的基本标准。读读下面这句话。

> 一句话没有标点符号即便它的结构像你现在读到的这一句一样一点都不复杂可是没有标点符号你是不是就得回头再读一遍弄明白它的意思。

读这句话，你得不断回头再读、再猜，才能大致明白说的是什么。读者读你写的句子，只有靠猜，才能猜出意思，这就是一大缺陷[①]。行文流畅不是一个无关紧要的问题，而是一个基本问题，关系到你能不能与受众沟通。

"语法"或"语法正确"听起来似乎有点死板教条。那是因为我们思考、阅读、说话时，不经常用到这两个**词**。这两个词不是我们常用的词汇。人们经常说的是这样的话："我不明白。你是什么意思？"有时候，他们可能连说都不说，只是看着你，一脸迷惑，有点发恼。那意思是说："我不明白。那是你的问题。"注意，这就涉及清晰问题了。文章不清晰，根源问题可能就是语法不正确。

---

① 也有例外情况。比如，外行人看技术领域的论文如同看天书。爱尔兰作家乔伊斯（Joyce）的长篇小说《芬尼根守灵夜》（*Finnegans Wake*）非常晦涩，一句话要读很多遍才能读懂。

语法和受众。你的受众对语法正确有一定程度的期待。如果做不到这一点，很多人不会把你说的东西当回事。这没有什么不应该的。当然，有的论文写得很有见地，逻辑严密，说了读者想听的话，但也会有重大语法错误。也许，人们不应该因为一篇论文有语法错误或拼写错误就严词否定它，但实际情况是很多人都是这样的。这里的"很多人"不仅包括指导教师，还有你的老板和招生办公室的人。也许他们不应该因语法错误而挑错，但还是会因此挑你的毛病。从一定程度上来讲，写作就是要认真严肃对待这个世界，对你的受众实事求是。

很多人很重视写作，对于特定情况下的文章应该写成什么样子有自己的看法。很明显的例子就是，如果你在英文求职信里把"are not/am not"缩写成非正式的"ain't"，还用了网络用语"lol"（laughing out loud，哈哈），看信的人很有可能就因这一个词觉得你不符合要求。课程论文写成比较正规的格式就可以，但关键是你提前不知道看你文章的人会不会喜欢这种风格，你也不可能让所有读者满意[①]。但你还是应该尽量考虑读者的风格偏好，这是尊重受众的表现[②]。

---

① 本书写作风格偏非正式，单词多用缩约式。有些写作类型不适合非正式风格。

② 如果你写作时有受众意识，会意识到语法的复杂性。假定你在办公室工作，或者效力于一家组织机构，你写了这样一篇报告：The marketing department gave a presentation to Stephanie and I.很多人觉得这话写得不算错。但翻看语法书后，你会发现正确的语法形式应该是：The marketing department gave a presentation to Stephanie and me.问题在于，如果你这么写，领导会觉得你写错了，这时候你该怎么办？虽然I和me一词之差，但确实犯了语法错误。［不过，20世纪最著名的英文诗——艾略特的《普鲁弗洛克的情歌》(The Love Song of J.Alfred Prufrock)第一句是"Let us go then, you and I."用的也是I。］

为受众而写，还应该了解特殊的写作方法。有"语法"意识是为了避免生硬不自然。各领域、各行业都有写作惯例。比如，在英文社会科学研究型论文里，作者很少以"I"自称。这个领域的惯例就是避免指代作者自己。如果非指代不可，你可以用"this writer"这个词。但在英文哲学论文里，完全没有用"I"的禁忌，称"this writer"反而惹人厌。

6.2.2 语法障碍

合乎语法的写作不是最终目标，而是实现目标的手段。但这不意味着语法就不重要。如果你有心梗，放支架不是目标。虽然你的目标是健康长寿，但这不意味着支架就不重要。在很多情况下，语法是关键手段，目标是向读者表达你想说的东西。

有时候，我们可以直截了当地解决语法问题。有很多简单好用的权威网站和手册帮你检查语法。你可以找一个好用的，然后经常用[1]。电脑能做部分工作，能标出拼错的词，能指出一些语法错误。虽然不完美，但有帮助。你越是经常翻看语法指南材料，有意识了解相关语法规则，越是能将语法知识内化于心。

但有的时候，虽然你知道该去哪儿寻求帮助，有的语法问题还是很难解决，让你感觉头大。对很多作家来说，这种事司空见惯。但解决办法还是有的。主要办法就是直面障碍，破解

---

[1] 建议你查阅普渡大学在线写作实验室官网：http://www.owl.english.purdue.edu。这个网站的内容很有用。

语法清晰问题。

障碍有很多。其中一个就是时间紧，很多人交论文之前都来不及再读一读。有的人不查关键语法规则（更让人不明白的是，电脑上已经标出语法有问题、不正确的地方，有的人就是视而不见）。但对于很多人来说，更深层次、更难破解的障碍潜藏在意识深处。这些障碍有：

完成感。这是解决语法问题的一大障碍。在批判性写作过程中，你要**边写边修改**，而不能等初稿和论文写完了再改。因为等你写完了，你已经不在写作的正常节点了。这一点非常重要。写作过程中，你一直沉浸在一句一句的布局谋篇中，一直在用力表达想说的东西。这个战线拉得很长，现在你只剩下最后几个词要写了。突然间，完成了，一下子感觉解脱了。有了这种解脱感，你就不想再回去看论文了。就算想回头再读读，也会觉得再检查行文清不清晰、语法清不清晰有点不耐烦了，因为你已经完成了！

而且就算你一直边写边改，写完了可能还要再改。所以，你要做的就是在完成最后几步之前，将解脱感延迟。最后几步包括，再读一读看看流不流畅，语法正不正确，文章完不完整。有一些方法可以帮你做到这一点。其中一个是心里要有意识地把重读和检查当作论文写作的固有组成部分。你要重新定义"完成"的含义。这样才会在完成所有步骤后有解脱感。还有一个办法是，在写最后一两段时，停下来。到这时，也就是在你有完成感之前，重读论文，并修改，然后再把论文写完。

当然，这个方法只适用于某些人。你得想出适合自己的办法，延迟完成感。

一流作家一般会在交稿前修改多次，著作等身的作家也是如此。

注意你没有注意过的东西。如果你对某个语法问题不确定，就应该去查找资料弄明白。这一点你肯定知道，也知道该用哪些网站查（一搜谷歌就明白了）。就算你没有查，你也知道查一查是最好的。但这里隐含这样一个问题：有时候你根本意识不到要去查一查。如果你觉得论文有问题，你肯定会去查语法规则。但有时候，你可能注意不到有什么问题。很多人都有这样一个问题，分不清 "its" 和 "it's"，"their" 和 "they're"。有时候你用对了，电脑还会标出来。这两个都是相对简单的语法规则，只有你内化于心，读的时候才不会一溜而过。

> 要写出语法正确的论文有什么障碍呢？

如果你没注意到有语法问题，那就难办得多。你不知道自己不知道什么。这是一个隐含的坏习惯，和开车时不检查盲点，换新密码却没记住是一个性质。这时候，你要运用批判性思维，问自己一个问题："怎么才能注意到没注意到的东西呢？"只有注意到一个问题，才能解决掉。

6.2.3　实用指南

写出语法正确的文章的办法有很多。你可以在写作和修改的过程中遵循下述指南。像运用批判性思维一样，你也要有意识地找到着眼点。

- 提醒自己注意不同的受众对语法正确的期待不同。

- 记住，作为文章作者的你所认为的语法清晰的地方与读者的感觉很不一样。

- 注意你的障碍是什么。

- 认识到自己正在做的事情不容易，困难很大。请为自己能够始终践行思想坚持和思想勇气而喝彩。

- 使用一本好的语法书。

- 好好上写作课。

对于任何一个深知写作关乎未来的人来说，看到有人上写作课不专心都会感到很痛心。

写作课是一项很特殊的活动。上完这个课程，你可能再也没有机会从专业人士那里得到反馈意见。所以，你必须好好上这个课，体会仅凭自己的努力无法得到的收获和提升。写作课不仅能帮助你解决语法问题，还能帮你意识到自己以前没注意到的写作习惯。如果你守着这些习惯一直不改，等你出了校园，有人会对你的资历做负面评价。上写作课就像是找私人网球教练，请人帮你提升运动的每一个方面。但是写作有一点跟网球不一样：生活在这个复杂的世界，我们大多数人都需要有过硬的写作技能才能活得好。

过渡。除了标点符号、拼写、句法，你还要解决一些语法问题，才能使行文流畅，把内容表达给受众。这就涉及用法、避免生硬不自然和风格的问题。其中最重要的是**过渡**。过渡性词语和短语在行文流畅中起到重要作用。

其实，你在说话的过程中一直都在使用过渡性词语和句子。有人说了 X，你说："哦""嗯""是的，但是……""我明白了。

我是这样看的……"。有人说："他跟我说了 XYZ，其实我真懒得听。"这里的"其实"就是一个过渡词，把读者从 XYZ 带到了说话者的反应。

这些都是对话过程中的自然过渡。写论文时，一般不用"哦""嗯"等①。但你可以从一个观点自然过渡到下一个观点。"受众"这个基本且有效的概念可以在这时候帮你大忙。你要有思想共情，知道读者需要过渡到下一个观点。

有很多短语能起到搭桥作用。第五章的苏格拉底式问题也是非常丰富的过渡资源。你可以明确使用苏格拉底式问题中的词汇和短语，把思想、段落和章节恰如其分地黏合在一起。

如果没有过渡性词汇和短语，你的论文看起来就像是一个支离破碎的观点列表。

- A.
- B.
- C.
- D.

在受众眼中，你好像给出了四个观点，破碎得连不起来。

但如果直接从苏格拉底诘问法中摘出短语使用，就可以无缝连接章节和段落，让读者看到各个观点是怎么连在一起的，

---

① 在你写作虚构作品，引用别人说的话时，可以用上这些东西。

整篇论文如何条理清楚、浑然一体。

- A.
- 导致 A 出现困难的是 B。
- 对 A 和 B 都最重要的部分是 C。
- C 里面还有一个复杂情况是 D。

虽然这是一个骨架式的版本，但你也能从中看到联系，感觉自己是从一个观点被带到了下一个观点。

也就是说，过渡词汇和短语能让写作更加流畅通顺。但还有更深层次的原因。仅仅做到逻辑严密是不够的。你得把这个逻辑严密的结构传递给读者。过渡就是清晰传递的一部分媒介。

> 你读论文的时候，可能从来没注意到过渡性词汇和短语。部分原因是那篇论文读起来很流畅，流畅到你注意不到为什么会流畅。

假定你先说了 X，再说了 Y。在你头脑中，X 和 Y 是联系在一起的。你可能认为 Y 导致了 X。这只是你脑中的想法，你以为读者自然也是这么想的。但不论你觉得这个联系多么自然，这也只是你有意识的预设。你大脑中出现的联系不会自动出现在读者的大脑中。这其实还是第 5.3 节所说的"读心"问题。你得**表达**出来，让读者看到它们之间的联系。

分段、主题句、主题思想。很多人都不知道该怎么分段。如果你没完没了地写了一段话，写了整整一页，不间断地论述了好几个观点，那就完全谈不上清晰。读者想看到的是，不同的观点分到了不同的段落。要想清晰行文，就要把一个主要思想分到几个段落里去论述。你可以只用一句话阐明观点，使之成为该段的主题句。如果不能用一句话概括，也应该让读者清楚看到该段只有一个主要思想。分段和过渡一样，都能让行文流畅起来。

有了批判性写作框架，你就明确了论文逻辑。根据这个逻辑，自然而然能直接分段。再根据这个逻辑，写出贴切的、观点犀利的段落主题句或主题思想。绕环分析、推理要素、SEE-I 四步法都能帮你写出条理清楚、通顺流畅的段落，每一段都有一个清晰的主题句。如果你做绕环分析后，得到了四个主论点，解释这些论点后，至少能写四段。采用推理要素解释问题多方面的**意义**和相关的不同**预设**时，每解释一个，至少也可以分成一段。写过渡句"这个问题的其中一个意义是……"和"背后的一个预设是……"时，又可以自然而然分成一段。而每一个意义、预设以及你对推理要素的看法，都可以是每一段的主题句。

同理，每用一次 SEE-I 四步法，都可以用两段以上做展开。如果你举了例子，做了比较论证，**解释**部分可以自成一段。如果你用 SEE-I 四步法**上层楼**，可能还会再写一段，每一段都有主题句和主题思想。你也可以用苏格拉底诘问法干预分段。如果你能解释出"为什么有人觉得这是真的""这一点同那一点如何产生关系""哪些因素导致这个问题难以理解？"，你就会知道应该在哪里新起一段，每一段都写一个主题句^①。

检查行文是否流畅。你写完初稿，最后一次修改时，至少要再过一遍，读一读文章流不流畅。最起码要通读一遍全文，改改语法，看看哪里需要过渡句，让句子所含观点更加犀利。

最好是让别人大声读一遍。如果他们读的时候结结巴巴，还要再回去看句子开头才明白是什么意思，那就说明你得再写一遍了（你自己出声读不管用，因为句子是你写的，你自己感觉还挺流畅。但这只是你个人的感觉。你要关注的"流畅"不应该是自己脑中想象的那样，应该是能表达给读者的"流畅"）。

现在，我们应该停下来反思一下"流畅"这个比较矛盾的词汇。你**读**的时候，似乎感觉毫不费力。就像是滑冰高手翩翩然滑过冰面，篮球高手看似不经意上篮。写作中的"流畅"体现在：一个商务备忘录写得简洁明快，准确指出问题所在，给出解决办法；一封推荐信让你读来感觉确实了解了被推荐的这个人；一篇新闻报道写得很通顺，读完很受启发；一份研究生入学申请写得很有条理，很能打动人；一篇课程论文既有见地，读来又很舒心。

看似毫不费力的背后其实费了很多力。那个滑冰选手、篮球运动员实实在在投入了成千上万个小时训练，才表现得轻松

---

① 不过，严格来说，这两个观点不好明确区分开来。比如，在本章节的三段中，第一段阐明问题，即分段、写主题句和主题思想的必要性。第二段描述区分观点的办法，用的是推理要素。第三段是区分观点的另外两个办法，即SEE-I四步法和苏格拉底诘问法。也许你能看出来，后两段可以合成一段，把主题思想定为：区分观点三法。但这样的话，段落就太长了。

随意。我有个朋友写了一本哲学教科书，同事跟他说，读起来就像是自己脑子里出来的东西。朋友回答说他花了整整一年，才达到这种效果。

6.3 尽善尽美

6.3.1 引用出处

要写论文，必须注明所引词汇、思想和信息出自何处。注意，这里强调的重点不只是引用别人的词汇，还包括别人的思想和别人提供的信息。如果你把别人实际说的话囊括进论文里，就必须用双引号标明出处（一般情况下，如果不是确有必要，不必原文引用。但如果作者写的词语是你论文的着眼点，诗句是你要分析的内容，某句话很引人注意，你就必须原文引用。如果你不是为了这些原因，只是为了省去自己陈述的工夫，就不能原文引用）。如果你引用的是别人的思想，使用了资料中包含的信息，你也必须标明出处。

关于引用和参考文献的实用知识。有三种注明引用出处的方法：（a）在正文中引用；（b）使用脚注或尾注，本书用的就是这种格式；（c）论文结尾另起一页，专门注明引用资料（一般将这一页命名为："引用文献""参考文献""参考书目"）。具体适用什么规则并不统一，因写作形式、学科领域、职业岗位、指导教师不同而不同。在有些领域或背景下，你要用以上三种形式注明出处。而在别的情况下，只用一两种就可以。在有些领域，用脚注或尾注都行；而在有的情况下，只能用其中一种。

关于排版和形式，也有专门的格式规定。各学科领域间的差别很大。主要的引用格式有四种——MLA、APA、Chicago 和 IEEE（Turabian 是 Chicago 格式简化版）[①]。每个格式都详细规定了如何引用，如何列出参考文献。一旦你明确了论文的引用格式，就要从几个可靠的网站上找出指示说明和引用范例（可以参考普渡大学在线写作实验室的"研究和引用"，网址是 owl.english.purdue.edu）。

对很多人来说，包括本书作者在内，弄对参考文献的格式都非常费时间，特别让人挠头。不过，还是有很多指导教师强调要认真对待格式问题。也有专门的软件和网站帮你调好参考

> **引用和参考文献。**这两个词意思看起来差不多，但专业人士的叫法不一样。
>
> 通常来说，你使用某个资料时，就是在"引用"。
>
> 而给出参考文献则是提供资料的书目信息，要涵盖标题、作者、出版地点和出版时间。
>
> 引用一般出现在正文里，以脚注、尾注的形式呈现。参考文献则单独成一节，放在论文结尾。

---

① "APA"代表美国心理学会（American Psychological Association），社会科学的论文写作最常用这种格式。"MLA"代表现代语言协会（Modern Language Association），人文学科的论文写作最常用这种格式。"Chicago"指《芝加哥手册》（The Chicago Manual of Style）。凯特·L.杜拉宾（Kate L. Turabian）的《芝加哥大学论文写作指南》（*A Manual for Writers of Research Papers, Theses, and Dissertations*）写的也是芝加哥风格，更通俗易懂。MLA和Chicago格式都常见于人文社会学科领域的论文。"IEEE"代表电气与电子工程师协会（The Institute of Electrical and Electronics Engineers），技术领域的论文常用这种格式。关于这方面，有很多网站很有用，比本书的参考文献新。

文献格式。但在用这些软件时，你要提供很多资料信息，还要意识到，有时候软件不管用（不过，排版软件一直都在迭代更新，越变越好。可能在你读到这本书的时候，已经有一些搜索引擎能做排版了）。[①]

> 从实用角度来说，你应该尽早摘录资料信息，通过复制、粘贴搞定，再按引用格式的要求排版。这一部分内容在第三章的"正式开写之前就动笔"。就算你不知道以后能不能用得上，也还是要摘录参考资料信息。这样就不用手忙脚乱再去翻半小时或一周前找到的资料。你也可以把网站资料放在收藏夹里，方便以后查看。

其实，做好排版，最主要还是理解基本且有效的概念中的**受众**。具体注意两个方面。第一，注明参考资料出处的目的是让读者快速准确地找到你用过的资料，方便他们自己查证。第二，受众也可能包括你的指导教师，你注明参考资料出处是让他们看到你能够根据某一学科领域的要求写作。

下大功夫注明引用出处的原因何在。如果你把这个过程看成是"必须列出参考文献"，就会感觉是走形式。但这里的重点不是"引用资料"或"列出参考文献"，而是**注明**。"注明引用出处"说明你认真对待了写作。

注明引用出处、列出参考资料主要有两个目的。

---

① 注意，本书的引用资料、参考文献格式和论文格式不一样。你要写参考文献的话，不能用本书模式。部分原因是，与论文相比，专著的目标和受众更多元。本书发行商罗曼和利特尔菲尔德出版集团（Rowman & Littlefield）要求用一种特殊的格式。在本书详细示例部分，学生用的是APA、MLA格式。比如，露西娅的虚假记忆心理学论文用的是APA格式；第一章中希拉的大学主题论文用的是MLA格式。

- 把你使用的思想或词汇归功于某个人。
- 给读者提供指导。

任何一个重视思想诚实和写作诚实的读者，都期待你注明你所引的思想和词汇出自哪里。这不仅仅是一个期待问题。很多指导教师和读者都特别重视思考和写作，如果看到你不注明引用出处，会有被**冒犯**的感觉。

但比满足别人期待更重要的是公允。公允是批判性思维标准之一，思想诚实是批判性思维的关键特质。不注明他人思想的出处就是不公允，是对他们做了错事。

第二个目标不太一样，是要给你的受众提供指引。之前已经说过，你要让读你文章的人找到你用的资料，让他们看看你给的资料很可靠，能信得过，而且要让他们能从你给的资料里加深对论文主题的认识。

剽窃。关于"剽窃"，有一个定义下得很实在，即用了别人的词语、思想，但不知道是无心，还是有意，没有以合适的方式注明引用出处。批判性思维强调的是公允和思想诚实，而不单单强调反对欺诈。学生有时会认为剽窃问题言过其实。不可否认，有的时候，的确是这样。但反剽窃是批判性精神的题中之意。人活在这个世界上，有时候的确要去赢。但批判性思维强调的不是赢，不是简简单单说服别人接受你的视角，追随你的脚步，而是想明白问题所在，把最缜密的推理过程展现给别人，同时保持开放心态，让别人知道你所持的立场可能也有错误。即便是有意说服别人，也是一种**批判性**说服，是用清晰、准确、贴切的理由去说服（希特勒特别会说服别人，但他思考的东西不仅极其可怕，而且逻辑混乱，荒唐无比）。重点是帮助你和别人理解某个观点、某项行为的正反两方面。

总之，思想诚实是批判性思维的关键组成部分。

6.3.2　认真对待

写的时候，你要全身心投入。本书的主旨不仅是写作，更是**全身心投入**写作。你可以把"全身心投入"理解成认真对待、倾尽全力、当成自己的事好好做。或者也可以说是，用心用意去写作。"全身心投入"有更深层次的价值，适合于生活的方方面面，远远超越论文写作这个过程。"全身心投入"这个观念适用于人际关系、领导、体育运动、电子游戏等。如果你做这些事能够全身心投入，用心用意，就能得到很多收获，感到心满意足。

全身心投入的反面是，糊弄糊弄，装装样子，走走过场，应付差事。全身心投入意味着你要有所畏惧，心理上感到有风险，知道必须认真对待。如果你竭尽全力去做某事，就会亲力亲为，投入更多。如果你不能全身心投入，你就剥夺了自己做有意义的事情的权利。要不要全身心投入呢？全看你自己的选择。

就写作来说，全身心投入的效用惊人。写作能起到演讲所不具备的作用。说出来的思想飘散而去，而全身心投入写出来的作品却凝结形成永恒的价值，你可以回过头来再阐发，再学习。全身心投入批判性写作时，你能够深入反思，获得洞见。在这种状态下形成的作品有两种看似相反的益处：一个是从外面看事物，另一个则是走进去看事物。

> 认知科学发现，阅读的时候，我们很容易理所当然地感觉读到的东西都是真的（Kahneman, 2011）。这一点听起来不可思议，但仔细想一想，这的确是我们自己的亲身经历。当然，如果我们本身就对科学、宗教、政治等问题有深刻的见解，则另当别论。但如果我们对读的东西不是太有看法，就会轻易接受读到的内容，而且没等自己意识到，就已经接受了。比如，读到营养补充剂 XYZ 能够增进体力、脑力，你就会信以为真，根本没再去想信息可不可靠。你本应该追问一些问题，却没有问。
>
> 你只有"往后站一站"，才会对读到的内容有所怀疑。如果有人明确问你："你觉得这是真的吗？"你可能才会问一下真假，琢磨一下这个事情。同样，你也可以这么向自己发问。你应该"往后站一站"，拉开一段距离，明确重点，评判一下你读到的东西。

"从外面"看事物让你有机会从自身和自己的思想"往后站一站"。这种往后站一站的反思性的一步能帮你从不同的视角审视自己的思想，让你暂时跳出自己，向里看。有了这个外向视角，你会更有创新性，更有能力看到偏差和没有根据的预设，从而写好论文，享受人生。批判性写作帮你检验观点是否可信。看到自己的话落在了纸面上，你会更有能力运用批判性思维的标准去评判。

这就是"外部视角"。但是写作还能让你向内，让你走进更远更深的地方，看见自己是谁，用新的眼光打量自己的优点和弱势，重新经历、学习以前的事情。这一过程以后还能再来一遍，因为你已经写下来了（就算你只是把想法写下来，没有形成完整的论文，也还是比你脑子里想的更清晰、更到位）。比如，写日记有一个好处就是让你回到以前想过的东西。写论文也是一样，你能看到过去的自己，并在这一过程中，建构现在和未来的自己。

动力。写论文要解决的一大难题是动力问题。你会如何动员自己写论文呢？你会如何鼓舞自己使用批判性思维的概念和步骤写论文呢？

人们总觉得，动力要么有，要么没有。做一件事时，要么有动力做，要么没有动力做，不存在中间状态。换句话来说，就是只能让自己**做**某件事，不能让自己**想**做这件事。拿跑步锻炼来说吧。我就不想跑步。到此结束，仅此而已。其实我可以让自己去跑步。但如果**想**让自己去跑步，我不知道该做些什么。找到鼓舞我自己的东西超出了我的能力范畴。

但其实，你能对自己施加很多动力方面的影响，尤其针对那些长期目标而言，只是你没想到罢了。也许，我并不知道该做些什么，能让自己现在就去跑步；但我可以做一些调动积极性的事情，让自己愿意去跑步且喜欢上跑步。

如果现在动力不足，你不妨假装一下，假装你**好像**很把跑步当回事。但你不能就这么想想了事，还要真的行动起来。这就跟上台表演差不多。如果你要扮演某个角色，在观众面前唱首歌，表演单口相声，来个即兴表演，专业人士会建议你**把自己当成**要扮演的角色，**沉浸**在歌中，或者**感觉**自己很搞笑。也可以想想游记的写作。好的游记写作者不会只说："我到过这儿，到过那儿。"而是深入进去，告诉你这些地方有什么景色，散发什么味道，沉淀什么历史，带来什么不同寻常的体验。会写的人能让受众心领神会。

话再说回来，你该如何让自己有动力写论文呢？

全身心投入能让你受益匪浅。从一定程度上来说，你全身心投入写作的过程就是让自己具备全身心投入的态度，体会写出一篇批判型论文会有很多收获，甚至是意想不到的收获。

收获是实实在在的。因为你从中学到了批判性思维的技巧，所以你可以拿到好成绩，不仅能在写作这门课上拿到高分，在其他课上也能拿高分。当你再写一篇论文时，水平会提升很多，部分原因是你写这篇论文时，费了不少心，再写起来，会感觉**容易很多**。而且，你在学校学会了批判性写作，走上工作岗位也还是写作好手。你明确认识到了**预设**、**意义**等推理要素，深谙**清晰**、**贴切**等标准，知道以后如何运用批判性思维及进行批判性写作。学会用苏格拉底诘问法干预后，你了解到很多提升写作质量的策略，以后都能派上用场。

但是除了这些实实在在的好处，全身心投入批判性写作还能给你带来很多看不见的、意想不到的内在收获。你认真对待某个主题，进行批判性写作，就会创造出很多属于自己的观点，再不断阐发，据此做研究，得出重要判断，明确做到准确、清晰、深刻。这对你的思考和写作都有长远影响。

> 有个办法可以帮你体会成就感，那就是意识到在写论文的过程中，你自己发挥了多少创新能力。这个能力体现在很多方面：构思论文，想出主旨句和主论点，全身心投入做研究，想好内容和表达方式，考虑受众感受，全程运用批判性思维，强烈感受到论文所有东西都出自你。

你自然而然会具备创新能力。

你会因为发挥最佳水平，做智识性工作，体验到真正的成就感，还能看到水平提升和成就感之间的反馈回路。也就是说，做好了工作，你不仅体会到了成就感，还因为成就感，下次能做得更好。

这一点你可能亲身体验过。比如，学一门运动时，你会因为技能的提高有成就感。而成就感本身会帮你继续提高技能。

动力障碍。本书的一个主线是，全身心投入能换来满满的收获。全身心投入生活不仅让你得到实实在在的好处，也让你得到内在的收益。如果这个说法是对的，接下来就会有这样的问题：为什么全身心投入某个主题的写作时，总是感觉很难呢？为什么全身心投入地写论文没有变成自然自发的过程呢？

也许主要原因在于，影响你认真对待论文写作的因素有很多。你不仅会在写论文时感到全身心投入有障碍，在生活中也能体会到这一点。有时候，我们会惊奇地发现，自己生活的很多方面都是自动驾驶模式，没有深入思考。全身心投入写作的关键是直面障碍。

有些障碍根深蒂固，有些却非常现实，与外部环境有直接联系。

比如，时间压力。时间有限，要写一篇论证有力的批判型论文得花时间。这在一定程度上意味着，你可能没有足够的时间深入研究主题，彻底想通。时间有限的的确确是一个障碍。

但就像这样的实际困难也未必真的如此。比如，学生会不由自主地出现心理学家所说的"规划谬误"。他们在预计论文写作等重要任务所用的时间时，以为一切顺利，不会出现任何问题。对时间的估计"太过乐观，很不现实"（Ariely, 2009）。可以说是一厢情愿。

很多人写课程论文的时候，对时间预算得不现实，总感觉不会出任何岔子，估计花不了太长时间（实际上，很多人根本不"估计"，只是从某个时刻开始写，然后感觉事情会往最好的地方发展）。还会掐着截止日期开始干，而不是写完了留一周再交稿。抱着这样的心态去做事情，失败的概率很大，很有可能做不好，得不到应有的益处。

你会怎么办? 有一些很直接的办法。

● 现实一些，认真估计写论文要花多长时间。

- 想到可能会出的一些岔子，比如打印机坏掉、没墨，找不到资料，遇到意想不到的问题等，为此预留出时间。

- 慷慨对待自己，留足时间，尽可能多留时间。

- 要认识到，完成既定工作所用的时间是一定的。比如，写论文要花两天时间，从现在开始写要花两天，从截止期限快到时开始写也是要花两天。既然时间没变，那就尽早开始。

- 不要把急于完稿的压力当成写作动力。带着压力匆忙完工带有成瘾性质。恐慌和压力在紧急时刻能起到一定作用，但没有好处。

- 秉持实际态度，将时间分解，不能一下子做完所有工作。

假定你的指导教师给你布置了一个五页的论文。老师是这么说的：

"论文至少要写五页。必须做研究，要引用资料。这篇论文占的课程分值很大。工作量不少，要做好至少得花两天时间。交稿时间就设在两天后。"

你会觉得自己受到不公对待了吗？老师只给了你两天时间！老师专横独裁、不公平，你不感觉愤怒吗？你难道不觉得他不仅不切实际，还明显不公平吗？反正我是这么看的。在我看来，这个指导教师明显不切实际，学生明显受到了不公正的对待。

但这个场景最意味深长的一点是，很多人都是这么对待自己的。自己骗自己，不等到最后一分钟不去写，总以为不会出任何岔子，情愿忙着慌着赶出一篇论文来。最后，得分很低，也没有获得只有全身心投入写作才有的满足感。

除了时间压力，还有一些实实在在的困难。人们一般能看到的困难都是实际困难。但还有一些内在障碍，比如思考方式、思维习惯、自身因素。这些障碍我们一般注意不到，但到最后会发现，内在障碍要比外在障碍厉害得多，还会让外在障碍更严重。

其中一个内在障碍就是，很多人以为自己说的东西不重要。这可以说是一种大脑深处的无意识。因为这个问题深潜在下面，又是一种无意识，所以很难根除。

这也就是为什么我们经常对自己很刻薄，而对心里在乎的人又是另一种态度。想一想上面"你会怎么办？"里所列的内容，设想一下你心里在乎的人要写论文，让你给点建议。这是你给出的建议：

压根就别想着写篇论文要花多长时间。不到最后一刻别开始，所有事情都能成。慌着赶完这个活。你会感觉压力很大，心里慌慌的，拿不到自己满意的分数，体会不到满足感。但你信我的，这么办准行。

> 如果你心里真的在乎这个人，你肯定不会这么提建议。但到了你自己这里，你却会这样写论文。这是不是说明，你不太在乎自己。

解决这个问题的方法不是膨胀自尊心，把自己做的事想成是准确的、重要的、贴切的，而是把写论文的过程当成是做出重要贡献的过程。这不意味着，你要揭示某个世人未知的全新问题，而意味着你可以从一个崭新的视角诠释这个问题，表达自己的见地。如果你只能论述一件重要的事，你要做的就是，满怀自信地写出来，使用充分、鲜明的证据去说服读者。

全身心投入的第二个内在障碍是无法欣赏自己的写作成绩。很多时候，人们都对自己的成绩特别不满意。不论是艺术、论文、书籍、学术论文还是体育项目，很多方面都是这样。不仅学生这么想，老师、首席执行官和职业作家也都这么看。

> 你全身心投入写论文的过程中会遇到什么实际障碍？你要意识到，有一些障碍是外部环境导致的。接下来你要做的是，不论有什么障碍，都要行动起来。其中很重要的一步是，探究你自己内在的思考方式给外部环境造成的压力。

不满意是一种很自然的反应，因为我们感觉自己希望的和实际取得的有差距。但我们希望的很多事都不切实际。如果你对自己的成绩不满意，就失去了欣赏的机会，认识不到工作虽然不完美，但你还是做成了**一些东西**，取得了一项成就。这是当前你全身心思考所能取得的最好成果，展现了你规划和执行的能力。

第三个内在障碍与批判性思维的特质有关。这些特质一般低于我们的意识水平，需要明确感知才能知道有没有。如果我们能带着明确的目的去面对这些特质，会感觉眼前的任务好做了不少。

就拿**思想坚持**来说吧。你要能意识到自己正在坚持某个东西，这样才能坚持下去。首先要明确认识到思想坚持有必要，你才会做好认真研究和写作的准备。要写出一篇批判型论文，你要一次次面对挑战，并因此体会到失意沮丧、不顺心。比如，你知道要列参考文献，要修改文章，但实际还是不太认同。如果你能明确认识到思想坚持，就不会在困难出现时，感到挺奇怪、心里不舒服，暗自问道："停！你的意思是我还得列参考文献？"或者："什么？！你的意思是我还得修改？"

> 很多我们觉得值得去做的事情都会让人感到失意沮丧、身心不适。如果你维系过亲密关系，喜欢过某项体育运动，养育过孩子，学过乐器，玩过电子游戏，你都会从中体会到失意沮丧和不顺心，感觉心里痛苦，还会有身体上的不舒服。但这就是过程的一部分，你必须接受。也就是说，失意沮丧、不顺心不是主要障碍。主要障碍是论文写作的其他方面。对你来说，"其他方面"是什么呢？

如果你能明确意识到要有**思想共情**，情况也是一样的。写论文时，你可能要描述自己特别不赞成的观点，想明白别人是怎么想的。思想共情的意识对你有实实在在的帮助。如果你没有明确认识到这一点，可能就像日常生活一样，碰着机会就共情一把，碰不到就想不到共情。

还有一种情况是，你觉得思想坚持和思想共情理所应当。不管做什么事情，你一直都是这么想的。但对我们大部分人来说，这两种思想特质不是生来就有，也不是自动就来。要想具备这两种特质，就得有意识去践行。

> 如果不能明确批判性思维的概念和步骤，就会从论文中得到错误的认识。比如，你会认为写好论文就是把论文写长，写老师愿意听的话。
>
> 就拿长度来说吧。长度本身不是问题。关键是完整地阐发观点，能做到这一点，字数自然而然就多起来了。长度本身不是目标。不论指导教师布置的是十页、五页，还是一页的论文，他们目的不一样，但都不是让你写够一定页数。长文的目的是完整，短文的目的是简洁。长短与否，最终要看论文主题和阐发力度。

6.3.3 前瞻性

你要从过去的经历中学到东西。论文写完后，我们都会有扔到一边的冲动。就算你没有真的这么做，心里也还是有这样的想法。指导教师用心用意地给学生论文写意见，有时却发现学生没有读就扔到了一边，因此感到很失望。

我们应该克制住想把论文扔到一边的冲动。如果写下一篇论文的时候，还是从零开始，那以往的写作就失去了意义。不管你从论文写作中明确学到了什么，都应该在写下一篇论文时派上用场。说起来明显是这么回事，但做起来不会自动成功。

要想做成功，明确认知和全身心投入是关键。要想对下一篇论文有帮助，你就要从这一篇中明确学到东西。写下一篇时，就要有意识地运用学到的东西。

反思写出的论文

- 写这篇论文你学到了什么？
- 写这篇论文你学到了什么**写作知识**？
- 你认为论文或研究的重要之处是什么？
- 你的创新性体现在哪里？

你遇到了什么**障碍**？

- 你在写论文的时候注意到这些障碍了吗？还是写完后反思时才注意到了？
- 遇到这些障碍你会怎么办？
- 你有没有根据实际情况算过写论文要花的时间？
- 你给自己的时间够用吗？或者说，你有没有"压榨"过自己？
- 如果你没有足够的时间做你打算做的事，下一次你会怎么办？

写作过程中的哪一部分让你感觉**最难**？

- 写主旨句
- 写主论点
- 组织论文
- 做研究
- 找到可靠资料
- 清晰行文
- 修改
- 行文流畅

推理要素

- 你提出观点时用到了哪些推理要素？
- 哪些你没用到？为什么没用到？

批判性思维标准

- 你写论文时有意识地用到了哪些批判性思维标准？
- 你写论文时有意识地没有用哪些标准（好好想一下，如果你用了这些标准，会不会写得更好）？
- 现在论文已经写完了，反思一下，批判性思维标准中有哪些你没有掌握？有哪些你根本没有考虑到？哪些发挥了很大作用？

批判性思维的特质

- 你在写作时用到了哪些批判性思维的特质？
- 哪些特质你没有用到，但如果用到了能够帮你提升论文质量？

苏格拉底诘问法

- 你用苏格拉底诘问法做过哪些干预？
- 好好想一下，干预在多大程度上提高了你的论文质量？
- 为了写够字数，你有没有遇到困难？

全身心投入

- 你在多大程度上全身心投入解决问题？
- 你在多大程度上全身心投入**写作**？
- 为了提升下一篇论文的质量，你会做哪件事？

论文写作之外的功夫。学会批判性写作是高等教育的核心组成部分。全身心投入写作的过程能帮你加深对任何一件事的认识。这当然对提高学习成绩非常重要。但出了校门，除非你要做学者，否则你写的文章不会是课程论文那种类型。不过，只要你学会了批判性思维，就能够培养技能，养成良好的思维习惯，再把这些技能和习惯迁移到各种重要写作任务中，既能写好专业信函，也能写出爱意绵绵的信件。如果你写的东西非常重要，字数超过一两段，那么这篇文章肯定要具备以下几个特色。

- 全文有中心思想（本书将中心思想称为**主旨句**）。
- 你要解释、支撑中心思想，形成**主论点**。
- 你要把上面的东西放在一起，形成**有逻辑的提纲**。
- 你要考虑别人可能会反对什么，会找到哪些缺漏（本书称之为"**反面**"和"**薄弱点**"）。
- 你要尽量提升论文质量（**苏格拉底诘问法**让你最大限度地挖掘潜能，完善论文）。
- 总之，你要把自己的内容表达给受众，用好**基本且有效的概念**，做到推理缜密。
- 你要尽可能写得清晰流畅。

但从更宽广的视角来看，如果你用心用意地进行批判性写作，你就能把自己塑造成想成为的人。你可以提醒自己，批判性写作是在充实生活。听起来好像不是那么回事。但其实，不论从哪个角度看，以批判性写作来充实生活都应该成为你的主要目标。

你应该好好问自己这样一个问题：

写这篇论文和度过我的人生有哪些相似之处？

6.4　本章练习

*1. **融会贯通**。在读第六章之前，你可以用这样一种高度浓缩的方式概括论文写作过程。

一旦选好了主题，你要：

- 想明白主题内容

- 选出你主要想说的东西，组织起来

- 解释这些东西，形成论文主体

- 知道别人可能会以何种方式找出缺陷和欠缺

- 扩展论文，增强论证力度

你可能已经注意到了，上面的描述中没有批判性思维的概念和步骤。其实在形成上述部分的过程中，这些概念和步骤已在其中了。

采用 SEE-I 四步法描述你应该如何在批判性写作过程中体现上述部分。

接下来，读**第六章**，描述论文每一部分如何与批判性写作的基本且有效的概念相契合。

第 2—10 个问题与基本且有效的概念有关。

2. **讲述你自己的故事**。在第一章练习部分，你按要求讲述了自己的写作故事。

读到这一部分，本书即将结束，你已经有了写作新体验，再讲故事可能跟以前不一样。描述一下你现在怎么看写作，跟你以前的想法作对比。

3. 为什么批判性思维是基本且有效的概念之一？也就是说，为什么只考虑**内容**、**受众**和表达**方式**并不够？

*4.（a）在第 2.4 节的例 1 中，查尔斯那篇关于节食的论文，目标受众是谁？

（b）在第 2.4 的例 2 中，露西娅那篇关于虚假记忆的论文，目标受众是谁？

5. 把扩展示例再看一遍，思考（a）作者有没有目标受众的概念；（b）如果他们没想过，根据他们的所思所写，你认为受众是谁。

*6. 假定你正在就历史、文学、市场营销等主题写一篇课程论文，你的受众是谁？

7. 拿出你已经完成的写作部分，最好是一整篇论文。简要叙述一下你要表达的**内容**。你可能没有意识到谁是**受众**，但尽量描述你的文章是写给谁看的。最后，关于表达**方式**的问题。你写作的方式在多大程度上与特定受众相符？

*8. 在四个基本且有效的概念基础上再加几个是不是更好？加上语气、分段、惯例、修辞、脚注、尾注和注明引用出处等是不是更好？这样的话，作者的写作工具箱里是不是有了更多的概念，不只有本书的四个？

*9. 从以下主题中选出两个，或者根据你上的课程另外再选一些重要主题。

- 应对抑郁症

- 创伤后应激障碍（PTSD）

- 餐厅付小费

- 处理压力

- 在繁忙的生活间隙保持足够的运动量

- 外在形象如何影响你对自己和他人的看法

首先，明确**受众**，同时明确哪种写作类型有利于将内容**表达**给受众。用 SEE-I 四步法描述这两项内容。

其次，熟悉批判性写作全过程。最好就两个主题各写一篇论文。写不了的话，根据你从本书中学到的东西，描述一下写这两篇论文的全过程。

*10. 动笔写关于写作的东西。第 6.2 节有一个脚注，表明本书的写作风格为非正式。哪种类型的论文不适合非正式风格呢？

基础论文

11. 本书第一章开篇有一个"开始之前"的图框，请你在阅读本书之前写一篇基础论文。问题包括三个部分：（a）你以前写论文的**经历**；（b）从你现在的视角**评价**论文；（c）以论文写作经历为主题重新**写**一篇论文。

（a）**你以前写论文的经历**。你现在不用回头再翻这个论文，反思一下当时有什么经历。想起什么，就记下什么。难的是什么？简单的是什么？让你感到沮丧的是什么？写论文有意思吗？你全身心投入写了吗？描述这种体验。

（b）**评价论文**。现在读一下这个基础论文。评价一番。你是怎么想到主要观点的？你写主旨句了吗？主论点是什么？哪些重要观点你没有讨论？你是怎么阐发论点的？你是怎么解决"反面"问题的？你是怎么写够字数的？你注意到批判性思维的标准了吗？你修改了多少？你注意到内容、受众、表达方式和批判性了吗？反思你学到了哪些技能，以便提高论文质量。

（c）**再写一篇论文**。这一次，运用批判性写作概念和步骤重写基本论文。绕环分析主题。写提纲。用增强版 SEE-I 四步法阐发论文。甄别、描述薄弱点。提出苏格拉底式问题，并回答。

*12. 在本书作者眼中，**第六章**有什么主要成果？

13. 你感觉你掌握了这一章的哪些重要术语、概念？有哪些是你不太了解的？哪些术语或概念是你以前不知道的？你对写作的哪些方面感觉头疼？

*14. **动笔写关于写作的东西**。本书很多练习都需要动笔写。写的时候，你应该达到哪种语法正确水平？阅读第六章前，你有没有用到 6.2.3 节的**实用指南**？

*15. **过渡**。设想有一本关于加利福尼亚的书。第三章写了该州的教育问题，第四章是酿酒，第五章是 20 世纪 90 年代的好莱坞电影。你觉得第四章应该怎么开头？第五章应该怎么开头？

*16. 读本章较长段落，找出主题句或中心思想。读本章第一段，再读第 6.1 节中以"你在写作时"开头的那一段，分别找

出主题句或中心思想。再往下读两到三段。

17. 第 6.3.1 节中有这样一段"下大工夫注明引用出处原因何在"。

用 SEE-I 四步法总结本书作者观点。

再用你自己的视角评价，描述你赞同作者的哪些方面，不赞成哪些方面。

18. **反思自己的经历**。你是怎么激励自己做（a）自己必须做，但（b）又不想做的事情的？

*19. 用 SEE-I 四步法阐发"全身心投入"这个概念。阐发的时候别往前翻相关章节。阐发之前，估计一下要达到自己预定的标准，大约要花多长时间。接下来，比较一下实际花了多长时间。

20. 你全身心投入做了人生中的哪些事？又有哪些事是你想都没想就去做的？

*21. 认知科学家认为，我们在面对困难时，有自动本能反应和推理评价两种方式。（Greene, 2014）我们都熟悉这两种方式，在不同的情境下都用过。

读第 6.3.2 节的"**你会怎么办？**"要写好论文，这些措施都可以采用。

你认为哪一步最合理？也就是说，你认为这些步骤能在多大程度上帮助写作者？

根据你的直觉去回答。说实话，再让你写一篇论文的话，你会用上哪一步。

这个问题是供你反思的，而不是让你去评价。如果你不按建议的步骤来，不一定会出错。我只是要你反思你心目中的合理与不合理有什么区别。

*22. 读6.3.2节"给出建议"框中关于对自己的不公正要求。

你经常这么不公正地对待自己吗？不仅是写作，日常生活中还有别的事吗？想一想日常生活中的一个例子。

23. **动笔写关于写作的东西**。你是怎么看待写作课的？你认为这种课程是怎么帮助你认识教育和生活中的重要事项的？

24. **反思写作过程**。选择一篇你投入全身心写出的完整论文。按照第6.3.3节中"反思写出的论文"下所列的步骤进行反思。

25. 本书最后一句话提出了这样的问题：

写这篇论文和度过我的人生有哪些相似之处？

之所以要问这个问题，是因为你如何写论文大致就能反映出你如何对待很多人生问题。是慌里慌张、急急忙忙、凑合凑合、孤立无助，还是平心静气、心怀乐观、期盼最好、全力以赴、仔仔细细、慷慨大度、用心体会？你会以何种方式度过余生呢？

回答这个问题，并写一篇论文。

先决定谁是你论文的受众，由此初步判断你要通过哪种类型的文章将内容传递给受众。

跟以前一样，绕环分析主题（这句话其实是在发问。你会绕环分析什么主题？可以是"写这篇论文和度过人生的关系"）。

写出提纲。

用 SEE-I 四步法阐发。

解决薄弱点：哪些地方可能会让别人有不同意见，感觉有严重欠缺。

用苏格拉底式问题对刚才写的东西发问，回答问题，扩展论文，增强论证力度。

26. 按照每章结尾的练习的要求，用该章涉及的概念和步骤写论文。现在回头看看自己写的论文。

用基本且有效的概念去审视，根据你甄别出的受众，修改沟通方式，将内容传递给受众。

检查语法是否正确。对论文分段，每一段有一个主题句和中心思想。

注明引用出处，设立"参考书目"一节，使论文结构完整。

体会成就感。

各章练习题参考答案（部分）

第一章

*1. 第一章的主要概念有：

- 主旨句

- 结构

- 论文计划或提纲

- SEE-I 四步法

- 批判性写作框架

你可以自己列个概念列表，再加一些概念进去，但上面这
五项内容是必不可少的。前三项是写作核心概念，后两项阐明
了**批判性**写作步骤。

SEE-I 四步法贯穿本书所有内容。这个方法能帮你清楚理
解任何东西，因此是本书所有练习的主线。

*4. 没有。[希望你能解释清楚为什么只**有**这些组成部分
不够。]

*5. 詹姆斯可以用这样的 SEE-I 四步法。(当然，你写的跟这个不一样，但你可以在两者之间做个比较。) 注意，点题部分就是詹姆斯的主论点。

- 罪恶税可用来支付滥用烟酒者的医疗费用。他们生病是自找的。

- 换句话说，烟酒应该多上税。这两种产品已经上了税，还应该再加税，而且应该加重税。多收的税应该由政府支配，单设基金。这样医院在治疗滥用物质患者时，就用这笔基金用作医疗费。如果不给他们治病，就不人道。这些人虽然滥用物质，但也有接受医疗护理的权利。

基金里的钱可能不完全够医疗支出，但至少够支付一大部分。这样一来，不过量抽烟喝酒的人就不用付医疗费。还有一个办法是，提高烟酒税到完全能支付相关医疗费用的标准。

- 比如，现在一包烟定价 × 美元，加上罪恶税后，价格是目前的两倍。
- 这就像是你去滑雪，摔断了腿。你既可以买保险，支付所有医疗费用，也可以自己全额支付。不管是哪种方式，付款都是你自己的责任。

*6. 下面这句话从保罗和埃尔德的话改编过来。

洗脑宣传的目的是让群众相信，非我族类即非人，不值得尊敬和公正对待。

*8. 有好几个办法可以展开、解释观点。你已经**点了题**。可以考虑这样展开：

- 换换措辞再点题
- 补充细节
- 对点题句或你所阐发观点的句子中的重要方面进行描述
- 描述观点的重要意义
- 对点题句中可能导致理解困难的部分进行解释
- 还有几种，在此不再详述

第五章的"苏格拉底诘问法"提供了很多思路。你可以用这些思路展开来谈，做到论证有力。你现在可以回头看看那一部分。

*9. 这两个都不能算是**例子**。第一个是**展开**。第二个是**比较论证**，不是举例论证（注意，这个问题的重点不是让你表明你对詹姆斯的观点的态度）。

*10. 对**民主**概念的比较论证。民主就像是用多股绳拔河，所有人都拉紧了，朝着不同方向拽，结果就是谁拽得最用力谁赢（当然，你做的比较论证跟我的不一样，可能比我的更恰切）。

*12. 这是詹姆斯的一个着眼点。

主论点 2：罪恶税可用来支付烟酒**滥用者**的医疗费用。他们生病是自找的。

滥用者长期大量喝酒抽烟，远超正常用量，损害身体健康。抽过几年烟，后来戒掉了，不时喝上几杯红酒或啤酒不能算是滥用者。所谓滥用者是不加控制，不负责任。我朋友的父亲就是一例，他抽了一辈子烟，后来得肺癌去世。滥用物质者就像是去游泳，明知道自己可能一个人回不来，却仍游到离岸边很远的地方。

这里没有做标记，但詹姆斯巧妙地突出了"医疗"，咨询了美国劳工部职业安全与健康管理局（Occupational Safety and Health Administration, OSHA），问清楚了哪种情况算是"医疗"。如果他在这里用了 SEE-I 四步法，咨询内容就是一个很有说服力的事实。

*13. 希拉找到了两个着眼点，感觉可以好好论述一番：学生毕业后要**背负一大笔债务**，承受沉重的**负担**。

主论点 5：美国学生毕业时负债累累，要好多年才能还清学费。

*15. SEE-I 四步法让你的思考和写作更清晰。简单来说就是，你可以采用 SEE-I 四步法（也可以不用比较论证），写出清晰又丰富厚实的论文。如果你在读第二、三两章时，已经确定了主旨句和主论点，你就可以逐一展开和解释，加上几个例子，让观点生动具体，还可以再做比较论证，用类比、对比的办法帮助读者紧紧跟上你的思路。SEE-I 四步法能帮你实实在在写

出段落，构成论文主体。

第二章

*1.有三个重要概念和步骤，而且密切相关。

● 所有推理要素

● 每一个推理要素（及其**背景**）

● 分析或绕环分析

前两个是概念，最后一个既是概念，也是步骤。

*2.**议题**：推动社会变革的最好方法是什么？怎样做才能在推动社会变革同时，处理好暴力问题？

意图：目的是推动重要社会变革。

结论：必须用非暴力抵制形式开展抗议活动。

概念：非暴力抵制。摘录的最后一句解释了这一概念。

预设：

● 综合考虑下来，非暴力抵制这个方法最好，能够推动社会变革，满足人们的急切需要。

● 非暴力抵制能够促成我们想要的社会变革。

［注意，他**没有**预设，也没有暗示非暴力抵制能大获成功。］

意义和影响：

● 抗议者**可能**会引发暴力。

- 有些抗议者可能会受重伤，甚至被杀。

信息：

- 法律是推动社会变革的重要因素。

- 新做的立法决定有时会导致紧张局面，引发暴力事件。

视角： 他不惧暴力，推动社会变革，解决燃眉之急。他发起抗议活动，推动种族融合，为推动社会变革不惧暴力死亡，但也不愿以暴制暴。

背景： 问题 2 已经交代了部分背景。可以再进一步做研究，更全面了解演讲背景。

*3. 一些看法：关于交通法和降低交通事故率、死亡率的书的作者认为，芬兰立法者做出了三个预设。

- 立法机关有权"单方面提高违法成本"；

- "交警真的会开出罚单，而不是像一般人想的那样，接受巨额贿赂"；

- "社会大众普遍感觉这样处罚是公平的"。

*5. 以下几个看法合情合理。注意，虽然问题有时候是单数的（你主要目的**是**什么？）但你可以给出多个答案（我主要目的**有**以下几个……）

主要目的：

- 理想状态下，我的主要目的是**消除**生活压力。

- 现实情况下，我的目的是至少减轻压力，能够控制压力。

- 还有一个目的是提高学习成绩。

议题：

- 有哪些办法可以有效减轻压力？（可能要打上 R 标记）
- 有哪些**适合我的**办法可以有效减轻压力？

意义和影响：

- 如果能够减轻压力，生活就能顺心不少。
- 如果不能减轻压力，生活质量就会受到影响。

信息：

我真没有找到多少确切的信息，不知道该怎么应对压力。如果我能从可靠的来源［如，美国疾控中心官网（www.cdc. gov）］找到一些信息，我可能会知道如何应对压力。

预设：

- 我做了这样一个预设：我现在真的没有时间应对生活压力，手头要做的事太多了。

*6. 就问你一个问题："简单写写"的时候，你用 SEE-I 四步法了吗？

*8. 安东尼（Anthony）要顺着问题找到主题，再做分析。

最后他决定用钱和幸福的关系做主题。

他这样问道：对于钱和幸福的关系，人们主要做出了什么**预设**？

他问了关于**影响**的问题：钱多了，真的感觉更幸福吗？

他从一开始就提出了这个**议题**，但现在感觉改成"钱能让人生活更幸福吗？"更到位。

注意，把过于简单、非黑即白的问题改了以后，能让观点更到位。改过之后，安东尼想到了"钱"这个**概念**。最开始他感觉关注这个问题很好笑，他说："我早就知道钱是什么，但关注这个干什么呢？"

但他又问自己："**在这个语境下，我的'钱'指的是什么？我们讨论的钱又有多少呢？**"

随后，他做了绕环分析。

根据推理要素，他找到了着眼点，得出了关于钱和幸福感的新见地。他在回答**影响**这一问题时，认为钱虽然买不到幸福，但穷人有了钱能买到需要的东西会感觉**更**幸福。

这时候，他开始触及"钱"这个**概念**。他想着："也许有200万美元不比100万美元更让你感到幸福。但如果100美元能让你全家生活一阵子，就比完全没有钱要幸福得多。"

有了这些见地，他找到了中心思想，即论点，能够写出一篇有趣味、有新意的论文。

*12. **当然**，她应该把这一条列到影响里。她要在与男朋友分手和其他因素之间权衡。如果漏掉这些因素，就会影响思考

过程。与男朋友分手这一点放到"情感因素"里不贴切，但可以算是情感影响（省钱和上名校的愿望都算是论点的"情感因素"）。

*14. 用 SEE-I 四步法分析"绕环分析"。

分析某个事物实际上是在脑子里拆分和理解。换句话说，如果你想透彻理解某个事物，然后写一篇论文，就可以做"绕环分析"。这个事物可以是一个争论点、困难或决定，什么都行。做"绕环分析"时，你能看到推理要素的各个部分是如何契合在一起的，还能从不同的角度去观察。这样就超越了最初的反应和印象，能够看到完整的图景。

比如，假定你准备当小学老师。处理霸凌问题是老师的职责。对于如何处理这种问题，老师们做过一定的**预设**，但不尽然准确。他们对霸凌有一定的**概念**，也知道不一定能跟学生们做的事对得上。他们还知道要去**阐释**孩子的行为，但多数情况下没有掌握足够的学生家庭生活**信息**。他们要问很多**问题**。他们可能知道总体**目的**是什么。也意识到，解决霸凌问题会产生一定的影响，波及校园以外的社会。他们可能会去审视孩子的行为，不能只用教师视角考虑问题，还要从家长和孩子的视角看问题。

每件事情分析下来都很不一样，其差别之大就像是准备论述题型考试和想到什么写什么一样。

*17. 本书作者认为主要成果如下：

读完前两章后，学生能够：

- 围绕推理要素圆环分析主题，做到一定程度的清晰、准确、深刻，达到初学批判性思维步骤的标准。

学生还能够：
- 说清楚论文计划包括主旨句、主论点、结构和提纲。
- 清晰准确地解释绕环分析如何做，为什么重要。

学生能持续做到：
- 经常使用 SEE-I 四步法。

*19. 当然，这个问题没有确定答案。有一点非常有趣：你可以观察一下，几乎不会有人问自己："我是怎么理解 X 的？"这个问题带有反思性质，属于**元认知**范畴，我们自己很少意识到这样的问题。

多数情况下，人们会根据大脑的反应理解问题。一般只考虑问题的一个方面，注意不到其他方面。而且，理解某事物时，一般不会太注意预设、阐释、概念和间接意义。

第三章

*1. 我们可以用高度浓缩的方式思考批判性写作步骤。因为太浓缩，也就省略了不少重要细节，但核心都在。

- 从重要的东西开始写

- 把问题想明白

- 查清事实

- 选择最重要的点去说

- 下笔去写

当然，要写论文，还有很多事情要做。比如，要解决批判性写作框架里的其他问题，不能只是写一写，还要根据主题清晰、详细、深刻地阐发重要观点。但核心问题就是这些了。

*3.本章主要成果与你对问题1的看法密切相关。

除此之外，还有一些东西要考虑。主要问题是把写作和批判性写作区分开来，因为后者明确关注批判性的标准。第五章阐述的就是这些标准。如果你在成果中提到了这些标准，就说明你对批判性写作有了相当程度的了解。比如，你这样描述成果：

读完本书后，学生能够构思出主旨句。

但写成这样更好：

学生能够**清晰**、**准确**地构思出主旨句，凸显主题的**重要性**。

除了加粗字体表示的三个标准，还有**到位**、**深刻**、**充分**、**有逻辑**。把这些标准再加到你写的成果中。

*4. 这里没有哪个方法称得上是最好。但有一个方法特别好，那就是，合上这本书，不看笔记，用SEE-I四步法写出一段东西来。你要用**自己的话**展开，自己想出例子，自己做比较论证。

*5. 让主旨句自己呈现的方式不止一个。鉴于查尔斯思考节食的方式，你可以从他的绕环分析看法中直接得出以下这样的主旨句。

- 从一开始你就要树立长远目标。如果下决心要减重，就要真正改变生活方式，不仅为现在考虑，还要为未来着想。

如果这是他选的，就要重写一遍，打磨好，让观点更清晰。这就是 SEE-I 四步法的点题部分。

*6. **建构主旨句**。露西娅可以用这种方法。在她看来，**议题**是"是什么导致了虚假记忆？"**结论**是"至少有四种方法，导致人们产生虚假记忆"。可以这样建构主旨句：

有很多因素可能导致虚假记忆，但主要有 a、b、c、d 四种。

（她可以根据四个实验写出这四个因素。）论文计划中的主论点可以定为：

主论点 1：实验**意图**是发现记忆的准确度。

主论点 2：她准备详细描述实验**信息**，给出控制组等**概念**。

主论点 3：从研究中得出的"虚假记忆"**概念**，以及她自己对实验的思考。

*8. 我的一点看法。与其他问题相比，问题 8 定义得不太明确。由此，我们可以看出，刚开始构思论文时，思路都不太明确。就算你很有见地，也不知道怎么写下去。

不妨先顺着凯文的思路，缩小范围，形成更明确的**主题**。凯文的想法很不错。但即便如此，也还是要不断思考，得出观点，形成主题。

他可以用"得到公平审判"做主题。

*9. 卡拉可以换种措辞写主旨句。

朱丽叶定的计划有风险，又一厢情愿，导致两人悲剧的并非命运多舛。

在主论点下，她可以列出一个单子，说明朱丽叶的计划破绽百出，而且其做出的爱情能化解一切阻碍的预设也不切实际。朱丽叶的意图也可以成为主论点。卡拉还可以给朱丽叶不切实际的预设再加上一方面的意义，即罗密欧太不理智，草率下结论，导致死亡。

*10. 几个例子。米歇尔除了可以自己想出例子外（你也可以想一想），还可以上网搜索，可能会找到很多意想不到的例子。

比较论证。希望你自己能想到好的比较论证。米歇尔可以做类比，也可以做对比，以说明在不同情况下，人是如何被剥夺成功机会的。她可以这样写："找不到心仪的工作，住不到自己喜欢的房子，就像是没有鞋穿，还要去赛跑。"

*11. 对于第四个主论点，米歇尔可以**展开谈谈**人为什么会在无意识状态下产生刻板印象，解释发生了什么情况，思考可能的原因。她可以给出无意识刻板印象的**例子**，说明人可能随随便便、不假思索、自然而然地说出一些话来。她可以做一个

比较论证，对比人们不假思索地说出的东西，如亵渎神圣。

最后一个论点是：

受刻板印象之苦的人感觉自己受到不公正对待，没有机会展现真实的自己。

这个论点包含两个不同的部分，所以她在每一部分上画了一个圈，提醒自己要详加阐释。她可以展开谈谈刻板印象多么不公平，得不到机会不能展示自己的能力多么郁闷。她可以就这几方面展开来谈，形成论文的主体部分。她可以描述一下有的人有能力，却因为别人不给机会而无法施展。

说完再举几个**例子**，激起情感共鸣，让读者意识到遭遇刻板印象是什么感觉，有多么糟糕，得不到机会而低人一等的感觉如何。她在这里也可以做一个比较论证，引用美国非裔桂冠诗人兰斯顿·休斯（Langston Hughes）的那句诗"就像阳光下的葡萄干"（like a raisin in the sun）。休斯的诗反映了美国黑人抗争社会不公的现实。

论述第四个主论点时，她还可以在"不公平"一词旁边画个圈，用上层楼法阐释。

*15. 有很多比较论证方法可以形成结构。比如：

大学教育就像是街道、公路、桥梁。人人从中受益。就算你自己不过桥，也因为买到便宜的商品而受益，因为商品运输要靠桥，而桥是大家付钱修成的。想象一下，每次走在街上、每过一次桥都要掏过路费。或者，情况更糟糕：过路费高得吓人，必须贷款才交得起。上大学的人能够想出点子、发明新东西、发展新技术，直接或间接造福所有人。

这样的比较论证可以形成结构。你能看出来吗？

*16. 举例子的前提是做研究。希拉可以这样说：

比如，留学生在法国上公立大学每年只要交 187—716 美元。很多公立大学对本国公民免费，这其中包括世界一流大学（Balan, 2019）。而美国大学的平均学费要贵得多。美国公民每年要交 10116 美元，非美国公民要交 22577 美元（Powell & Kerr, 2019）。

再对照举例，说明一下我对大学的定义。我所说的大学不包括私立大学或两年制社区大学，也不包括硕士或博士学位课程。

*18. 查尔斯可以做这样一个比较论证。注意，比较论证包括对照型比较论证，即不说明什么**是**节食，而说明什么**不是**节食。

节食跟吃抗生素治疗感染不一样。你只要吃了抗生素，感染症状就会消失，你就会好起来。节食就像是吃药治糖尿病。你不能只吃一次药，把血糖降到正常水平，就希望此后不再吃药血糖水平也能自动正常。

做了这个比较论证，查尔斯的节食观点就有了画面感。

*19. 你在解释差别的时候，可能用也可能不必用 SEE-I 四步法。你可以做这样一个比较论证：做研究就像是学打篮球。**做背景研究**就像是在这种情况下学打篮球：你所在的国家没有人打篮球，因此你要学习最基本的动作要领。**做重点研究**就像是已经在学校操场打了很多次篮球，现在进了球队，有了一个

特别好的教练。

*22. 这两种情况你在论文里都要提。比如，专家不同意观点 X，不过其中有些人认为 X 和 Y 是一回事。对材料挑挑拣拣，只用对自己观点有利的既不符合公允标准，也不符合准确标准。

第四章

*1. 主要成果有：学生应该能解释清楚批判性思维的特质，并用 SEE-I 四步法逐一阐释。学生应该能解释清楚为什么必须在论文中涵盖薄弱点，必须公允甄别和描述"反面"（本书不要求学生把所有思维特质的名称说出来）。

*2. 卡拉写的计划书可能有这几个薄弱点。

- 朱丽叶的计划的确太激进，风险太大。她原本可以制订出别的计划。她之所以没想出别的方案，是因为心里爱着一个人。罗密欧和朱丽叶心心念念的都是和对方在一起。两个人都在慌忙之中做了决定。之所以说他们命运多舛，是因为他们因爱情而盲目，注意不到各自的行为会带来危险（此处要重点说明已有叙述中的欠缺）。

- 就算朱丽叶的计划成功了，还是会发生不好的事情。他们仍有可能不能公开成婚。两个家庭势力都很大，又素有仇怨（此处要重点说明不可预见的影响）。

- 你在这里可以说，朱丽叶本可以想出别的计划，少走些极端。别的计划是什么呢？

● 情急之下，朱丽叶能定出这样的计划已经算是合情合
理了。

*4. 詹姆斯在找论文薄弱点时，可以用推理要素圆环找思考
着眼点。他想了想已经用过的**概念**。"自愿自发行为"这个概念
可能存在薄弱点。他问道：

抽烟喝酒在多大程度上真正算是自愿自发行为呢？我父亲十
几岁就开始抽烟，但他自己也不清楚到底是怎么开始抽上的。这算
是自愿自发行为吗？后来就成了瘾。这也算是自愿自发行为吗？

而且，他还经常听人说酗酒是一种**病**。如果真是病，那还
能算是自愿自发行为吗？他这样想道："得病不是自愿自发行为
吧？"但他转念一想，感觉有些病至少是有自愿自发行为的因
素在内。

2 型糖尿病和高血糖就是例子。共用针头导致染病的行为也
是。而且，我也没听到有人说抽烟是一种病。

到目前为止，他找到的薄弱点集中在主论点 3。他也找到了
"自愿自发行为"概念的"反面"。"自愿自发行为"是不是付费
的唯一重要因素？

注意，詹姆斯的批判性思维触及两个方面：论文写作和要
解决的问题。他甄别出的薄弱点是对原论文很好的补充。他还
可以解释问题的复杂面。

*5a. 詹姆斯的**主旨句**：

我们应该对酒精和烟草征收"罪恶税"，再用这笔钱支付滥用这些物质者的医疗费用。

这里面可能有几个薄弱点（我们可以用自我对峙型问题中的"还有没有别的解决办法？"找到着眼点）。

- 我们可以不用加征罪恶税，但要像禁止烟草广告那样，禁止酒类广告。开始禁烟广告后，抽烟的人有所减少。如果能禁止酒类广告，可能也会有同样的效果。
- 我们可以让烟酒生产公司支付与抽烟喝酒相关的医疗费。
- 也可以维持原状。虽然治病给财政带来了很大的压力，但可以用医保和商业保险很好地控制这一问题。

*5b. 詹姆斯的**主论点 1**：

不酗酒抽烟者不应该为酗酒抽烟者支付医疗费用。

这里面可能有几个薄弱点。

- 医疗费用只能由个人承担吗？
- 不能出于人道主义的目的帮助有需要的人吗？
- 如果有人没钱付医疗费，会发生什么事情？只能病死在街头吗？

*5c. 詹姆斯的**主论点 2**：

罪恶税可用来支付酗酒抽烟者的医疗费用。他们生病是自找的。

可能存在这样一个薄弱点：的确可以用罪恶税支付酗酒抽烟者的医疗费用。但政府**可能**会把这笔钱花在别的地方，最后还是老百姓给烟酒滥用者支付医疗费。

*5d. 詹姆斯的**主论点 4**：

在美国，每年因酗酒抽烟导致的护理成本高达 1210 亿美元。

这是一个引自可靠资料的事实，没有道理对它仅提出反对。怎么从另外一个视角去看这个事实呢？此时自我对峙型问题可以派上用场。读读下面这句话："我还应该解决什么问题？"注意，问这个问题的目的不是让你质疑主论点 4 的陈述本身，而是把你的注意力转移到相关因素上来。

可能存在这样一个薄弱点：1210 亿美元算**多**吗？**听起来是**挺多的。但是政府开支一般都很大。就看跟哪项比。可以和哪项政府开支比呢？

詹姆斯在想"我还应该解决什么问题？"这一自我对峙型问题，发现了几个薄弱点。他问道：

售卖高糖饮料、开采煤矿的社会成本是多少呢？不让父母给孩子接种预防传染病的疫苗，成本是多大呢？为什么我要单挑出烟酒论证呢？这个论证适不适合其他事项呢？如果这些情况都会产生医疗成本，是不是都应该征税呢？

*6. 持对立观点的人可能会问以下两个问题。

- 改变生活方式起不起作用？怎么做才能彻底改变生活？
- 我计划从 50 种办法里挑出一个，快速减重，改变生活方式。

*8. 她又找到了一个薄弱点，形成了新的发散思维。她开始思考"记忆"这个概念本身。又想起了普通记忆：普通记忆必须有多准确，才能让人相信呢？

从一开始，她形成了一个概念，把记忆比作是过去的录像。人的大脑里有一幅画面，呈现了过去发生的很多事情。你不一定总能想到那幅画面，但它一直都在那儿。她认为，所有人都是这么定义记忆的。她又查了韦氏词典，定义是："复制或再现已知之事的能力和过程。"

看完之后，她这样想道：

看来记忆不是过去的录像，不能像照片似的，让人看到一个画面，它更像是一个情节粗疏的故事，随着现在发生的事而改变。这里我需要做一个比较论证，再举一个例子，但用到论文里可能不太好。这只是我自己的阐释，实际记忆可能不是这个样子。我记得我前男友很混蛋。但当我再回头翻看日记，却感觉他根本不能算混蛋。我对他的记忆已经发生了变化。

*9. 这两个都不能算是"反面"。这两个问题质疑的只是实验准不准确，做实验的人负不负责任。目前还没有证据表明虚假记忆实验不准确，做实验的人不负责任。因此，找"反面"要理性，不能无缘无故瞎猜。

*11. 不能算是。从一定程度上来说，她找到了"反面"，甄别出了薄弱点，发现美国国铁赔钱运营不太对劲。但这不是第四章定义的"薄弱点"。你要在自己的立场中找到薄弱点。自我对峙型问题就是帮你与自己对峙，但也适合你对别人写的东西发表看法。

*15. 你可以做很多事情，其中一个是"就好像是"的思考。假定你不能做到思想共情，不能看到对立面观点有什么可取之处。你可以这样问自己："能够做到思想共情的人在这种情况下会做什么？"问完这个问题后，你可以扮演"就好像是"那个人。在现实生活中，你可能认识一些践行思想共情的人，可以把他们当作榜样。他们在这种情况下会做什么呢？

*16. 很多人小时候都相信父母，现在不信了。比如，以前我父母跟我说 XYZ，那时候他们是对的。

你长大后也是这种情况。下面举几个适合很多人的例子。

- 以前，我特别关心 X 这个人，"总感觉和 X 特别亲"。但现在我们俩处不来了。

- 对于离了婚的人来说，结婚的时候，他们很多人都百分之百相信自己永远都不会离婚。

- 你心情特别糟糕时，会认为："我一直都会感觉特别糟糕。我会一直这么糟糕下去。"

- 如果我和 X 在一起，我会百分之百幸福。

*23. 事皆有因。很多人都这么看。但也有很多个"反面"。有人不赞成这个观点，有人从别的角度解释事情为什么会发生，有人感觉这句话有问题，有人认为这句话说得不清楚，里面还有很多问题没解决。其中就有这样一个问题：人们去琢磨这句话时，总是集中在车祸、重病等大事件上，没有想过小事情。比如，你坐的地板上有灰尘。为什么单单这一块有，而向南一毫米的地方就没有呢？（当然，这是风、重力等因素作用的结果，但这两点都不能算是原因。）

"未来不可知。"未来的很多东西我们都不可能知道，但也有很多东西我们是知道的。比如，翻看任何一本日历，都能看到明年哪一天是满月；再比如，明天会有婴儿出生。另外，**过去**很多东西我们也不可能知道。比如，林肯遇刺前 7 秒在想什么？你出生那一年的 4 月 21 日当天，你睡了多长时间？去年你到底摄入了多少卡路里？

第五章

*5. 以下这几点对你有帮助。

- 制订一个层次分明、步骤清晰的计划（有时候，你的指导教师会像体育教练那样给你制订计划）。比如，"现在，我要集中在苏格拉底式问题中的贴切、重要、深刻标准上。其他标准随后再说。但我会看情况随时调整计划。"

- 根据每个标准，一次只聚焦一个问题。

- 不要盯着写苏格拉底式问题的那一整页看，更不要关注那一页上有多少个问题。只用知道这些问题是在第5.5.1节，有需要的时候去看就可以了。

*6. 使用批判性思维时，一定要弄明白分析和评判的区别。如果你要写读后感或观后感，其实是在评判。如果你要去描述或解释读过、看过的东西，其实是在分析。人经常是不加分析就评判。也就是说，没搞明白这事是好是坏，就做了评价。从批判性的角度来看，这是一种错误。从逻辑角度来看，分析应在评判之前。不管你同不同意别人的说法（评判），你都要假定你理解了别人的意思（分析）。这种假定总是无意识的，有时也不正确。

认识到分析和评判的区别很重要，但有时候很难区分出一篇文章究竟哪一部分是分析，哪一部分是评判。尤其是摘出来的短句子。比如，本问题中有四个短句。前两个句子是分析，是在描述一些东西（注意，第二个句子虽然观点不对，但仍然是分析）。第三个句子是评判。最后一个句子不太明确。严格来说，这句话是在分析某件事情。如果这句话后面跟着一句话，表达了对伊拉克战争的谴责或赞赏，那么这两句话合起来是在评判。

*8. 针对她写的这一段，可以用十几种苏格拉底式问题发问。她从中挑出了这样一个问题：如果别人对你不好，你可能根本不知道他是因为对你有刻板印象才对你不好。不过，你自

己会有这方面的怀疑。

接下来，她问了一个苏格拉底式问题：这一点重要吗？

她的看法是：

这一点很重要。因为你心里有了怀疑，就会不断犯嘀咕，琢磨为什么别人会那样对你。别人对我没礼貌，我就会觉得那是因为他们对我有刻板印象，不会去想他们那天可能心情不好，或者他们本身就没有礼貌（她也可以举一个自己日常生活中的例子）。

如果我在某个地方上班，周围的同事没有几个和我同种族、性别、民族，我就开始犯嘀咕，自己是不是被象征性招进来的。我判断不出来，自己是因为资历够了才被选中，还是招我进来只是为了表示不歧视我们这群人。想到这些，你就会感觉心里不舒服。

*9. "是 / 不是"类问题不能帮助你充实丰富论文。你可以问一个类似的苏格拉底式问题：

在哪种情况下，刻板印象是公平的，哪种不是？

或者，再换一种方式：

这个问题有哪些复杂面？

有时候，"是 / 不是"类问题可以揭示论文缺陷，但不能启发你解释缺陷。

*10. 这一小段很有意思，**有可能**放到她论文的引言部分。但好像也不太可能。人们以前使用"刻板印象"一词的方式明显跟她现在的论文不相关。

*11. 我认为，詹姆斯可以问一个与深刻标准相关的问题：哪些因素导致这个问题难以理解？

苏格拉底式问题很灵活。詹姆斯可以就自己的整个立场发问，也可以问主旨句、主论点。

就看他怎么选择。比如，他可以写征收烟酒罪恶税的困难很大。

- 很多人反对征税。
- 很难在立法机关通过。
- 可能要有草根组织征集签名，组织请愿活动。但这样做的难度也很大。
- 更难的是，很多人压根就不同意我的看法，本能反对罪恶税。我问了一些同学，问他们同不同意。还没等我跟他们解释，所有人都不同意。
- 我认为，人们可能会觉得烟草税相比酒税更有必要，毕竟香烟和电子烟都能让人**成瘾**。相比抽烟来说，很多人都喜欢下班后喝口啤酒。为什么要因为有人酗酒就对酒多征税呢？
- 很多立法者都喜欢喝酒，选民也喜欢。

这些方面詹姆斯都可以用增强版 SEE-I 四步法阐发一下。

*13. 可以问很多苏格拉底式问题，应用到卡拉论点的不同方面。其中就有这样一个问题：你可以提这样一个苏格拉底式

问题："命运多舛"具体指的是什么？在莎士比亚戏剧里指的又是什么？

她的看法是：

莎士比亚的"命运多舛"指的是罗密欧和朱丽叶的死是命该如此，冥冥之中早已注定。悲剧发生，他们两人控制不了。既然是命运多舛，他们两人做什么都改变不了命运。

跟詹姆斯一样，卡拉也可以用增强版 SEE-I 四步法扩展问题。

*18. 再看一下这一句：

米开朗琪罗在西斯廷教堂的天花板上作画。

你不必对米开朗琪罗有太多了解，就能问几个苏格拉底式问题。从中可以看到，如何运用到位标准。比如，关于细节问题。

- 米开朗琪罗是怎么在天花板上作画的？
- 他是如何接受委托作画的？
- 他在作画过程中遇到了什么艺术问题？
- 他在作画过程中遇到了什么政治问题？
- 他画了什么画？
- 画里有什么人像？
- 画里有没有正负空间？
- 画面是怎么组织的？
- 和谐统一是怎么体现出来的？
  ......

*20. 希望你能够把推理要素和苏格拉底式问题结合起来，流畅行文。注意，这一点能帮你把观点传递给受众。写作的人经常认为，自己不解释，读者就知道观点很重要（这又体现出我们习惯于"读心"）。你不能抱有这样的**预设**，而应该向读者解释你的观点**为什么**重要。也不能自己在脑子里想着观点很重要，而要把重要性表达给读者。

第六章

*1. 有个方法非常简单：你可以把所有的内容放在一起，再把批判性写作步骤和基本且有效的概念联系起来。

你围绕推理要素圆环分析主题，选出想说的主要东西，组织起来，形成主旨句、主论点、提纲，再做研究了解主题。采用这种方法，能让你明白论文**内容**。在分析、组织和研究过程中，你一直都在**运用批判性思维**。

你用增强版 SEE-I 四步法解释主旨句、主论点、支撑论点（有时，也可不用比较论证）。如果感觉比较论证用得太多，可以只用**批判性思维**的清晰标准体现批判性。做这些决定的根本目的是把观点**表达给受众**。

你甄别出薄弱点，解决"反面"问题，看清楚别人可能会找到什么样的缺陷和欠缺。这样一来，**内容**自然就扩展了。但更重要的是，你达到了批判性思维的深刻标准，即直面问题的复杂面，从受众视角看问题（也就是说，**批判性**、表达**方式**、

受众这三点你都做到了）。

你可以用苏格拉底诘问法干预，从而扩展论文，增强论证力度。这就是在直接运用批判性思维标准中的**批判性**，将论文内容有效**表达**给**受众**。同时，论文内容也得到了扩展。

*4（a）答案可能不那么明确。查尔斯写的时候似乎没有受众的概念。思考主题的时候，他似乎在拿自己和同龄同学作比较，无意识中把他们当成了受众。他似乎没有想到，别人的节食目的跟他的完全不一样。比如，有的人吃素食，有的人乳糖不耐受。

*4（b）跟查尔斯不一样，露西娅对受众有明确的概念。她面向的是对心理学，尤其是对认知心理学和实验心理学感兴趣且已经有一定了解的人。从她对"控制组"和"双盲实验"的解释上就可以看出来。不过，她认为不一定要解释这两个概念。因为，从事心理学工作的人都知道实验怎么做。

*6. 你的指导教师可能是你的主要读者，是你的受众。但从一定程度上来说，你的指导教师不是你的**主要**受众。他们认为你的论文是写给别人看的。这些人对该领域的话题有一定认识，相当于班里专业素质较高的学生的水平（露西娅的论文和卡拉的朱丽叶论文都体现了这一概念）。卡拉面向的是看过莎士比亚剧本，熟悉《罗密欧与朱丽叶》的人，而不是仅仅知道两个人的故事的人。只看过现代电影改编版也不算数。从她引用莎士比亚的话，不解释剧情，也不讨论其他角色这一点可以看出来。

如果指导教师对这个领域太过熟悉，反而不适合当你的受众。他们已经有了相当的知识，知道你论文的大致内容。他们想看到的是全新的角度，以及组织和综合材料的巧思。

*8. 如果要在本章的四个基本且有效的概念里添加一些内容，会产生两个突出问题。第一个问题是，加上的内容里只有一个可以被称作"基本且有效的概念"。比如，**分段**和**注明引用出处**都很重要，但对论文布局谋篇没什么帮助。同理，**惯例**只能算是基本且有效的概念中的"沟通方式"。只有**修辞**还可以算是基本且有效的概念。但修辞与**沟通方式**关系紧密。

第二个问题是，如果扩展了基本且有效的概念，就会把批判性思维的工具变成琐碎的检查清单，适合某些问题，但不适合别的问题。而本书定义的四个基本且有效的概念是想通**任何**写作体裁的关键工具，与所有问题都相关。

*9. 你可以根据批判性写作标准，简要评价你自己的看法。有的主题很有争议。比如，**政治正确**。写这种主题的话，如果不阐释清楚各种截然不同的概念、观点，就很难写出一篇好论文。

而写有些主题，你很容易无意识地表现出理解偏差。比如，你对小费的看法会无意识地受到你在饭店工作经验的影响。有人把这称作"偏差公平"（Greene, 83–85）。持有这种看法的人抱有一种诚恳的愿望，希望根据自己的经验尽量做到公平。但其实是把公平偏向了某个方向。

*10. 关于本书的扩展示例，我们很难知道学生的写作背景，不能明确判断非正式风格适不适合。露西娅的虚假记忆论文是高年级学生的课程论文，显然不能写成非正式风格。

此外，写成什么风格，取决于**受众和沟通方式**。

*12. 我认为本章有以下这几个成果。学生能够：

- 更清楚了解批判性写作的各步骤如何贯通一体。
- 使用增强版 SEE-I 四步法解释基本且有效的概念。
- 更熟练使用基本且有效的概念——内容、表达方式、受众、批判性思维，想通此前没有预料到的问题，并解决。
- 想办法解决语法问题。
- 注明引用出处。
- 想出办法解决动力问题，全身心投入论文写作。
- 反思写作、批判性写作与生活的关系。

*14. 很大程度上取决于你是仅仅写给自己看，还是也要给指导教师读，并且请老师打分。

*15. 要在第四章的开头部分提到前一章的教育主题，帮助读者过渡到这一章的主题。

同理，要在第五章的开头部分提到上一章的主题——红酒，或者教育和红酒都提。比如，可以写这样一句话："教育和红酒生产对美国同等重要。但一想到加利福尼亚，人们首先会想到电影制作中心好莱坞。"

有了这样的过渡句，各章之间也就不会显得支离破碎了。

*16. 第六章第一段：该段中心思想出现在最后一句话里。也可以这样写：

很多文章都是这样，通过导读无法预见关键内容。

第二章有一段的主题是基本且有效的概念：

受众是一个"你用来密切关注思考和写作全程"的概念。

*19. 关于问题的后半部分，你可以自己估计一下大约用多长时间，但在这种情况下估出来的数字可能不准确。设置这个问题就是想让你估计工作量，以后再预估时会更加小心。

*21. 我个人感觉其中几个有点难。有时候我挨个做一遍，有时候不做。那是因为我当时没有想到这些问题，或者是感觉不用按这些步骤做也没问题。有时候，我直觉，如果按实际情况估计写作时间有点麻烦，但其实估计一下也就花几分钟时间。有意思的是，人越觉得有压力，想的事太多，有了认知负担，就越有可能办事不理智。

*22. 大家都会有开车准时赶赴某地的经历。在很多人眼中，赶路的时间不算是人生的一部分，只是匆忙过去而已。如果那时有人让你摁一个按钮，能从 A 直接到 B，中间一秒钟都不用耽搁，你可能会高高兴兴地摁下那个按钮［《人生遥控器》（Click）这部电影，讲的就是一个人摁下一个按钮，擦掉了大半生］。

致　谢

　　我要向以下人士致以诚挚的谢意，是他们的慷慨相助，让我文思敏捷，下笔成文。这些人士有：巴拉什·阿里、瑞秋·柯林斯、弗朗西斯·柯立芝、约翰·德尔格、妮可·法戈·诺西奇、安妮玛丽·弗兰齐克、阿曼达·海纳、巴拉吉·贾纳曼奇、乔恩·卡拉戈尔维奇、安·科尔文、安迪·麦卡弗里、马修·诺西奇、卡西克·奥鲁凯马尼、帕蒂·帕森斯、安·皮尔森、威尔·史密斯、吉恩·沃克、查克·维特和玛丽丝·维特、NOMC 成员、罗曼和利特尔菲尔德出版集团的马克·克尔、考特尼·帕卡德和帕特里夏·史蒂文森。当然，还有理查德·保罗和琳达·埃尔德。

参考文献

Ariely, Dan. *Predictably Irrational: The Hidden Forces that Shape Our Decisions* (New York: Harper Collins, 2009).

Aronson, Elliot. *The Social Animal*, 8th ed. (New York: Worth, 1999).

Balan, Robert S. "Tuition Fees at Universities in Europe 2019: Overview and Comparison." *Masters Portal.* (November 18, 2019), http://mastersportal. com.

The Chicago Manual of Style, 16th ed. (Chicago: The University of Chicago Press, 2010).

"Curriculum on Medical Ignorance." *The University of Arizona Medical School*, The University of Arizona. http://www.ignorance.medicine.arizona.edu. Accessed July 19, 2017.

de Villiers, Marq, and Sheila Hirtle. *Sahara: The Extraordinary History of the World's Largest Desert* (New York: Walker, 2002).

Ehrlich, D., I. Gutman, P. Schonbach, and J. Mills. "Postdecision Exposure to Relevant Information." *Journal of Abnormal and Social Psychology* 54, No. 1 (1957): pp. 98–102. doi:10.1037/h0042740.

Elder, Linda. *Liberating the Mind: Overcoming Sociocentric Thought and Egocentric Tendencies* (Lanham, MD: Rowman & Littlefield, 2019).

Elder, Linda, and Richard Paul. *The Thinker's Guide to Analytic Thinking: How to Take Thinking Apart and What to Look for When You Do*, 2nd ed. (Lanham, MD: Rowman & Littlefield, 2016).

Elder, Linda, and Richard Paul. *Intellectual Standards: The Words that Name Them and the Criteria that Define Them* (Lanham, MD: Rowman & Littlefield, 2019).

Elder, Linda, and Richard Paul. *The Thinker's Guide to the Human Mind: Thinking,*

Feeling, Wanting, and the Problem of Irrationality, 4th ed. (Lanham, MD: Rowman & Littlefield, 2019).

Festinger, Leon. *A Theory of Cognitive Dissonance* (Stanford, CA: Stanford University Press, 1957).

Goss, Stephen, Alice Wade, J. Patrick Skirvin, Michael Morris, K. Mark Bye, and Danielle Huston. "Effects of Unauthorized Immigration on the Actuarial Status of the Social Security Trust Funds." *Social Security Administration: Office of the Chief Actuary*, No. 151. April 2013. http://www.ssa.gov.

Greene, Joshua. *Moral Tribes: Emotion, Reason, and the Gap between Us and Them* (New York: Penguin, 2014).

Haddad, Yvonne Y. *Contemporary Islam and the Challenge of History* (Albany: State University of New York Press, 1982).

"How to Write a Thesis Statement." *IUB Writing Tutorial Services. Indiana University Bloomington*, April 7, 2014. http://www.wts.indiana.edu.

Kahneman, Daniel. *Thinking Fast and Slow* (New York: Farrar, Straus & Giroux, 2011).

Kaplan, Michael, and Ellen Kaplan. *Bozo Sapiens: Why to Err Is Human* (New York: Bloomsbury, 2010).

King, Martin Luther, Jr. *Our Struggle: The Story of Montgomery* (New York: The Montgomery Improvement Association, 1957).

Long, Vince, and Steve Gardiner. "The InterActive Six Trait Writing Process." *The Literate Learner*, 2017. http://www.literatelearner.com.

Mlodinow, Leonard. *Subliminal: How Your Unconscious Mind Rules Your Behavior* (New York: Vintage, 2012).

New York Times. "Pop Quiz: The SATs; Goodbye Analogies, Hello Anecdotes." August 4, 2002.

Nosich, Gerald. *Learning to Think Things Through: A Guide to Critical Thinking across the Curriculum*, 4th ed. (Boston: Pearson, 2012).

Paul, Richard, and Linda Elder. *How to Write a Paragraph: The Art of Substantive Writing* (Lanham, MD: Rowman & Littlefield, 2019).

Paul, Richard, and Linda Elder. *The Miniature Guide to Critical Thinking: Concepts and Tools*, 8th ed. (Lanham, MD: Rowman & Littlefield, 2020).

Powell, Farran, and Emma Kerr. "See The Average College Tuition in 2019–2020." U.S. News and World Report (September 9, 2019). http://usnews.com.

Puglia, Michael. "Violence in Video Games a Problem for Developing Minds." *The Record*, SUNY Buffalo State, volume CXIX, Issue IV. March 5, 2014, p. 5.

Used by permission of *The Record*, SUNY Buffalo State.

Pye, Michael. *The Edge of the World: A Cultural History of the North Sea and the Transformation of Europe* (New York: Pegasus Books, 2014).

Reader's Digest. "50 Easy Ways to Lose Weight." Accessed September, 2014. http://www.rd.com/health/...weight-loss/easy-ways-to-lose-weight-50-ideas.

"Research and Citation Sources." *The Purdue OWL*. Purdue U Writing Lab, 2017. http//www.owl.english.purdue.edu.

Snyder, Howard. "Arrest in the United States 1990–2010." Bureau of Justice Statistics. *U.S. Department of Justice*. Oct. 2012, p. 8. http//www.bjs.gov.

Tardiff, Elyssa, and Allen Brizee. "Tips and Examples for Writing Thesis Statements." The Writing Lab & The Owl at Purdue. Purdue University, February 10, 2014. http://www.owl.english.purdue.edu.

Tavris, Carolyn, and Elliot Aronson. *Mistakes Were Made (But Not by Me): Why We Justify Foolish Beliefs, Bad Decisions, and Hurtful Acts* (New York: Houghton, Mifflin, 2016).

Turabian, Kate. *A Manual for Writers of Research Papers, Theses, and Dissertations*, 7th ed. (Chicago: The University of Chicago Press, 2007).

United States Bureau of Justice. "Violent Crime." Bureau of Justice Statistics, *U.S. Department of Justice*. Sept. 8, 2017. http//www.bjs.gov.

Vanderbilt, Tom. Traffic: *Why We Drive the Way We Do (and What It Says about Us)* (New York: Knopf, 2008).

Weida, Stacy, and Karl Stolley. "Developing Strong Thesis Statements." *Purdue Online Writing Lab*. Nov 23, 2013. http//www.owl.english.purdue.edu.

Workman, Mark, and Jacqueline Raphael. "6+1 Trait Writing." *Education Northwest*, 2017. http://www.educationnorthwest.org/traits.

"Writing Tips: Thesis Statements." The Center for Writing Studies, University of Illinois, University of Illinois at Champaign–Urbana, 2013. http://www.cws. illinois.edu.